Madqa

Le droit coutumier afar

Logiques juridiques
Fondée par Gérard Marcou
Dirigée par Thomas Perroud

Le droit n'est pas seulement un savoir, il est d'abord un ensemble de rapports et pratiques que l'on rencontre dans presque toutes les formes de sociétés. C'est pourquoi il a toujours donné lieu à la fois à une littérature de juristes professionnels, produisant le savoir juridique, et à une littérature sur le droit, produite par des philosophes, des sociologues ou des économistes notamment.

Parce que le domaine du droit s'étend sans cesse et rend de plus en plus souvent nécessaire le recours au savoir juridique spécialisé, même dans des matières où il n'avait jadis qu'une importance secondaire, les ouvrages juridiques à caractère professionnel ou pédagogique dominent l'édition, et ils tendent à réduire la recherche en droit à sa seule dimension positive. À l'inverse de cette tendance, la collection « Logiques juridiques » des éditions L'Harmattan est ouverte à toutes les approches du droit. Tout en publiant aussi des ouvrages à vocation professionnelle ou pédagogique, elle se fixe avant tout pour but de contribuer à la publication et à la diffusion des recherches en droit, ainsi qu'au dialogue scientifique sur le droit. Comme son nom l'indique, elle se veut plurielle.

Dernières parutions

Anne RAINAUD, *Contentieux du droit de l'urbanisme*, 2026.
Abraham LE GUEN et Noémie LE PEUVEDIC (dir.), *Apparence et normativité en droit public*, 2026.
Rigobert N. BUTANDU, *La neutralisation judiciaire de Joseph Kabila Kabange, Un tournant décisif pour la justice et la responsabilité en Afrique*, 2026.
Evelyne BONIS et Charlotte CLAVERIE-ROUSSET (dir.), *La délinquance lucrative. Tome 1 : Formes et approches criminologiques*, 2026.
Evelyne BONIS et Charlotte CLAVERIE-ROUSSET (dir.), *La délinquance lucrative. Tome 2 : Traitement procédural et sanctions*, 2026.
Maëlenn CORFMAT, *Intelligence artificielle et données de santé, Droit comparé : France, Québec et Californie*, 2026.
Vincent BOYER, *Penser le Parlement sous la Ve République à l'aune du droit gouvernemental*, 2026.

Mohamed Hassan Kamil

Madqa
Le droit coutumier afar

Préface de Mahammad Obakar Moussa

L'Harmattan

5-7, rue de l'École-Polytechnique – 75005 Paris
www.editions-harmattan.fr

ISBN : 978-2-336-62949-0
EAN : 9782336629490
Dépôt légal : septembre 2026

À la mémoire des éminents juges coutumiers (*Makaaban*), dépositaires du *Madqa*. Par leur sagesse, leur intégrité et leur justice, ils ont préservé et transmis ce patrimoine de génération en génération. Puisse leur héritage continuer d'éclairer la compréhension du droit coutumier et d'inspirer le respect des valeurs qu'ils ont incarnées.

Remerciements

Je tiens à exprimer ma profonde gratitude à l'ensemble des personnes et institutions qui ont contribué, de près ou de loin, à la réalisation de ce travail, par leurs connaissances, leur expertise et leur appui dans la conduite des recherches et des missions de terrain.

Une mention particulière est adressée au Dr Jalludin Mohamed, Directeur général du CERD, ainsi qu'au Dr Habib Mohamed Hassan, Directeur de l'Institut de la Langue, de la Culture et de l'Histoire afar de Samara (Éthiopie), pour leur soutien déterminant.

Que les juges coutumiers dont les témoignages oraux ont nourri cette recherche trouvent ici l'expression de ma reconnaissance. Leurs propos ont été décisifs pour l'analyse du droit coutumier afar.

Un hommage tout particulier est rendu à Ali Hassan Ganta, Houmed Barkat Siradj et Mola Bourhan Mohamed, dont la connaissance approfondie du *Madqa a* éclairé ma réflexion et permis d'achever ce travail.

Enfin, ma vive gratitude va à M. Mahammad Obakar Moussa, juge au tribunal de première instance de Djibouti, pour ses éclairages juridiques avisés et d'une grande qualité.

Préface

Par Mahammad Obakar Moussa (Daabalo)
Juge au Tribunal de Première Instance de Djibouti

« Adam-baxi garah xiinaah, ali caylah xiina. » (L'homme vit par la loi, l'animal ne survit que par la force.)

Cette distinction fondamentale entre le droit et la force est fondatrice. Elle contient en germe l'histoire même des sociétés humaines : partout où les hommes vivent ensemble, ils élaborent des règles pour organiser leur vie commune, endiguer les désordres et faire prévaloir la paix sur la violence.

C'est dans cette profondeur historique et humaine que s'inscrit le *Madqa*, droit coutumier du peuple afar, auquel le présent ouvrage du Dr Mohamed Hassan Kamil est consacré. Par cette codification méthodique et rigoureuse, l'auteur accomplit une œuvre d'une portée remarquable : il donne une forme écrite à un droit jusqu'alors exclusivement transmis par voie orale. Préservé par la tradition et appliqué par les *Makaaban*, ce patrimoine juridique révèle une richesse exceptionnelle.

J'aborde cet ouvrage avec le regard qu'impose ma fonction de juge. L'exercice quotidien de la justice m'a enseigné que le droit écrit, bien qu'indispensable, ne suffit pas toujours à embrasser la réalité humaine d'un litige. Derrière chaque affaire se nichent des histoires familiales, des paroles données puis contestées, des atteintes à l'honneur, des attentes de réparation et parfois un besoin profond d'apaisement. Le juge statue selon la loi, avec indépendance, impartialité et rigueur ; mais certaines situations ne peuvent être pleinement comprises sans tenir compte du tissu social dans lequel elles sont nées.

C'est en ce sens que le *Madqa* peut utilement éclairer la justice étatique : non pour s'y substituer, mais pour contribuer à une meilleure intelligence des conflits, favoriser la conciliation et rechercher, lorsque les circonstances s'y prêtent, une solution plus apaisée, toujours dans le respect des principes fondamentaux de l'ordre public.

Ce dialogue entre justice étatique, réalité sociale et recherche de l'apaisement donne toute sa portée au travail du Dr Mohamed Hassan Kamil. Celui-ci ne se borne pas à recueillir les règles du droit coutumier afar. Il opère le passage d'un droit vivant, transmis par l'oralité, à un droit désormais mis par écrit, organisé, analysé et offert à tous : public, juristes et chercheurs. L'auteur ne fige pas la coutume ; il lui donne les moyens d'être mieux comprise, étudiée et discutée.

Pour appréhender cette fonction sociale et pacificatrice, il convient de saisir la structure même du système juridique afar. Le *Madqa*, tel qu'il apparaît dans cet ouvrage, ne se réduit pas à un ensemble de pratiques traditionnelles. Il constitue un véritable ordre juridique, doté de principes, d'institutions, de procédures et de mécanismes de réparation, articulé autour du *Qafarre*, éthique sociale afar ; de l'*Adanle*, justice universelle garantie aux étrangers, captifs et toute personne extérieure à la société afar ; et du *Madqa*, force contraignante.

Au cœur de ce système, l'une des caractéristiques majeures réside dans la place centrale qu'il accorde à la paix sociale. Là où de nombreux systèmes juridiques contemporains privilégient avant tout la sanction, le *Madqa* met d'abord l'accent sur la réparation, la médiation et la réconciliation. La faute n'y est pas seulement envisagée comme la transgression d'une règle ; elle est également perçue comme une rupture de l'équilibre entre les personnes, les familles, les clans et la communauté.

Cette conception rejoint profondément l'office du juge. Une décision peut être juridiquement fondée et mettre fin à une instance sans pour autant éteindre le conflit humain qui l'a provoquée. Le procès tranche ; il ne réconcilie pas toujours. Or, dans certaines circonstances, la justice ne saurait se réduire à départager deux parties et à désigner un gagnant et un perdant. Elle doit aussi, lorsque cela est possible, apaiser les tensions, prévenir la vengeance, restaurer la confiance et préserver la cohésion sociale.

La parole proverbiale de l'Okal général de Dourba, Goyta Moussa Hamad (Mariidima), exprime avec simplicité cette philosophie :
« *Sinam aamuk teneek, tamqeh.* » (Les hommes peuvent se quereller, mais ils finissent par se réconcilier.)

Cette sentence repose sur une conviction profondément humaine : le conflit existe, mais il ne saurait devenir une impasse. Elle rappelle qu'un différend, même grave, doit pouvoir trouver une issue dans l'apaisement ; que la faute doit être réparée ; que la vengeance doit être contenue ; et qu'aucune communauté ne peut survivre si les ruptures deviennent définitives.

C'est dans cet esprit que s'inscrit le *Madqa* : non pour nier les conflits, mais pour les encadrer, les contenir et les conduire vers la réparation et la réconciliation.

Cette philosophie de la réparation et de la préservation de l'équilibre social trouve son expression la plus forte dans le traitement du biilu, ou crime de sang. Dans le droit pénal coutumier afar, le biilu constitue l'infraction la plus grave : il recouvre l'homicide volontaire, l'homicide involontaire ainsi que toute atteinte irréversible à la vie humaine. Dans la société afar, le sang versé ne relève jamais d'un simple conflit individuel ; il engage l'équilibre du groupe tout entier, parce qu'il peut entraîner la vengeance, les représailles et une succession de violences nouvelles.

C'est précisément pour conjurer cette spirale que le *Madqa* prévoit des mécanismes rigoureux de pacification : reconnaître la gravité de la perte, apaiser la douleur des proches, empêcher l'extension du conflit, associer les groupes concernés et rétablir progressivement la paix entre les parties. Le traitement du crime de sang révèle ainsi l'une des fonctions essentielles du droit coutumier afar : transformer la violence en réparation et la rupture en réconciliation.

Mais la fonction du *Madqa* ne saurait se réduire à la seule restauration de la paix après le conflit. Sa véritable force réside également dans sa capacité à prévenir les ruptures sociales avant qu'elles ne dégénèrent en violence ou en infraction. Cette dimension préventive trouve son fondement dans le respect du *Qafarre*, l'autorité morale des anciens et des juges coutumiers, ainsi que dans la solidarité qui unit les individus, les familles, les clans et les tribus. Ces mécanismes permettent de limiter les comportements délictueux, la mendicité et les autres formes de marginalité sociale, dont la fréquence demeure faible dans la société pastorale afar.

Il convient de mesurer la portée d'un tel système. Par ses valeurs, ses interdits, la force de la parole donnée, l'intervention des anciens et la solidarité organisée, le *Madqa* agit en amont du conflit : il prévient les désordres avant qu'ils ne se transforment en infractions. Là où la justice étatique intervient le plus souvent après le déclenchement du litige, le *Madqa* dévoile une autre facette du droit, celle d'une règle qui ne vise pas seulement à sanctionner le désordre, mais aussi à le prévenir.

Cette approche, qui privilégie la prévention, est l'une des forces du droit coutumier afar. Elle se manifeste à travers les cinq régimes de compensation, de réparation et de sanctions du *Madqa*, applicables selon la zone concernée. Ces spécificités régionales ne traduisent pas une absence d'unité ; elles illustrent au contraire la manière dont le droit afar a su intégrer les conditions économiques, sociales, pastorales et écologiques propres à chaque espace, tout en demeurant fidèle à ses principes fondamentaux.

Derrière cette diversité apparente se dessine une unité profonde de valeurs et de règles, qu'il convient de ne pas interpréter comme une fragmentation. L'œuvre de codification du Dr Mohamed Hassan Kamil ne se contente pas de juxtaposer les cinq régimes juridiques existants : elle en dégage les traits communs, en favorise la complémentarité et en renforce la cohérence d'ensemble. Une plus grande cohérence n'implique nullement une uniformité ; elle préserve au contraire la richesse des traditions territoriales tout en affirmant l'unité des fondements du *Madqa*.

Cette exigence de cohérence parle naturellement au juge : un système normatif destiné à être transmis, compris et appliqué dans la résolution des différends doit offrir une certaine prévisibilité.

C'est pourquoi cet ouvrage dépasse largement le cadre d'une simple compilation. Il représente, pour le peuple afar comme pour les chercheurs, les juristes et les autorités coutumières, un outil de connaissance, de comparaison, d'harmonisation et de réflexion sur l'avenir du droit coutumier. Il rejoint ainsi plusieurs interrogations majeures de la pensée juridique contemporaine : comment concilier l'unité du droit et la diversité des situations ? Comment articuler justice, réparation et paix sociale ? Comment reconnaître le rôle du groupe sans effacer la responsabilité individuelle ? Comment préserver un droit vivant sans le figer ? Comment codifier le droit coutumier sans l'appauvrir ?

En donnant au *Madqa* une forme écrite, le Dr Mohamed Hassan Kamil ne se limite pas à préserver un héritage ; il l'inscrit pleinement dans le champ du droit, c'est-à-dire dans un espace où les normes peuvent être étudiées, discutées, comparées et, si nécessaire, adaptées aux évolutions de la société.

Cet ouvrage doit être compris pour ce qu'il est réellement : une œuvre de mémoire, mais aussi une œuvre de science juridique. Car le droit ne se réduit ni à la loi écrite ni aux institutions étatiques : il est aussi le produit d'une société, de ses valeurs, de ses équilibres, de ses blessures et de sa manière propre de rechercher la justice.

C'est précisément ce qui confère à cet ouvrage sa portée scientifique contemporaine. À cet égard, le *Madqa* apparaît comme un véritable laboratoire juridique : une manière de penser le droit à partir de la vie réelle, des conflits concrets, des liens sociaux et de la nécessité permanente de préserver la paix.

Au terme de cette lecture, une question essentielle s'impose : la justice doit-elle se limiter à punir, ou doit-elle aussi réparer, apaiser et réconcilier ?

Le *Madqa* répond à cette interrogation non par une construction abstraite, mais par une pratique ancestrale, éprouvée et profondément humaine : restaurer l'équilibre, empêcher la vengeance, protéger la dignité et maintenir la paix sociale. C'est peut-être là, dans cette fidélité à la réalité sociale et dans cette recherche constante de l'apaisement, que réside sa contribution la plus précieuse.

Aire de peuplement des Afars :

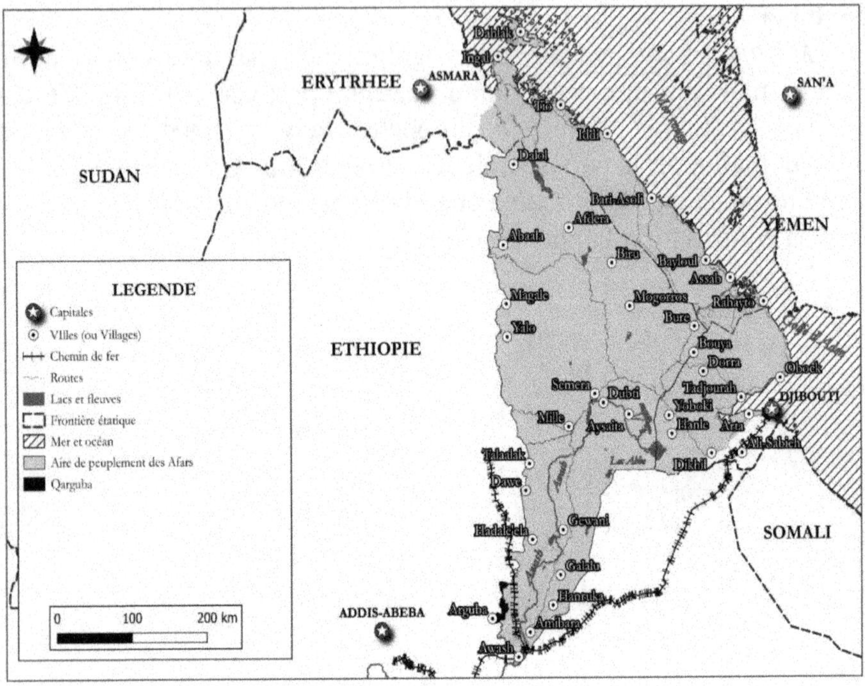

Introduction

Les Afars sont un peuple de la Corne de l'Afrique, réparti sur un territoire d'environ 150 000 km² à cheval sur Djibouti, l'Érythrée et l'Éthiopie, communément appelé le « Triangle afar ».

Depuis ses origines, les Afars ont construit leurs us et coutumes à travers l'expérience, l'adaptation à la nature et le besoin de cohésion sociale. De cette base est né le *Madqa*, un droit coutumier traditionnellement oral. Il est conservé dans la mémoire des anciens, il se construit par l'accord de tous et s'impose par la force des paroles solennelles. Ces mécanismes ont progressivement construit un ordre social profondément enraciné dans la conscience commune, orienté vers la préservation de l'équilibre au sein du peuple afar.

L'histoire des institutions afar trouve ses racines dans le royaume de Souguet, l'une des plus anciennes entités politiques structurées de l'espace afar. Selon Cassim Ahmed Dini,

> « le pouvoir politique organisé aurait été l'œuvre de la tribu Douloum, qui a fondé le royaume de Souguet[1] ».

L'apparition de ce royaume contribua à donner au *Madqa* un cadre politique plus large, en l'intégrant progressivement dans les structures de gouvernance de la société afar.

Les fondements politiques établis sous Souguet servirent ensuite de base au développement du royaume Ankaala. La continuité entre le royaume de Souguet et l'émergence d'Ankaala est soulignée par Ali Coubba :

> « leur règne et leur gouvernement ont posé les jalons de l'organisation politique sur lesquels allait prospérer le royaume Ankaala[2] ».

La chute de ce dernier au XIVe siècle a marqué le début d'une réforme juridique majeure, visant à adapter les règles traditionnelles aux évolutions de la société afar.

Cette aspiration à un ordre normatif fondé sur la cohésion sociale est ancienne. Le *Madqa*, dont les principes sont antérieurs à la Déclaration des droits de l'homme et du citoyen de 1789, en est l'expression dans la tradition afar. Il rejoint, sans s'y réduire, les principes énoncés par celle-ci, dont l'article 6 dispose que

> « la loi est l'expression de la volonté générale ».

---

[1] Cassim, 1984 : 35.

Il trouve également un écho dans la Déclaration universelle des droits de l'homme de 1948, qui consacre la dignité inhérente à toute personne (article 1), le droit à la vie et à la sécurité (article 3), ainsi que le droit à une justice équitable (article 10). Enfin, il rejoint une autre grande tradition juridique africaine, la charte Mandé (*Kurukan Fuga*), avec laquelle il partage des principes fondamentaux : l'inviolabilité de la vie humaine, la protection des personnes vulnérables, le respect des ressources naturelles et la valeur centrale de la parole.

Le système juridique afar repose sur trois piliers : le *Qafarre*, qui constitue le socle éthique propre à la société afar, l'*Adanle*, qui exprime l'universalité des droits de toute personne humaine, sans distinction d'origine, et le *Madqa*, qui en assure la traduction normative en règles de droit applicables.

Ainsi, pour régir efficacement un vaste territoire, la société afar a institué cinq régimes [3] du *Madqa*, chacun étant applicable dans une zone précise et ayant été institué à une époque différent, se succédant sur de longues périodes. Ces régimes portent le nom de leur initiateur, qu'il s'agisse de figures éminentes comme Burqili ou Buxxutô baxa, de confédérations tribales fondatrices telles que Afkiqek-Maqad ou Bodoytâ meela, ou encore d'entités géographiques comme Debnek-Weeqima. Leur application relève de l'autorité des *sidiica makkaaba*, qui tiennent compte de ces cadres territoriaux spécifiques. Classés par ordre chronologique, ils se présentent comme suit :

1. Debnek-Weeqima

Après la chute du pouvoir d'Ankaala, vers la fin du XIVe siècle, un amendement du *Madqa* fut entrepris lors de l'assemblée coutumière d'Adaylou. Cette réforme visait à adapter le droit coutumier aux besoins de la société et à la nouvelle donne politique.

Les travaux se déroulèrent à Meqem-Bara, dans la plaine de Gumqu, près du puits millénaire d'Adaylou. Ce site est situé au nord de Tadjourah, à environ soixante kilomètres.

Le régime de Debnek-Weeqima, issu directement de cette réforme, couvre la partie orientale de la région afar. Ses limites sont les suivantes:

- au nord : l'entrée sud d'Assab (Érythrée méridionale) ;

---

[2] Ali Coubba, 2004 : 160.

[3] Dans le présent Code, le terme « régime » désigne l'ensemble des dispositions applicables à une infraction dans une zone déterminée, telles qu'elles figurent dans les tableaux du Code pénal.

- à l'est : Obock et le golfe de Tadjourah (Djibouti) ;
- au sud : le lac Abhé ;
- à l'ouest : Dorra.

En outre, une portion discontinue de ce régime se situe dans la région d'Awash, en Éthiopie, à l'extrême sud du territoire afar.

Cette réforme, qui répondait à un bouleversement politique majeur, est l'acte fondateur des cinq régimes du *Madqa*.

2. Buxxutô baxa Casan

C'est à Rakub caxa, dans la localité de Mogorros, que fut établi le régime de Buxxutô baxa Casan, dont il porte le nom, lequel signifie littéralement « Hassan, fils de Buxxuto ». Située dans la partie nord-ouest de la région afar, en Éthiopie, cette zone a pour limites : au nord Mogorros, à l'est la zone d'Afkiqek Maqad, au nord de Bure, au sud Talaalak, et à l'ouest Yalo, à la limite du piémont éthiopien.

Mohamed Abakari, l'un des sages interrogés, rapporte :

> « *Tama Madqa aracat heenim Turki naharak Qafar baaxok Qasa badih qaxal daffee sanata. Ni xaleyna toh neh axcuk sugte*[4]. » (Ce système fut codifié l'année même de la première installation ottomane sur la rive africaine de la mer Rouge, dans le territoire afar, comme nos parents nous l'avaient raconté.)

Ce témoignage oral est corroboré par plusieurs chroniques historiques, selon lesquelles :

> « Les forces armées turques ont détruit la marine portugaise sur la mer Rouge en 1557 et ont étendu leur domination pendant 309 ans, de 1557 à 1866[5]. »

Il est donc raisonnable de situer la codification de ce régime vers le début de l'occupation ottomane de la mer Rouge, c'est-à-dire autour de 1557-1558.

3. Burqili

Le congrès ayant conduit à la mise en place du régime de Burqili s'est tenu à Iddi, dans le secteur appelé Madqah Alayto. Ali Mola Hummo (Cummô Moolih Qali) en indique la date précise :

---

[4] Mohamed Abakari, communication personnelle, janvier 2026, Samara.

[5] Journal Réalité, n° 1, 2002, Djibouti.

« *Burqili Madqah agaaradih maro hijirak 1210* [...]. *Burqilil tet muggaaqisen*[6].» (Le congrès qui a établi ce régime s'est tenu en l'an 1210 de l'Hégire. Il tire son nom de son initiateur, Burqili.)

Burqili est l'ancêtre de la dynastie du sultanat de Biru. L'année de l'Hégire mentionnée par l'auteur correspond à la période allant de juillet 1795 à juin 1796. Le territoire concerné s'étend, en Érythrée, depuis un peu au nord de Bari-Asoli jusqu'à Ingal, puis, en Éthiopie, de Magalé à l'ouest jusqu'à Millé au sud.

4. Afkiqek-Maqad

Le régime d'Afkiqek-Maqad a été codifié au XIXe siècle à Walaqsan, au nord-est d'Aysaita, par la confédération Afkiqek-Maqad et d'autres tribus autochtones du delta lacustre du fleuve Awash, sous le règne de Mohamed Hanfaré, surnommé « Illalta ». La zone couverte par ce régime est située dans la partie centrale et nord-orientale de la région afar, elle est à cheval sur Djibouti, l'Érythrée et l'Éthiopie.

Ses limites sont : au nord Bari-Asoli sur le littoral de la mer Rouge en Érythrée, au nord-est de Bouya en longeant les localités Yoboki et Hanlé en République de Djibouti, au sud la localité de Gala'lu, et à l'ouest Dubti, ces deux localités étant situées en Éthiopie.

5. Bodoytâ meela

Vers la fin du XIXe siècle, le régime de Bodoytâ meela fut institué dans la région de Dawe, plus précisément dans la localité de Tewqo. Selon la mémoire collective, son fondateur serait Ali Dawwani Mohamed. Cette région, enclavée entre le régime de Buxxutô baxa au nord-ouest et celui d'Afkiqek-Maqad à l'est, est délimitée à l'ouest par le piémont éthiopien.

L'ensemble de ces régimes illustre la capacité du *Madqa* à concilier cohérence normative et prise en compte des particularités écologiques, économiques et sociales propres à chaque région. Ils garantissent une justice en harmonie avec le mode de vie pastoral et les réalités locales, renforçant ainsi l'équité, la paix sociale et la continuité intergénérationnelle au sein de la société afar.

Le présent ouvrage propose la première codification écrite et systématique du droit coutumier afar, jusqu'ici préservé par la mémoire orale. Il se compose de deux volets : le Code civil coutumier (*rabak-nuway Madqa*), qui définit l'organisation sociale, les droits et devoirs

---

[6] Ali Mola Hoummo, 2017 : 57

des individus, la famille, le mariage, la filiation, le régime des biens et des successions, ainsi que les autorités coutumières ; et le Code pénal coutumier (*digaalâ Madqa*), qui présente les principes de justice, les procédures, les classifications des infractions et les régimes de réparation, privilégiant une approche réparatrice et réconciliatrice.

Les trois piliers du système juridique afar : *Qafarre* (éthique sociale afar), *Adanle* (universalité des droits pour tout être humain, sans distinction d'origine) et *Madqa* (droit coutumier).

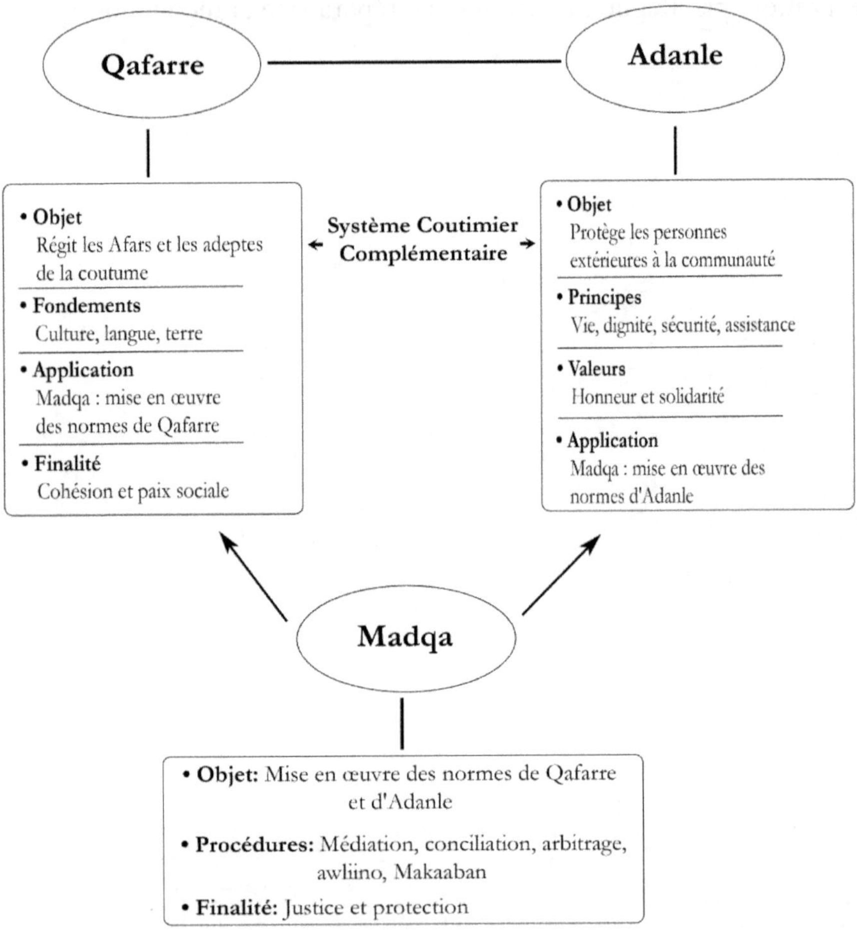

Organisation institutionnelle coutumière (*Sidiica makkaaba*) :

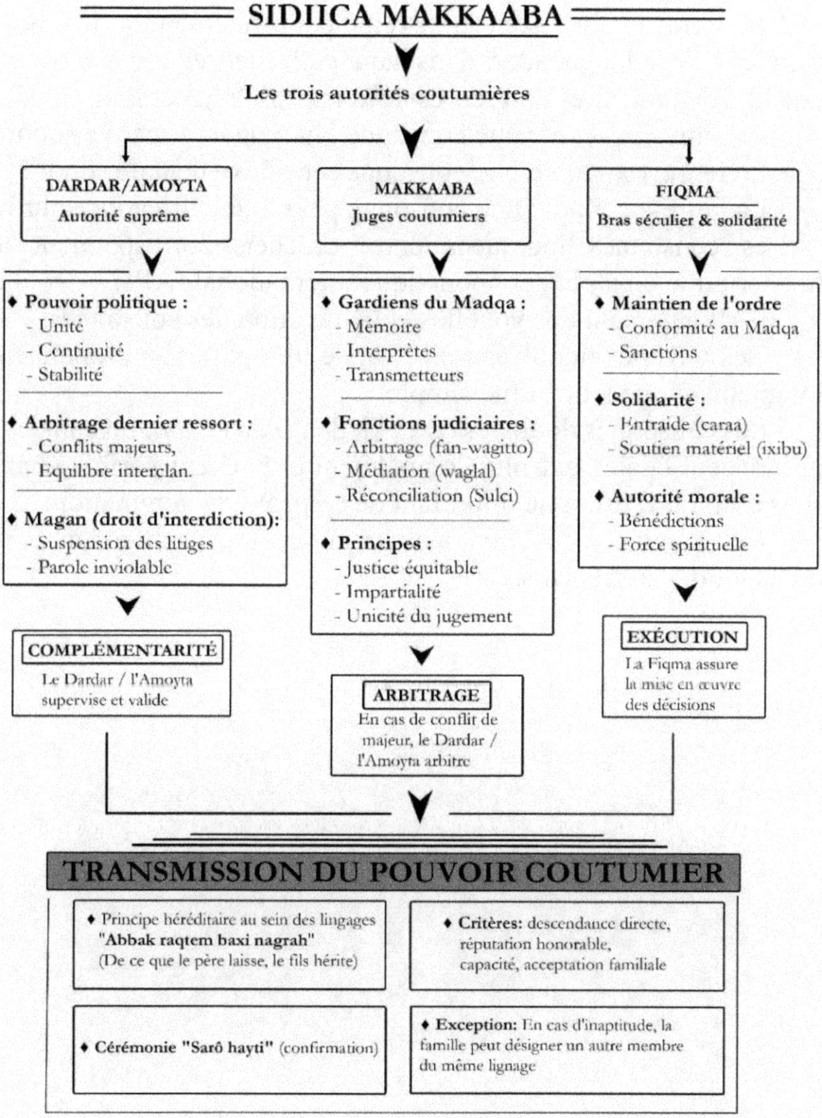

Convention de lecture des termes afars

a) Orthographe et consonnes spécifiques en afar

Les termes afars sont transcrits conformément à l'orthographe officielle de la langue afar, dans laquelle les lettres « q », « c » et « x » notent des phonèmes non représentés dans l'alphabet latin standard.

- La lettre « q » note une consonne pharyngale fricative sonore [ʕ].
- La lettre « x » note une consonne rétroflexe dentale sonore [ɖ].
- La lettre « c » note une consonne pharyngale fricative sourde [ħ].

Les consonnes indiquées entre crochets correspondent à leur transcription en alphabet phonétique international (API).

b) Allongement des voyelles et gémination des consonnes

- Les voyelles doublées (ex. : aa, ee, ii, oo, uu) se prononcent plus longuement que leur forme simple.
- Les consonnes doublées (ex. : kk dans *makkaaba*, bb dans *abba*) se prononcent également plus longuement et peuvent parfois changer le sens du mot. Il est donc important de respecter la gémination.
- Les voyelles « e » et « u » se prononcent respectivement comme « é » et « ou » en français.

PARTIE I : CODE CIVIL COUTUMIER (*RABAK-NUWAY MADQA*)

TITRE I : DES DISPOSITIONS GÉNÉRALES

Chapitre I : Des relations entre le Code civil et le Code pénal coutumier

Article 1 : Du principe de subsidiarité pénale

1. Les violations des règles énoncées dans le présent code sont sanctionnées conformément aux dispositions du Code pénal coutumier, lorsqu'elles y sont prévues comme infractions.
2. Une même conduite peut donner lieu à la fois à une qualification pénale et à l'application de règles civiles.

Article 2 : Du cumul des réparations civiles et des sanctions pénales

1. Les réparations civiles prévues par le présent code s'appliquent sans préjudice des sanctions pénales prévues par le Code pénal coutumier.

Article 3 : De la primauté du Code civil pour le statut personnel

1. Les règles relatives à la capacité des personnes, à la famille, au mariage, à la filiation, aux successions et aux biens sont déterminées exclusivement par le présent code.
2. Le Code pénal coutumier ne peut modifier ni supplanter ces règles, sauf pour en sanctionner la violation.

Article 4 : Du champ d'application du *Madqa* et de ses relations avec la justice étatique

1. Le Madqa s'applique aux personnes qui relèvent de la société afar par filiation paternelle, par adoption familiale ou sociale dans les conditions prévues aux articles 73 à 79, ou par adhésion volontaire

au *Qafarre* conformément à l'article 193.
2. En ville, où les juridictions étatiques sont accessibles, si l'une des parties refuse expressément la justice coutumière et choisit le droit étatique, le présent code cesse de s'appliquer de plein droit.
3. Par dérogation à l'alinéa 2, lorsqu'une juridiction étatique a déjà été saisie, les personnes visées à l'alinéa 1 peuvent, d'un commun accord exprès entre elles et avant toute décision définitive de cette juridiction, retirer l'affaire de celle-ci pour la soumettre aux *Makaaban.*
4. Si le règlement rendu par les *Makaaban* met fin au litige, il s'impose aux parties et fait obstacle à toute nouvelle action portant sur les mêmes faits devant une juridiction étatique.

TITRE II : DE LA PERSONNE ET DE LA CAPACITÉ JURIDIQUE

Chapitre I : De la majorité et du rite d'initiation (*derrê-kalti*)

Article 5 : De la majorité

1. La majorité est fixée à quinze (15) ans révolus.
2. Elle emporte pleine capacité juridique.
3. La responsabilité civile et la responsabilité pénale sont engagées à compter de quinze ans. Toutefois, la peine d'exil applicable au crime de sang (*biilu*) ne peut être prononcée avant l'âge de dix-huit ans, conformément à l'article 103, alinéa 1, du Code pénal coutumier.

Article 6 : Du rite d'initiation masculin

1. Le rite de rasage de la nuque[7] (*derrê-kalti*) marque l'accès à la majorité coutumière.
2. Il est accompli selon l'ordre de préséance suivant :

[7] Cette pratique est de plus en plus délaissée en raison de l'exode rural et de la scolarisation.

a) par l'oncle maternel (*abu*) ;
b) à défaut, par un cousin maternel *(inâ qammi-baxa*) ;
c) à défaut, par tout autre membre du groupe maternel (*abiino*).
3. Le rite est accompli lorsque le garçon est reconnu suffisamment mûr, selon l'appréciation coutumière.

Article 7 : Des effets de l'initiation

1. Le rite de rasage de la nuque (*derrê-kalti*) marque l'entrée dans la vie communautaire adulte et la pleine participation aux affaires sociales et coutumières.
2. L'accomplissement de ce rite n'affecte pas la capacité juridique ni la responsabilité pénale attachées à l'âge de majorité fixé à l'article 5.
3. À compter de l'accomplissement du derrê-kalti, l'initié acquiert en outre :
a) le droit de participer aux assemblées décisionnelles ;
b) l'éligibilité aux fonctions coutumières ;
c) l'autorisation de porter un poignard ainsi qu'un fusil, sous réserve des lois étatiques applicables.

Article 8 : De la majorité féminine

1. La fille atteint la majorité au même âge que le garçon, conformément à l'article 5.
2. Elle n'est pas soumise au rite d'initiation du *derrê-kalti.*
3. À compter de ce moment, elle est considérée comme majeure et pleinement capable d'exercer les droits et de remplir les obligations attachés à son statut.

Article 9 : De la capacité juridique du majeur

1. Le majeur est responsable de ses actes et de ses engagements au sein de sa famille et de sa tribu (*kedo*).
2. Il participe aux assemblées communautaires, défend les intérêts de la société et représente sa famille dans les affaires civiles, matrimoniales et successorales.

Article 10 : De la protection des majeurs vulnérables

1. Les majeurs présentant un handicap physique, mental ou sensoriel font l'objet de mesures de protection adaptées lorsqu'ils sont dans l'incapacité d'exercer seuls leurs droits.

2. La mesure de protection est prononcée par le conseil de famille, après avoir constaté l'incapacité réelle de la personne à exercer seule ses droits.
3. La personne protégée est placée sous la tutelle de sa famille.
4. Le tuteur est le chef de la famille. À défaut, le conseil de famille désigne un tuteur. En l'absence de tout proche, le chef de la tribu (*kedoh abba*) exerce la tutelle.
5. Le tuteur assure la protection et la représentation de la personne protégée, et gère ses intérêts personnels, civils et patrimoniaux avec la même diligence que pour ses propres biens.
6. La mesure de protection peut être révisée à tout moment par le conseil de famille, qui peut également y mettre fin lorsque la personne est reconnue capable d'exercer seule ses droits.

TITRE III : DE LA FAMILLE (*BUXA*)

Chapitre I : De la définition et de la structure

Article 11 : De la définition de la famille (*buxa*)

1. La famille (*buxa*) constitue l'unité sociale, économique et culturelle de la société afar. Elle est multigénérationnelle et solidaire.
2. Elle se compose du père, de ses épouses, de leurs enfants (mariés ou célibataires), des frères du père, de leurs épouses et de leurs enfants. Sont également inclus les ascendants, les collatéraux et les alliés par mariage.
3. Tous les membres partagent les responsabilités liées à l'éducation, au soutien matériel et moral, ainsi qu'à la transmission des traditions, des valeurs et des pratiques culturelles.
4. La structure familiale se décline en trois cercles :
a) le cercle nucléaire : père, mère et enfants (biologiques ou adoptés), parfois les grands-parents vivant sous le même toit ;

b) le cercle élargi : oncles, tantes, cousins, cousines, nièces, neveux et grands-parents, participant aux décisions et aux rituels familiaux ;
c) le cercle clanique : parents plus éloignés et toutes les alliances issues des mariages conclus par les membres de la famille.

Article 12 : Du chef de famille (*buxah abba*) : autorité et fonctions internes

1. La famille est organisée autour du chef de famille, qui exerce l'autorité principale.
2. Il assure la direction, la protection et la gestion des biens familiaux.
3. Il veille à transmettre aux enfants les valeurs fondamentales de la société afar, notamment le respect des anciens, l'intégrité, la solidarité et l'honneur. L'importance de l'honneur est illustrée par l'adage : « *Migaq waanamak magaq waanam meqe.* » (Mieux vaut manquer une sépulture que de perdre son honneur.)
4. Il prépare les enfants à leurs responsabilités familiales et communautaires.

Article 13 : De la gestion des biens familiaux

1. Le chef de famille assure la gestion, l'administration et la protection des biens familiaux.
2. Ces biens comprennent notamment les terres (*baaxo*), le bétail (*saq*) ainsi que tout autre patrimoine appartenant à la famille.
3. Il organise l'exploitation et la préservation de ces biens dans l'intérêt de la famille.

Article 14 : De la représentation de la famille

1. Le chef de famille représente la famille dans les relations sociales, coutumières et juridiques.
2. Il agit au nom de la famille dans les assemblées, les médiations et devant les autorités coutumières du clan et de la tribu.

Article 15 : Des relations de la famille avec la communauté

1. Le chef de famille représente la famille auprès de la communauté.
2. Il est tenu de participer aux assemblées communautaires et aux décisions collectives engageant la famille.
3. Il doit informer la communauté de tout événement grave affectant la famille.

Article 16 : Des besoins spécifiques des membres vulnérables

1. Le chef de famille pourvoit aux besoins spécifiques des membres vulnérables (enfants, femmes enceintes, personnes âgées, personnes en situation de handicap) qui ne sont pas en mesure de subvenir seuls à leurs besoins, en matière de soins particuliers, d'accompagnement et de protection renforcée.

Chapitre II : De la maîtresse de maison et du rôle éducatif de la mère

Article 17 : De la maîtresse de maison (*buxah ina* ou *buxah inayta*)

1. La *buxah ina* ou *buxah inayta* est responsable de l'organisation et de la gestion du foyer familial.
2. Elle exerce ses fonctions en collaboration avec le chef de famille.

Article 18 : De la gestion quotidienne du foyer

1. La *buxah ina* assure la gestion quotidienne du foyer.
2. À ce titre, elle veille :
   a) à l'entretien des biens domestiques ;
   b) à l'organisation et à la supervision des travaux ménagers ;
   c) à la gestion des ressources nécessaires au fonctionnement du foyer.

Article 19 : De la présence maternelle au foyer

1. La mère doit assurer sa présence au sein du foyer, afin d'en préserver l'équilibre et la stabilité.
2. Un adage l'énonce :
« *Buxah ina sinni dabqi alsa sinni bara.* » (Une demeure sans femme est comme une nuit sans lune.)

Article 20 : De la responsabilité éducative et morale de la mère

1. La mère est chargée de l'éducation des enfants et de leur inculquer les bonnes manières et les règles de vie en société, conformément à l'adage :
« *Affariibalek moynob dooraanaah, nammiibalek ina dooran.* » (Parmi les bêtes, on choisit l'étalon pour la race ; parmi les humains, on choisit une mère pour ses qualités.)

2. Elle veille à leur formation morale et à l'acquisition des comportements conformes aux usages établis.

Article 21 : De la transmission des valeurs et de l'encadrement culturel

1. La *buxah ina* assiste le chef de famille dans l'instruction traditionnelle, technique et culturelle des enfants.
2. Elle contribue à la transmission de la langue, des traditions, des coutumes et des valeurs sociales de la famille et de la communauté.
3. Elle initie progressivement les enfants aux activités de la vie quotidienne ainsi qu'aux savoirs domestiques et pastoraux adaptés à leur âge.
4. Elle veille à l'encadrement affectif des enfants et favorise leur intégration harmonieuse dans la société, sous la direction du chef de famille.

Chapitre III : De la tribu (*kedo* ou *kido*)

Article 22 : De la définition de la tribu (*kedo*)

1. La tribu *(kedo)* constitue l'unité sociale fondamentale de la société afar.
2. Elle regroupe des individus unis par une descendance commune *(raddi)* et la reconnaissance d'un ancêtre commun (*eled* ou *abu*), et occupe traditionnellement un territoire commun *(baaxo)*.
3. Le clan *(gulub)* ou *(nefta)* constitue un sous-groupe de la tribu *(kedo)*.
4. Reconnue comme une entité sociale et juridique, la tribu *(kedo)* forme l'un des piliers de la société afar.

Article 23 : De l'objet et du rôle de la tribu

1. La tribu a pour mission d'assurer :

a) l'identité collective de ses membres et la transmission des noms, titres et lignées ;
b) la solidarité entre ses membres ;
c) la sécurité et la protection de la communauté ;
d) la préservation et la transmission des valeurs, des coutumes et des règles morales de la société.

Article 24 : De la structure interne de la tribu

1. Les membres de la tribu (*kedo*) sont unis par une devise commune, l'itro, et par un lien social, moral et sacré, le *kidiinu*, fondement de leur solidarité et de leur appartenance.

Article 25 : De l'autorité et de la représentation de la tribu

1. La tribu est dirigée et représentée par un chef (*kedoh abba, Makaabantu*), qui a pour missions :
a) de représenter la tribu auprès des autres tribus et devant les autorités coutumières ;
b) d'assurer la conciliation et de statuer dans les litiges, les affaires matrimoniales et les relations intertribales.
2. L'importance et la nécessité de cette autorité sont consacrées par le proverbe suivant :
« *Kuta sinni wadar kee Makaabantu sinni kedot takkem maggo.* » (Un troupeau de chèvres privé de chien de berger et une tribu dépourvue de chef s'exposent à bien des difficultés.)

Article 26 : De la prohibition de la violence entre membres d'une même tribu

1. Toute violence entre membres d'une même tribu (*kedo*) est prohibée. Elle est considérée comme plus grave que la violence ordinaire en raison du lien de solidarité qu'elle rompt.
2. Verser le sang de l'un des siens constitue une infraction traditionnellement comparée à une lèpre qui se propage et compromet l'intégrité du groupe.
3. L'adage suivant le rappelle :
« *Kedô qabal barasa.* » (Le sang versé au sein de la tribu est une lèpre qui s'étend.)

Article 27 : De la conduite à tenir face à une intention de violence

1. Lorsqu'un membre de la tribu manifeste l'intention de se battre, toute réponse doit être mesurée afin de prévenir l'escalade.
2. Ce principe est traditionnellement exprimé par l'adage suivant :
« *Kedo qeebih koo niyattek, qale kak tawqem maqeeh, nabsih koo niyattek, konnaba kah abtam meqe.* » (Si un membre de la tribu vient avec des intentions de guerre, cherche un refuge ; s'il vient pour se nourrir, reçois-le avec générosité.)

TITRE IV : DU MARIAGE

Chapitre I : Des dispositions générales, interdictions et fiançailles

Article 28 : Du mariage prohibé

1. Le mariage est prohibé :
a) entre ascendants et descendants en ligne directe, à tous les degrés ;
b) entre alliés en ligne directe (beau-père, belle-mère, gendre, belle-fille).
2. L'interdiction prévue à l'alinéa 1 s'étend aux frères et sœurs du conjoint (belle-sœur, beau-frère).

Article 29 : De la définition et de la nature juridique des fiançailles

1. Les fiançailles, appelées *fayxi*, constituent une promesse de mariage formalisée entre les deux familles.
2. Elles produisent des effets coutumiers dès leur acceptation par le chef de la tribu ou le mandataire de chacune des deux familles, agissant respectivement en qualité de tuteur matrimonial pour la fille et de représentant légal pour le garçon [8].
3. La rencontre de ces deux représentants, après avoir recueilli le consentement des futurs époux conformément à l'article 32, vaut conclusion des fiançailles.
4. En cas de mariage entre personnes relevant de régimes du *Madqa* différents, le régime applicable est celui du lieu de célébration, conformément à l'article 319 du Code pénal coutumier.

Article 30 : De la célébration des fiançailles (*fayxi*) et des formalités

1. Au cours de la rencontre prévue à l'article 29, alinéa 3, le représentant du futur époux demande la main de la jeune fille et verse au tuteur matrimonial le *qerer* (indemnité principale dans les mariages *absumá* et *qammi-baxá*).
2. Avant la célébration du mariage :
a) la famille du futur époux verse une somme symbolique ou offre une chèvre, appelée *loogi*;

[8] « Tuteur matrimonial » et « représentant légal » s'entendent au sens coutumier, sans référence au droit étatique.

b) à la mère de la future épouse est remise une contribution symbolique, appelée « *inâ taban kee nammay* », destinée à la confection du trousseau de noces.
3. Pour les mariages de type *suumeyná* (fille non *absumá*), des indemnités supplémentaires sont prévues :
a) indemnité versée à l'oncle maternel, en argent ou en nature (*abi saga*) ;
b) indemnité de renonciation au droit matrimonial maternel (*sambô liga*) versée à la tribu maternelle pour renoncer à son droit d'épouser la fille ;
c) indemnité complémentaire (*elleraq*) versée par le futur marié à la tribu de la future épouse.

Article 31 : De la rupture des fiançailles et de ses conséquences

1. Les fiançailles peuvent être rompues par l'une ou l'autre des familles.
2. Lorsque la rupture émane de la famille du fiancé, celle-ci est tenue de verser l'indemnité d'apaisement (doroq) prévue par le Code pénal coutumier.
3. Lorsque la rupture émane de la famille de la fiancée, celle-ci doit restituer la dot ou toute autre contribution reçue.

Chapitre II : Du consentement, de l'opposition et de la célébration

Article 32 : Du principe du consentement matrimonial

1. Le mariage ne peut être conclu sans le consentement libre et éclairé des deux futurs époux.
2. Le consentement de la fille est recueilli par des intermédiaires désignés, qui s'entretiennent avec elle en aparté afin de s'assurer de son accord.
3. L'accord familial est exprimé par le père lorsque la fille ne manifeste aucun refus.
4. En cas de décès du père, cet accord peut être donné par l'oncle paternel ou, à défaut, par le frère aîné de la fille.
5. Le consentement de l'homme est également requis, car il assume la responsabilité et la charge de son épouse.

Article 33 : De l'opposition coutumière en cas d'adultère (*saddi*)

1. Lorsqu'un homme répudie son épouse pour cause d'adultère dûment établi, il peut former, à l'encontre de l'amant dûment identifié, une opposition au mariage de cette femme avec ledit amant. Cette opposition est appelée *saddi*.
2. La célébration d'un mariage en méconnaissance de cette opposition constitue une infraction.

Article 34 : De la célébration du mariage (*digib*)

1. La célébration du mariage a lieu au domicile de la femme.
2. Le jour du mariage, le cortège du marié (*qarusso* ou *waraddi*), conduit par son représentant légal, apporte les victuailles de la noce (*digib seefa*), qui sont remises au tuteur matrimonial de la mariée. Traditionnellement, le contrat de mariage était conclu par les représentants légaux du couple en présence de leurs familles respectives. Le contrat ainsi conclu est désigné sous le nom de *Makaaban gennaaqo.*
3. Avec l'avènement de l'islam, le contrat de mariage doit être conclu par le cadi ou par toute personne habilitée à réciter la formule religieuse prescrite, la dot (*mahri*) étant fixée d'un commun accord entre les futurs époux.

Article 35 : Du contrat de mariage à distance

1. Le contrat de mariage à distance se déroule conformément aux dispositions du présent code, à l'exception des modalités particulières prévues au présent article.
2. Le consentement de l'époux absent est recueilli par des témoins intègres, selon la même procédure que celle prévue à l'article 32. Les témoins rapportent son consentement devant l'assemblée.
3. La présence du tuteur matrimonial de la femme et du représentant légal de l'homme est obligatoire. Le mariage est valablement conclu en présence de ces personnes, au lieu convenu par les parties. Selon la forme religieuse, le mariage est scellé par le cadi.
4. Une fois le contrat établi, le représentant du marié remet des vêtements neufs au tuteur matrimonial de la mariée, qui les transmet à la mariée. La remise de ces vêtements, dont le *musaan* (foulard de tête réservé aux femmes mariées), vaut engagement officiel.

Article 36 : De l'engagement préconjugal (*baddi-kalti*)

1. Avant la consommation du mariage, le mari est tenu de verser une indemnité, dénommée *baddi-kalti*, destinée à affirmer sa responsabilité envers son épouse et à consacrer la validité de l'engagement matrimonial en droit coutumier.

Article 37 : De l'installation de l'épouse et de l'attribution de biens

1. Le mariage est patrilocal. Selon la coutume, l'installation de l'épouse auprès de son mari intervient généralement après son premier accouchement. Cette installation est désignée par le terme « *orba* ».
2. Avant de l'installer chez lui, l'époux remet à son épouse, en présence de son tuteur matrimonial, le bétail qui lui est destiné (*afayto*). Les parents de la fille lui attribuent également du bétail (*qarsa* ou *wayra*).
3. Ces biens constituent le patrimoine personnel de l'épouse, sur lequel elle exerce une pleine autonomie de gestion et de disposition.
4. L'époux remet en outre au tuteur matrimonial un chameau appelé « *ganta* », destiné à la famille de la mariée. Ce chameau peut être remplacé par une somme d'argent, désignée sous le nom d'*inaaqita rakub* (litt. le chameau couché).

Chapitre III : Des droits et des obligations des époux

Article 38 : Des devoirs du mari envers l'épouse

1. Le mari est tenu d'assurer protection, assistance et entretien à son épouse.
2. Il est tenu de subvenir à ses besoins essentiels :
a) la fourniture de vivres (*masruf*) ;
b) la fourniture de vêtements (*sartan*), y compris ceux nécessaires à sa dignité et à sa participation à la vie cérémonielle et sociale de la communauté ;
c) les soins en cas de maladie (*dayla*).
3. Ce principe trouve son expression dans le proverbe suivant :
« Barra koh abaanah ikkal koh ma yasrufan. » (On t'aide à prendre femme, mais nul ne la nourrit à ta place.)
4. Le mari ne peut brimer, maltraiter, humilier ni porter atteinte à la dignité de son épouse.

Article 39 : Des tâches physiques du mari pour le maintien de la famille

1. Le mari accomplit personnellement les travaux physiques et exigeants suivants :
a) la construction des enclos pour le bétail (*cogayyo*) ;
b) le creusement de puits (*qeeli dago*) ;
c) l'abreuvement des bêtes au puits (*leeh efeqya*) ;
d) l'organisation de la transhumance (*guuro*) ;
e) l'organisation et la conduite de la caravane (*arho*) pour tous les besoins liés à la vie et à la sécurité de la famille.
2. Les autres membres de la famille sont tenus d'assister le mari dans l'accomplissement de ces tâches lorsque leurs forces et leurs compétences le permettent.

Article 40 : Des devoirs de l'épouse

1. L'épouse est tenue de :
a) apporter son soutien moral à son mari dans les décisions importantes concernant la famille ;
b) se tenir à ses côtés et lui porter assistance dans les épreuves, telles que la maladie, le deuil ou les difficultés matérielles ;
c) participer à l'éducation traditionnelle des enfants.

Article 41 : De la médiation par les chefs de tribu

1. En l'absence de conciliation familiale, les chefs des deux tribus peuvent être saisis par l'une ou l'autre des parties.
2. Ils entendent les parties, proposent, le cas échéant, des mesures provisoires et s'emploient à les concilier.
3. À défaut de conciliation, les chefs des deux tribus constatent la rupture du lien conjugal (*cabti*)[9].
4. Les effets généraux du divorce sont réglés conformément aux articles 59, 60, 64 et 65.

---

[9] Le terme « *cabti* » désigne à la fois la rupture du lien conjugal, la procédure de divorce et l'état de divorce qui en résulte. Aucune distinction n'est faite entre ces acceptions.

Chapitre IV : Des formes de mariage

Article 42 : De la polygamie (*caggoliino*)

1. La polygamie est reconnue par la coutume afar comme une forme licite de mariage, sous réserve de l'égalité de traitement entre les épouses et du respect du maximum de quatre épouses fixé par la religion musulmane.
2. Lorsqu'un homme contracte un nouveau mariage alors qu'il est déjà marié, il offre à la première épouse, un présent appelé *aysini-kalti* ou *aysuna-kala* (litt. qui ôte la jalousie).

Article 43 : Du lévirat (*cigsu*)

1. Le lévirat est un type de mariage selon lequel un homme épouse la veuve de son frère ou de son cousin défunt.

Article 44 : Du sororat (*qari-diglo*)

1. Le sororat est un type de mariage par lequel un homme épouse la sœur de son épouse décédée.

Article 45 : Des règles applicables au lévirat et au sororat

1. Le lévirat et le sororat ont pour objet d'assurer la continuité du foyer, l'alliance entre les familles, ainsi que la stabilité et le bien-être des enfants.
2. Ces pratiques sont soumises au consentement de la femme requis par l'article 32, alinéa 1.

Chapitre V : Du mariage par rapt

Article 46 : De la définition du mariage par rapt

1. Le mariage par rapt est une pratique coutumière consistant traditionnellementen un enlèvement, suivi d'une médiation obligatoire avant toute union.
2. Le mariage ne peut être valablement conclu qu'après le consentement libre et éclairé de la femme, requis à l'article 32.
3. Le rapt ne confère pas, par lui-même, le droit d'épouser la femme raptée.

4. Les conséquences d'un refus du mariage par la femme ou par sa famille sont réglées conformément à l'article 51.

Article 47 : De la mise sous garde neutre durant le rapt et la médiation

1. Durant le rapt et la médiation, la jeune fille est placée sous la protection d'un chef d'une tribu neutre (*malak-misa*) qui l'héberge.
2. Il informe sans délai le tuteur matrimonial de la jeune fille de sa présence sous sa protection.
3. Aucune relation sexuelle n'est autorisée entre la jeune fille et le ravisseur pendant toute la durée du rapt et de la médiation.
4. La jeune fille demeure sous cette garde jusqu'à sa restitution à ses parents.

Article 48 : Des rites du rapt

1. À son arrivée chez le chef de tribu neutre, la femme raptée est remise aux femmes du campement, qui s'occupent d'elle sous l'autorité et la responsabilité du chef.
2. Elle revêt le pagne que le ravisseur lui apporte, en remplacement des vêtements qu'elle portait ainsi que de ses ornements personnels.

Article 49 : De la restitution définitive

1. Quelle que soit l'issue de la procédure, la femme est restituée à ses parents (*koofaxâ gacsa*).
2. Cette restitution met fin à la période de protection et de médiation.

Article 50 : Du mariage obtenu par le ravisseur

1. Le consentement de la femme, requis en application de l'article 32, ne peut être recueilli qu'après sa restitution à sa famille, conformément à l'article 49.
2. La médiation prévue à l'article 51 ne peut aboutir qu'au consentement libre de la femme, conformément à l'article 46, alinéa 2.
3. Le contrat de mariage est ensuite régulièrement conclu au domicile des parents de la femme, selon les formes prévues par le présent Code civil coutumier.

Article 51 : Du mariage non obtenu par le ravisseur

1. Si le mariage avec le ravisseur n'aboutit pas en raison du refus exprimé par la femme, le mariage ne peut avoir lieu.

2. Le refus de la famille ne peut, à lui seul, faire obstacle à un mariage valablement consenti par la femme conformément à l'article 32, alinéa 1.
3. Lorsque la famille s'oppose au mariage, que ce refus émane d'elle seule ou conjointement avec celui de la femme, elle est tenue d'indemniser le chef de tribu neutre qui a conduit la médiation.

Chapitre VI : De la grossesse hors mariage

Article 52 : De la grossesse hors mariage (*idqino*)

1. La grossesse hors mariage est celle qui survient en dehors des liens d'un mariage valablement reconnu.

Article 53 : Des personnes concernées

1. Les dispositions de l'article 52 s'appliquent à :
a) la jeune fille célibataire (*baxuwwa*),
b) la femme divorcée (*cabtento*),
c) la veuve (*gubna*).

Article 54 : Des solutions matrimoniales en cas de grossesse hors mariage

1. En cas de grossesse hors mariage (*idqino*), la femme enceinte est invitée à indiquer l'identité de l'homme responsable de la conception.
2. Après identification, la famille peut proposer un mariage avec cet homme, sans préjudice du consentement libre et éclairé de la femme requis à l'article 32.
3. Si le mariage n'est pas conclu, la femme tombée enceinte est prise en charge par sa famille.
4. L'homme responsable de la grossesse est tenu de verser les indemnités et à la prise en charge prévues par le *Madqa*.

Article 55 : De la renonciation au mariage d'une *absumá* (*masraya*)

1. La tribu maternelle, qui détient le droit de choisir un époux pour sa cousine croisée (*absumá*), peut renoncer à la marier, notamment à la suite d'une grossesse hors mariage ou pour toute autre raison jugée légitime.

Chapitre VII : De la dissolution du mariage

Article 56 : Des causes de dissolution du mariage

1. Le mariage se dissout pour l'une des causes suivantes :
a) le divorce (*cabti*) ;
b) le décès de l'un des conjoints (*raba*).

Article 57 : Du deuil de la veuve

1. En cas de décès de son mari, la veuve observe une période de deuil de quatre mois et dix jours.
2. Durant cette période, elle est tenue de :
a) porter des vêtements de deuil (*agal*) ;
b) s'abstenir de tout port d'ornement (*uguuxa*) ou de bijou (*bila*).
3. À l'issue de cette période, la famille organise une cérémonie marquant la fin du deuil blanc (*agal qido*).
4. Elle peut ensuite revêtir, pour la durée de son choix, des vêtements de deuil ordinaire (*rookâ sara*).

Article 58 : Du divorce (*cabti*)

1. Chacun des époux peut demander le divorce selon les formes du présent code ou en solliciter le prononcé devant le tribunal de la charia.
2. L'époux demandeur expose les motifs de sa demande devant les représentants légaux des deux parties ou, s'il saisit la charia, devant celle-ci :
a) le mari, devant le tuteur matrimonial de la femme et son propre représentant ;
b) la femme, devant son tuteur matrimonial.
3. En l'absence des représentants, la demande est valablement formée devant un proche de l'époux demandeur et notifiée à l'autre époux ou à ses proches.
4. Les représentants ou le tribunal de la charia tentent la conciliation.
5. Si elle échoue, les chefs des deux tribus ou le cadi constatent la dissolution par une déclaration conjointe qui vaut jugement de divorce, rendu en présence du mari.

Article 59 : Des effets généraux du divorce

1. En cas de divorce, l'époux verse à la femme un douaire, appelé « *yaras* », en réparation du préjudice moral et matériel subi.

2. L'époux est tenu de fournir à la femme des habits et des sandales, marquant ainsi sa dernière obligation de la vêtir avant la séparation définitive.
3. L'époux demeure tenu d'assurer la prise en charge des enfants mineurs, qui restent sous la garde de leur mère.
4. La garde de la mère s'exerce jusqu'à la majorité de l'enfant fixée à quinze ans. En cas de remariage de la mère, la garde peut être confiée au père ou à un membre de la famille paternelle si l'intérêt de l'enfant le justifie, sur décision du tuteur matrimonial de la femme et du représentant légal de l'homme.
5. L'intérêt de l'enfant prime sur toute autre considération dans les décisions familiales coutumières.

Article 60 : Des cas de vulnérabilité de la femme divorcée ou veuve

1. Lorsque la femme divorcée ou la veuve est en situation de handicap physique, ou atteinte de troubles mentaux, ou encore de sénilité liée à l'âge, et qu'elle n'a pas d'enfants adultes capables de subvenir à ses besoins, les obligations suivantes s'appliquent :
a) son ex-époux, s'il s'agit d'une femme divorcée, ou ses proches, s'il s'agit d'une veuve, sont tenus de la ramener chez sa famille ;
b) elle bénéficie d'un chameau, appelé *marrakasi rakub*, à titre de moyen de transport.

Article 61 : Des conditions générales du second mariage

1. Nul ne peut contracter un nouveau mariage avant la dissolution régulière du lien conjugal précédent, sauf dans les cas de présomption de décès prévus à l'article 62.
2. La veuve et la femme divorcée sont tenues de respecter, avant de contracter un nouveau mariage, les délais de viduité prévus respectivement aux articles 57 et 65.

Article 62 : De la présomption de décès

1. Toute personne disparue sans nouvelles pendant dix (10) années fait l'objet d'une présomption légale de décès.
2. Par dérogation, les *Makaaban* peuvent réduire ce délai s'il existe des indices graves et concordants permettant de présumer le décès avec une certitude raisonnable.
3. Cette présomption entraîne de plein droit :
a) la dissolution du mariage ;
b) l'ouverture de la succession.

4. La dissolution du mariage ne produit effet qu'après la déclaration de décès prononcée par les juges coutumiers, conformément à l'alinéa 2. Jusqu'à cette déclaration, le lien conjugal subsiste et l'interdiction de remariage prévue à l'article 65, alinéas 1 et 2, demeure applicable.

Article 63 : De la réapparition du mari présumé décédé

1. Lorsqu'un homme a été déclaré décédé par les juges coutumiers en application de l'article 62 et que son épouse, de bonne foi, contracte une nouvelle union, ce mariage est valable.
2. En cas de réapparition du premier mari, le second mariage demeure valable et continue de produire tous ses effets, sauf si la femme demande expressément le divorce pour retrouver son ancien mari.
3. La demande de divorce est formulée par la femme devant les *Makaaban* ou devant le tribunal de la charia.
4. La dissolution du second mariage ne porte pas atteinte :
a) aux droits acquis par la femme de bonne foi ;
b) à la filiation des enfants issus de cette union, qui reste établie à l'égard du second mari.
5. En cas de dissolution, la femme observe le délai de viduité prévu à l'article 65 avant de contracter un nouveau mariage avec son ancien époux.

Article 64 : Du délai de viduité de la femme divorcée

1. La femme dont le mariage a été dissous par divorce observe un délai de viduité (*qidda*) de trois mois à compter du divorce.

Article 65 : De l'interdiction de remariage pendant les délais légaux

1. La veuve est tenue de respecter le délai de quatre mois et dix jours prévu à l'article 57 avant de contracter un nouveau mariage.
2. La femme divorcée est tenue de respecter le délai de trois mois (*qidda*) prévu à l'article 64 avant de contracter un nouveau mariage.
3. Ces délais ont pour finalité de garantir la sécurité juridique de la filiation et le respect des impératifs religieux et du *Madqa*.

TITRE V : DE LA FILIATION ET DE LA PARENTÉ

Chapitre I : De la filiation biologique et de la filiation adoptive

Article 66 : Du principe de filiation biologique (*ubka*)

1. La société afar repose sur une organisation patriarcale. La filiation biologique (*ubka*) se transmet exclusivement par la ligne paternelle.
2. Cette filiation détermine l'appartenance de l'enfant à une lignée spécifique, organise les droits successoraux et établit les obligations sociales et morales au sein de la famille.

Article 67 : De l'appartenance à la famille patriarcale

1. Les enfants sont rattachés à la famille patriarcale de leur père et acquièrent ainsi la qualité de membres de celle-ci.
2. Ils participent aux activités familiales, à la solidarité collective et aux responsabilités communes définies par le *Madqa*.

Article 68 : De la continuité de la filiation

1. La filiation biologique établit une liaison ininterrompue entre les générations, garantissant que chaque enfant est reconnu au sein de la lignée paternelle et que les droits et devoirs familiaux sont transmis de manière stable.
2. Ce principe est illustré par le proverbe suivant :
« Ubkah ubkah, ubka yakken. » (On devient parent de celui qui est devenu le parent de son parent.)

Article 69 : De la désignation de l'enfant

1. L'enfant dont la parenté procède de la naissance est désigné sous le terme « *sambô baxa* » (litt. fils de la région pubienne).
2. Ce terme souligne le lien biologique réel et direct entre l'enfant et son père, base de l'organisation familiale et de la transmission de l'héritage.

Article 70 : Des effets juridiques de la filiation biologique

1. La filiation confère à l'enfant des droits et obligations au sein de la famille patriarcale, assurant sa protection, son intégration et sa participation aux affaires familiales.

Article 71 : Des droits successoraux

1. L'enfant bénéficie de droits successoraux garantis par la filiation paternelle. Ces droits lui permettent de recevoir sa part d'héritage conformément aux règles du *Madqa.*

Article 72 : De l'adoption familiale (*sarbâ-baxiinu* ou *arqô-baxiinu*)

1. L'adoption familiale consiste en l'intégration d'une personne au sein d'une famille selon les dispositions du *Madqa.*
2. Peuvent être adoptés dans ce cadre familial :
a) les captifs de guerre qui souhaitent librement rester et s'intégrer dans la société afar ;
b) les enfants abandonnés ou trouvés, sans famille connue.
3. Historiquement, l'adoption familiale concernait également les esclaves affranchis.

Article 73 : Des droits et de l'intégration des adoptés

1. Les adoptés n'acquièrent aucun droit successoral au titre de la filiation adoptive.
2. Ils sont néanmoins pleinement intégrés à la famille et à la tribu de l'adoptant. Ils portent la devise tribale (*itro*) et participent aux obligations sociales et solidaires de celle-ci.
3. Ainsi, la famille leur attribue des biens, principalement du bétail (*ikoyta*), pour constituer un patrimoine propre, et procède à leur mariage avec une *absumá* (fille de la sœur ou de la cousine paternelle de l'adoptant).
4. L'adopté bénéficie en outre :
a) du droit à un lopin de terre pour la pâture ou la culture, conformément à l'article 96 ;
b) de la protection et de l'assistance de la famille et de la tribu.
5. L'adopté peut recevoir des biens par testament (*farrimtu*) conformément à l'article 128. Ces biens ne lui confèrent pas les droits successoraux attachés à la filiation biologique (*ubka*).

Article 74 : De l'adoption sociale (*egel-baxiinu*)

1. L'« *egel-baxiinu* » est une forme d'adoption sociale par laquelle une personne issue d'une autre société ou culture manifeste sa volonté libre et expresse d'intégrer la société afar.
2. Cette intégration ne devient effective qu'après validation par la communauté concernée, conformément aux dispositions du *Madqa.*

Article 75 : De la procédure d'examen de la candidature à l'adoption sociale

1. La personne candidate à l'adoption sociale est soumise à une procédure d'examen conduite par les juges coutumiers de la localité d'accueil.
2. Cet examen porte sur :
a) les motifs de sa séparation d'avec sa société d'origine ;
b) son comportement social, sa discipline et son sens de l'obéissance (*ossobba*);
c) le statut qu'elle souhaite adopter au sein de la société afar ;
d) son engagement à se conformer au *Qafarre*, éthique sociale afar régissant la vie collective et les relations interpersonnelles, fondée sur la langue, la culture et la terre.

Article 76 : Du choix du statut d'intégration

1. La personne candidate à l'adoption sociale exprime sa volonté de choisir son statut d'intégration.
2. Elle peut opter :
a) pour devenir fils (*baxa*) de la société afar ;
b) pour devenir neveu (*absuma*), par rattachement à une lignée féminine.

Article 77 : De l'intégration comme fils (*baxa*)

1. Lorsque la personne opte pour le statut de *baxa* :
a) elle désigne la tribu à laquelle elle souhaite être rattachée ;
b) la tribu procède à son mariage avec l'une de ses *absumá* (cousines croisées);
c) la personne adoptée et ses descendants acquièrent la qualité de membres à part entière de la tribu, avec l'ensemble des droits et obligations qui en découlent, et adoptent la devise tribale (*itro*).

Article 78 : De l'intégration comme neveu (*absuma*)

1. Lorsque la personne opte pour le statut d'*absuma* :
a) elle est rattachée à la société afar par l'intermédiaire d'une femme, le mariage constituant le cadre de ce rattachement ;
b) elle et ses descendants acquièrent le statut d'*abuusa mara* (personnes issues d'une femme afar) et sont reconnus comme l'une des composantes tribales de la société afar ;
c) ce statut détermine leurs droits et devoirs ainsi que les modalités de leur participation à la vie sociale, coutumière et communautaire.

Article 79 : De l'issue du processus d'adoption sociale

1. Le processus d'adoption sociale, qu'il confère le statut de *baxa* ou d'*absuma*, prend fin par :
a) la proclamation officielle (*kukta*) de l'adoption de la personne ;
b) l'attribution par la tribu adoptante de biens, principalement du bétail (*ikoyta*), et d'une terre pour le pâturage (*duwi baaxo*) ou la culture (*gawra*), afin de constituer un patrimoine propre, conformément aux usages de la région.

Chapitre II : De la naissance et rites associés

Article 80 : De la femme enceinte et de sa protection

1. La femme enceinte poursuit ses activités habituelles selon ses capacités, sauf en cas de danger manifeste pour sa santé ou celle de l'enfant à naître.
2. Son mari veille à sa protection durant cette période, en lui épargnant les tâches excessives et en lui assurant une alimentation adaptée.
3. Cette obligation répond à la maxime :
« *Barra soolimiinul lallabo faxxaah, xalaayal ullaalo faxxa.* » (La femme a besoin de prévenance tant qu'elle porte, et de mets fortifiants au jour de l'enfantement.)

Article 81 : Des obligations du mari avant l'accouchement

1. À partir du septième mois de grossesse (*malcinu*), le mari est tenu de :
a) fournir un petit couteau destiné à l'usage lors de l'accouchement (*makkiita* ou *balaade*) ;
b) fournir un lit traditionnel (*olloyta*) adapté à l'accouchement ;
c) assurer la présence d'une accoucheuse (*ullat-ina*) et d'un homme chargé du rite traditionnel (*maskin-abe*) ;
d) fournir un tissu blanc pour le rite et le lange (*gundi*) du nouveau-né.

Article 82 : Des rites et des obligations alimentaires postnatales

1. Après la délivrance du placenta, le mari est tenu de :
a) organiser le rite traditionnel de protection et de rétablissement de son épouse (*ullâ-maskin*) ;

b) fournir, pendant les quarante jours suivant l'accouchement, les nourritures fortifiantes (*ullaalo*) nécessaires à la récupération de la parturiente ;
c) égorger un mouton gras destiné aux soins traditionnels de l'accouchée par le suif (*qeexô-lac*).

Article 83 : Du choix du nom de l'enfant

1. Dès la coupe du cordon ombilical (*cundub*), l'enfant reçoit le nom d'une personne reconnue pour ses qualités : le courage (*ligdo*), la bonté (*maqaane*), la sagesse (*qakli*), l'honnêteté (*aamantinan*) ou toute autre qualité estimée.
2. Ce principe est illustré par l'adage suivant :
« *Awki muggaaqak caakale edde tan xaban le.* » (L'enfant est, pour une bonne part, de la trempe de celui dont il porte le nom.)

Article 84 : Des obligations du mari envers la famille et le tuteur

1. Le tuteur matrimonial de la parturiente a droit au *saklil lac*, animal offert à l'occasion de la naissance du premier enfant.
2. Dans certaines régions, le mari est tenu d'offrir à la famille de l'épouse, au cours des trois premiers accouchements, six chèvres appelées *laqso*, égorgées chez ses parents pour la bénédiction (*dooqa*) de la mère et de l'enfant.

Chapitre III : Des enfants naturels et de leur reconnaissance

Article 85 : De la définition des enfants naturels

1. Sont considérés comme enfants naturels :
a) enfant né d'une fille non mariée (*mayguudi*) ;
b) enfant né d'une fille non mariée ayant un lien de parenté proche avec l'auteur de la grossesse (*kamaariqta*) ;
c) enfant né hors mariage d'une veuve (*gubnâ-baxa*).

Article 86 : De la filiation établie par le père naturel avant la majorité

1. Lorsque le père naturel établit la filiation avant que l'enfant ait atteint sa majorité :
a) il prend en charge l'enfant (*maynub*) ;

b) il verse une indemnité symbolique (*doroq*) au chef de la tribu maternelle ;
c) l'enfant est pleinement reconnu et intégré à la tribu du père, avec l'ensemble des droits et obligations qui en découlent.

Article 87 : De la filiation établie après la majorité

1. Lorsque le père naturel établit la filiation après que l'enfant a atteint sa majorité :
a) il verse un chameau (*maynub rakub*) à la famille maternelle, en compensation de l'accompagnement physique, moral et matériel de l'enfant ;
b) il paie une amende (*doroq*) au chef de la tribu maternelle ;
c) l'enfant est pleinement reconnu et intégré à la tribu du père, avec l'ensemble des droits et obligations qui en découlent.

Article 88 : De la filiation non établie par le père naturel

1. Lorsque le père naturel n'établit pas la filiation, que l'enfant ait atteint ou non sa majorité :
a) l'enfant demeure rattaché à la famille maternelle et à la tribu de sa mère ;
b) il ne bénéficie pas des droits successoraux attachés à la filiation paternelle.

Article 89 : Des effets de la reconnaissance

1. La reconnaissance de la filiation par le père naturel confère à l'enfant tous les droits et obligations attachés à la filiation, y compris les droits successoraux et la protection familiale.
2. L'enfant reconnu devient membre de la tribu paternelle et adopte la devise tribale (*itro*).
3. Le présent principe est illustré par l'adage suivant :
« Num kah aabuke wee kedol mitrita. » (Un homme ne pousse pas l'*itro* d'une tribu qui n'est pas la sienne).

TITRE VI : DES BIENS

Chapitre I : Dispositions générales

Article 90 : De la propriété personnelle (*ikoyta*)

1. L'*ikoyta* est le droit d'user, de gérer et de disposer d'un bien. Le régime de la propriété foncière, exclu de cette définition, est régi par les dispositions du Chapitre II du présent Titre.
2. Les biens relevant de l'*ikoyta*, principalement constitués de têtes de bétail, sont sacrés et exclusifs. Ils ne peuvent être cédés sans le consentement de leur titulaire.
3. La sagesse populaire le rappelle :
« *Ikoytaa kee boddina falma mali.* » (La propriété personnelle, comme les dents, ne peut être contestée.)
4. Lorsque le titulaire est un mineur, le consentement est donné par son représentant légal.

Article 91 : Du droit à la propriété personnelle dès la naissance et de sa gestion

1. Dès sa naissance, tout enfant afar se voit attribuer un animal à titre de propriété personnelle.

Article 92 : De l'animal dit *cundubta*

1. L'animal du bétail attribué à la naissance, appelé *cundubta*, peut être une chèvre, une vache, une brebis ou une chamelle.
2. Il peut être offert par la mère, la grand-mère ou le grand-père maternel de l'enfant, en fonction des usages familiaux.
3. L'animal est symboliquement marqué par un fragment du cordon ombilical de l'enfant, attaché dans un chiffon.
4. Le *cundubta* constitue le premier patrimoine personnel (*ikoyta*) de l'enfant.

Article 93 : De l'animal dit *intî-lac*

1. Au quatrième mois suivant la naissance, le père ou un membre de la famille paternelle attribue à l'enfant un animal supplémentaire, appelé « *intî-lac* », littéralement « une bête de l'œil ». Cet animal reçoit ce nom car, au moment de l'attribution, l'adulte chargé du rite le fait regarder dans les yeux.

2. Cet animal entre dans le patrimoine personnel (*ikoyta*) de l'enfant.

Article 94 : De l'animal dit *muggaqta*

1. Au début de son enfance, la personne dont l'enfant porte le nom lui offre un animal, appelé *muggaqta*.
2. Cet animal peut être une chèvre, une vache, une brebis ou une chamelle.
3. Il entre dans le patrimoine personnel (*ikoyta*) de l'enfant.

Article 95 : Du pedigree des animaux attribués

1. Le pedigree des animaux attribués à l'enfant, qu'il s'agisse du *cundubta*, de l'*intî-lac* ou du *muggaqta*, garantit la pérennité du patrimoine personnel (*ikoyta*) de l'enfant, même après la disparition de l'ascendant.

Article 96 : De l'administration parentale

1. La gestion des animaux et des biens personnels de l'enfant est assurée par ses parents ou, à défaut, par un membre de sa famille, jusqu'à sa majorité coutumière.
2. Ces biens doivent être administrés dans l'intérêt exclusif de l'enfant ; aucun acte de disposition ou de transfert ne peut lui être préjudiciable.
3. Les parents ou tuteurs doivent préserver la propriété de l'enfant et lui transmettre les connaissances nécessaires pour en assurer le soin.

Chapitre II : De la propriété foncière

Article 97 : Du droit au territoire et de l'usage collectif

1. La terre constitue un bien fondamental et inaliénable de la société afar. Elle appartient collectivement aux tribus et communautés qui la composent.
2. Chaque membre de cette société, ainsi que toute personne régulièrement intégrée en son sein, a droit à un lopin de terre dont il peut jouir pour la pâture ou la culture, fondement de son statut social et de son honneur.
3. Ce principe est illustré par l'adage populaire :
« *Baaxo mali migaq maliiy, magaq mali.* » (Celui qui n'a pas de territoire n'a ni honneur ni sépulture.)

4. L'usage traditionnel des terres, pâturages et points d'eau est régi par les règles suivantes :
a) l'usage s'acquiert par l'appartenance à la tribu ou à la famille propriétaire, ou par convention entre familles ;
b) l'usage se perd par abandon volontaire, par transfert volontaire du droit d'usage à un autre membre de la société afar, ou par décision de l'autorité coutumière en cas de violation des règles du *Madqa* ;
c) en cas de litige sur l'usage d'une terre, d'un pâturage ou d'un point d'eau, il est procédé conformément aux articles 107 à 109 du présent chapitre.

Article 98 : De l'interdiction de cession à des étrangers

1. La terre ne peut être cédée, vendue ni transférée à des personnes étrangères à la société afar.
2. Tout acte conclu en violation de cette interdiction est nul de plein droit.

Article 99 : De la terre héritée (*saax baaxo*)

1. En cas d'extinction d'une famille ou d'une tribu, la terre qui lui appartenait est attribuée à la famille ou à la tribu la plus proche par lien de parenté, conformément au principe de maintien des terres au sein de la société afar.

Article 100 : Des statuts et catégories de terres

1. La terre se divise en deux catégories selon son statut :
a) Terres de l'autorité coutumière suprême, *Dikaarâ* [10] *baaxo* à Tadjourah et Rahayto, *qarkaytô baaxo* (litt. terre du trône) à Awsa. L'usufruitier doit s'acquitter chaque année d'un impôt, appelé *qiso* , payable uniquement en bétail sur pied.
b) Terres exonérées de *qiso* : Elles appartiennent à la tribu dans son ensemble et sont mises à la disposition de tous ses membres pour usage commun.

Article 101 : De la terre mise en défens permanent (*desso*)

1. Certaines zones sensibles, telles que les pâturages de saison sèche ou les terrains situés à proximité des campements, peuvent être placées en défens permanent par décision de la famille propriétaire, sous réserve du respect des règles collectives de la tribu ou de la communauté.

---

[10] Batterie de deux tambours, insignes de commandement des sultans de Tadjourah et de Rahayto.

2. L'accès à ces zones est strictement réglementé et doit respecter les itinéraires de transhumance fixés par la communauté.

Article 102 : De la mise en défens temporaire (*gaan* ou *dirri*)

1. Après la pluie, certaines terres peuvent être placées en défens temporaire afin de permettre à la végétation de se régénérer naturellement et de maintenir l'équilibre de l'écosystème.
2. L'accès à ces terres est interdit pendant la période de défens temporaire, jusqu'à ce que la communauté autorise la reprise du pâturage.

Article 103 : Du pâturage commun (*qaadu* ou *wakfa*)

1. Certains parcours, appelés *Qaadu* ou *Wakfa*, constituent des pâturages communs accessibles à tous les membres de la société afar.
2. Ces pâturages communs sont destinés à la vaine pâture, en période de sécheresse ou en cas de pénurie de pâturages privés.

Article 104 : Des règles de transhumance et du droit de passage (*araki gita*)

1. Les transhumants (*dula*) doivent respecter les itinéraires et les zones de pâturage définis par la communauté.
2. Le passage à travers le terrain d'autrui pour accéder à un point d'eau constitue un droit coutumier désigné sous le nom d'*araki gita*.

Article 105 : Du droit d'accueil temporaire (*orba*)

1. Lorsqu'une famille voit ses terres privées de pluie, elle peut solliciter auprès d'une autre famille l'autorisation d'une installation provisoire sur son pâturage.
2. Ce droit coutumier est désigné sous le nom d'*orba* et doit être exercé dans le respect des usages et conditions fixés par la famille accueillante.

Article 106 : Du droit de pâturage d'entraide (*abur-gombodda* ou *aboyyâ-dabba*)

1. Pour pouvoir faire paître leur bétail en période de sécheresse ou de pénurie de ressources pastorales, les familles peuvent conclure, de manière réciproque, une entente coutumière de pâturage temporaire, appelée *abur-gombodda* ou *aboyyâ-dabba*, permettant à chacune d'elles de bénéficier provisoirement des aires de pâturage de l'autre.
2. Cette entente repose sur les principes de solidarité pastorale et de réciprocité. Elle peut se perpétuer de génération en génération, constituant un lien de confiance et d'assistance mutuelle, sans conférer

un droit de propriété ni un droit d'usage permanent sur les terres concernées.
3. L'exercice de ce droit demeure conditionné aux circonstances exceptionnelles qui le justifient. Il doit s'effectuer dans le respect des usages locaux, de la préservation des ressources pastorales et selon les modalités fixées d'un commun accord entre les familles concernées.

Article 107 : Du règlement amiable des litiges fonciers

1. Les contestations relatives à l'usage ou à la possession de la terre sont, à peine d'irrecevabilité, soumises à une tentative de conciliation préalable.
2. L'accord des parties constaté par écrit vaut règlement définitif du litige.
3. En cas d'échec de la conciliation, le différend est porté devant l'autorité coutumière suprême conformément à l'article 108.

Article 108 : De la procédure devant l'autorité coutumière suprême

1. L'autorité coutumière suprême, saisie en application de l'article 107, réexamine l'affaire. Elle entend les juges coutumiers qui ont connu de la décision initiale, apprécie les témoignages et les éléments de preuve versés aux débats, et statue par une décision motivée qui met fin au litige.

Article 109 : Du pouvoir d'interdiction temporaire (*magan*) de l'autorité coutumière suprême

1. Pendant la période de règlement du litige, en attendant sa décision, l'autorité coutumière suprême peut instituer un interdit temporaire, appelé *magan*, sur la terre concernée.
2. Seule l'autorité coutumière suprême peut lever cet interdit.

Article 110 : De la violation de l'interdit (*magan diglo*)

1. Le respect de l'interdit temporaire est obligatoire.
2. Toute violation constitue une infraction et entraîne l'application des sanctions prévues par les dispositions du *Madqa*.
3. Toutes les parties doivent observer l'interdit avec rigueur.

Chapitre III : De la propriété du bétail (*saqi ikoyta*)

Article 111 : De la structure traditionnelle du patrimoine pastoral

1. Le bétail constitue la richesse principale de la société afar.
2. Il est structuré selon une classification traditionnelle quadripartite, désignée « *affara xiyyu* » (quatre catégories), composée de gros bétail (chamelles et vaches) et de petit bétail (chèvres et moutons).
3. Chaque catégorie de bétail possède une valeur, une fonction et un usage spécifique dans l'économie domestique et la culture afar.

Article 112 : Du statut du gros bétail (*lafnaba*)

1. Le gros bétail occupe une place privilégiée dans la société afar.
2. Les vaches sont considérées comme une source de confort domestique. Elles sont élevées pour la production de lait, la reproduction et le bien-être de la famille.
3. Ce principe est illustré par l'adage :
« *Laa kee agabu raacatah loonu.* » (On dispose des vaches et des femmes pour le confort).
4. Les chamelles sont associées à la fierté et à l'honneur de la famille. Elles jouent un rôle social important et sont valorisées dans les échanges et cérémonies coutumières.
5. Les produits dérivés du gros bétail, l'urine et le fumier, peuvent être utilisés à des fins thérapeutiques conformément aux usages coutumiers.

Article 113 : De la vente de chameau

1. La vente d'un chameau ne peut être valablement conclue qu'en présence de témoins.
2. Les témoins reçoivent un paiement appelé seefa, conformément au proverbe :
« *Biili qarret*[11] *xiinah, gaali seefat*[12] *xiina.* » (L'affaire de sang est suspendue par le qarre ; le chameau est définitivement vendu par le seefa versé aux témoins de la vente.)

---

[11] Le terme « *qarre* » désigne une indemnité versée aux chefs qui conduisent la médiation pour le règlement d'un *biilu* (crime de sang). Cette indemnité vise à mettre l'affaire en sommeil, en attendant le règlement définitif.

[12] Le « *seefa* » désigne le paiement versé aux témoins lors de l'achat d'un chameau.

Article 114 : Du statut et usages des moutons (*illi*)

1. Les moutons sont élevés principalement pour leur graisse de queue, utilisée comme remède traditionnel.
2. Le suif de mouton sert à soulager les douleurs post-partum (*mardedda*), à favoriser la consolidation des fractures et à répondre aux besoins de toute personne nécessitant un soin traditionnel.
3. Ce principe est illustré par l'adage afar :
« *Qeexo aaquba iyya numuk yaaqube numuh tayse.* » (Le suif profite plus à celui qui la boit qu'à celui qui dit de la boire).

Article 115 : Du statut des chèvres (*wadar*)

1. Les chèvres peuvent être abattues ou vendues à tout moment, comme le rappelle l'adage :
« *Wadar xonkô lakqo.* » (Les chèvres sont l'équivalent de l'argent de poche.)
2. Elles sont utilisées pour :
a) nourrir la famille ou les invités ;
b) générer un revenu pour les besoins domestiques ou imprévus ;
c) servir d'offrandes, de dons lors des cérémonies ou de soutien aux membres de la famille.

TITRE VII : DES SUCCESSIONS (*NAGRA*)

Chapitre I : Des dispositions générales

Article 116 : Du principe général de la succession

1. La succession a pour objet de régler la dévolution des biens du défunt au sein de sa famille, dans le respect de l'ordre successoral coutumier.
2. À la date du décès, les biens du défunt forment une succession. Ils restent indivis tant qu'ils n'ont pas été partagés entre les héritiers.

3. La succession est régie par le droit coutumier, sauf si un héritier demande l'application de la charia, auquel cas celle-ci s'impose à tous.

Article 117 : De l'ouverture de la succession

1. La succession s'ouvre dans deux situations :
a) lorsqu'une personne décède ;
b) lorsqu'une personne est réputée décédée par présomption, conformément aux dispositions de l'article 62, alinéa 3, b).
2. Une fois la succession ouverte, les proches parents peuvent, sur décision du conseil de famille, conserver ensemble le patrimoine commun de la famille, afin de préserver l'unité familiale et la valeur patrimoniale.

Chapitre II : De la dévolution successorale

Article 118 : De l'égalité des enfants héritiers

1. L'héritage revient en priorité aux enfants du défunt, qui héritent à parts égales.
2. Les biens demeurent indivis, c'est-à-dire non partagés, jusqu'à leur répartition, sous la direction du chef de famille ou de l'autorité coutumière.
3. Les dettes (*mogo*) éventuelles du défunt doivent être acquittées avant toute répartition.
4. Les autres membres de la famille ne peuvent prétendre à l'héritage qu'en l'absence d'enfants.
5. Ce principe est illustré par l'adage :
« *Abbak raqtem baxi nagraah, caxak raddem kimbiro onkossa.* » (De ce que le père laisse, le fils hérite ; ce qui tombe de l'arbre, l'oiseau le ramasse.)
6. En l'absence d'enfants, l'héritage est dévolu dans l'ordre suivant :
a) au conjoint survivant, dans les conditions prévues à l'article 124 ;
b) à défaut de conjoint, au père et à la mère ;
c) à défaut de père et mère, aux frères et sœurs, conformément à l'article 127 ;
d) à défaut de frères et sœurs, au clan ou à la tribu la plus proche.

Article 119 : Des droits des filles dans la succession

1. Les filles héritent à parts égales avec les fils, conformément à l'article 118, alinéa 1.
2. Une partie de la part de la fille peut être conservée dans sa famille d'origine comme garantie économique, notamment en cas de répudiation ou de nécessité. Elle peut en disposer à tout moment.

Article 120 : Des droits successoraux des filles mariées

1. Les filles mariées continuent de participer à la succession de leur père mais n'héritent pas de la masse successorale de leur mari.
2. Elles conservent leurs biens personnels (*ikoyta*), ainsi que les animaux donnés par leur père (*qarsa* ou *wayra*) et ceux offerts par leur mari (*afayto*) lors de leur installation chez leur belle-famille.
3. Ces biens restent leur propriété exclusive et leur reviennent en cas de répudiation ou au décès de leur mari.

Article 121 : De la composition du patrimoine successoral

1. Le patrimoine successoral est constitué des biens personnels du défunt, qui sont partagés entre les héritiers.
2. Ces biens incluent :
a) les animaux attribués dès la naissance (*saqi ikoyta*) ;
b) l'argent, les créances et autres actifs personnels.

Article 122 : De l'extinction de la propriété personnelle (*ikoyta*)

1. Le décès d'un enfant entraîne l'extinction de sa propriété personnelle (*ikoyta*). Les biens extincts réintègrent le patrimoine familial ou collectif, sous la gestion du chef de famille.
2. Pour les personnes majeures, la propriété personnelle (*ikoyta*) suit les règles de la succession prévues au titre VII.

Article 123 : Gestion des biens familiaux et droits de la veuve

1. Lorsque les enfants du défunt sont mineurs, la veuve (*gubna*) assure la gestion du patrimoine de son mari dévolu à ses enfants et veille à leur protection jusqu'à leur majorité.
2. Elle administre également ses biens personnels.
3. Dans l'exercice de cette fonction, elle est désignée par le terme « *gubti ina* » (mère responsable), c'est-à-dire la mère chargée de la gestion du foyer et de la protection des enfants.

4. En cas de remariage avec le frère ou le cousin du défunt (*cigsu*), la gestion du patrimoine familial est transférée au nouveau conjoint, qui exerce alors la fonction de chef de famille.
5. À défaut d'un tel remariage, la veuve conserve la gestion de ce patrimoine jusqu'à la majorité de ses enfants.

Article 124 : De la succession du conjoint survivant

1. Au décès d'un homme marié, sa femme hérite du quart de ses biens.
2. Au décès d'une femme mariée, son mari hérite de la totalité de ses biens.
3. Le conjoint survivant n'hérite qu'en l'absence de descendants directs, conformément à l'article 118.

Article 125 : De la gestion du patrimoine des orphelins

1. Le patrimoine d'un orphelin mineur, son troupeau et ses autres biens, est confié à un tuteur.
2. Le tuteur n'a que l'administration et la conservation des biens. Il ne peut ni les vendre ni les échanger, la propriété demeurant entière à l'enfant.
3. Parvenu à l'âge d'homme ou de femme, ou dès qu'il ou elle est reconnu(e) capable par le conseil de famille ou par l'autorité coutumière compétente, l'orphelin ou l'orpheline reprend lui-même ou elle-même la pleine gestion de son patrimoine.

Article 126 : De l'héritage entre cousins

1. Lorsqu'une succession collatérale survient, un homme peut hériter des enfants de celui dont son père était le frère du défunt.
2. La répartition des parts :
a) frères de même père : deux (2) parts chacun ;
b) frères de même mère : une (1) part chacun.

Article 127 : De la succession en l'absence de descendance directe

1. En cas de décès d'un homme sans enfant, la succession revient à ses frères selon les règles suivantes :
a) les frères de même père et même mère héritent de la totalité s'ils sont seuls ;
b) en présence de frères de père et de frères de mère, les frères de père reçoivent les deux tiers (2/3) et les frères de mère reçoivent un tiers (1/3) ;

c) lorsque plusieurs frères appartiennent à la même catégorie, ils se répartissent la part qui leur revient à parts égales.

Chapitre III : De la succession testamentaire (*farrimtu*)

Article 128 : Du testament (*farrimtu*)

1. Le testament s'exécute conformément à la volonté du défunt, sous réserve du respect des droits des héritiers réservataires.
2. Toute disposition testamentaire contraire aux droits des héritiers réservataires peut être annulée par le conseil des *Makaaban*, garant du respect des usages coutumiers.

Article 129 : De la forme et des conditions de validité du testament

1. Le testament (*farrimtu*) doit être prononcé de manière claire et non équivoque par une personne saine d'esprit et libre de toute contrainte.
2. Il doit être confié à au moins trois (3) témoins majeurs et impartiaux ou, à défaut, à une personne digne de confiance et jouissant d'une bonne réputation au sein de la communauté, qui auront la responsabilité de conserver fidèlement le souvenir de l'acte et de le rapporter avec exactitude au moment opportun.
3. Tout testament non confié dans ces conditions est nul.

Article 130 : Du rôle et de l'autorité des *Makaaban*

1. Les *Makaaban* veillent à la validité et à l'interprétation du testament (*farrimtu*).
2. Ils constatent la conformité du testament avec les règles de succession et tranchent les différends successoraux entre les héritiers.
3. Les *Makaaban* peuvent ordonner la restitution ou la redistribution des biens en cas de contestation ou de non-respect des droits des héritiers.

Article 131 : De l'exécution du testament

1. L'exécution du testament (*farrimtu*) incombe au conseil de famille, sous la supervision des *Makaaban*.
2. Les biens légués sont remis aux bénéficiaires conformément à la volonté du défunt.

Article 132 : De la dévolution des biens

1. La dévolution des biens du défunt n'est soumise à aucun délai fixe.
2. Elle peut intervenir :
a) À l'issue du veuvage de l'épouse du défunt ;
b) Ou à tout moment ultérieur, selon la décision de la famille.

TITRE VIII : DE LA SOLIDARITÉ ET DE L'ENTRAIDE COUTUMIÈRE

Chapitre I : Des principes généraux et des formes de solidarité

Article 133 : De la solidarité coutumière (*qiko*)

1. La solidarité (*qiko*) constitue un principe général et fondamental de la communauté.
2. Tout membre de la tribu (*kedo*) est tenu de porter assistance à autrui, conformément aux principes du *Qafarre* et aux dispositions du *Madqa*.
3. La solidarité s'exerce notamment par les formes d'aide prévues aux articles 134 à 142, et vise à :
a) renforcer la cohésion du groupe ;
b) assurer le soutien mutuel ;
c) garantir la protection et le bien-être de chacun.

Article 134 : De l'apport de charge *(takayru)*

1. Tout membre de la communauté a l'obligation d'apporter un apport de charge à celui qui ne possède pas d'animal de somme (*meerraytu*) et qui en fait la demande, en utilisant son propre moyen de transport.

Article 135 : De l'emprunt d'animaux de somme (*qela*)

1. Tout membre de la communauté a l'obligation de prêter un animal de somme à celui qui en a besoin, pour une période déterminée, lorsqu'il en fait la demande.

Article 136 : De l'aide lors de la circoncision (*waynabô caraa*)

1. Tout membre de la communauté informé de l'événement a l'obligation d'apporter son aide lors de la circoncision d'un enfant, sous forme de contribution en bétail ou en nature, et nul ne peut s'y soustraire.

Article 137 : De l'aide lors du mariage (*digib caraa*)

1. Tout membre de la communauté a l'obligation d'apporter son aide à un marié lors de la célébration de son mariage, par une contribution en nature, en bétail, ou par tout autre soutien reconnu par la coutume.
2. Cette aide constitue une expression de solidarité, destinée à faciliter le mariage dans la société.

Article 138 : De l'aide lors des funérailles (*fiddimâ caraa*)

1. Tout membre de la communauté a l'obligation d'apporter son aide à la famille endeuillée lors des funérailles, par une contribution en bétail ou en nature.
2. Cette aide constitue une forme de solidarité, destinée à soutenir la famille dans l'épreuve du deuil.

Article 139 : Du prêt de bêtes laitières (*cantiita*)

1. Tout membre de la communauté a l'obligation de prêter temporairement des bêtes laitières (*cantiita*) à une famille dont le troupeau ne produit pas suffisamment pour subvenir aux besoins alimentaires de ses membres.
2. Ce prêt constitue une forme de solidarité, destinée à garantir l'alimentation et le bien-être de la famille bénéficiaire.
3. L'emprunteur doit restituer les bêtes en bon état à la fin de la période convenue ou lorsque les besoins de sa famille ne justifient plus le prêt.
4. Si, pendant la durée du prêt, une bête laitière devient porteuse, la descendance appartient au prêteur.

Article 140 : De la participation aux travaux collectifs (*luula*)

1. Tout membre de la communauté sollicité a l'obligation de participer aux travaux collectifs : le creusement d'un puits, la construction d'enclos pour le bétail, le défrichage et le semis d'un champ, le déménagement, ou tout autre travail nécessitant un effort commun, accompli au bénéfice d'une famille ou d'un membre de la communauté.

2. Cette participation constitue une forme de solidarité, destinée à favoriser la coopération, le partage des efforts et le soutien mutuel au sein de la communauté.

Article 141 : De l'aide en cas de maladie (*dalkâ caraa*)

1. Tout membre de la communauté a l'obligation d'apporter son aide à une personne malade, par une contribution en nature, en bétail, ou par tout autre soutien reconnu par la coutume.

Article 142 : De l'assistance en cas de ruine (*ixibu*)

1. Aucun membre de la communauté ne peut être réduit à la mendicité (*kallaci* ou *garfe*), pratique fortement réprouvée.
2. En cas de ruine totale (*baaca*), la tribu paternelle, la tribu maternelle et le *Fiqma* dont relève l'intéressé sont tenus de lui porter assistance.
3. Cette assistance a pour objet de lui permettre de reconstituer ses biens personnels (*ixibu*) et de satisfaire ses besoins essentiels, afin de retrouver une autonomie économique.

TITRE IX : DE LA PROTECTION DE L'ENVIRONNEMENT ET DE LA GESTION DES RESSOURCES NATURELLES

Chapitre I : De la protection du patrimoine végétal

Article 143 : De la protection générale des arbres

1. Il est interdit de brûler, d'endommager volontairement, de couper ou de dénuder un arbre vivant en lui ôtant son écorce. Est interdit l'abattage d'un arbre par coupe à sa base, au pied du tronc.
2. Par dérogation, un besoin vital dûment justifié et reconnu par la communauté peut autoriser un tel acte.
3. Toute violation engage la responsabilité de son auteur, qui est tenu à réparation.

Article 144 : De l'interdiction de souiller les arbres d'usage commun

1. Il est interdit de souiller par des déjections, déchets ou toute autre substance les abords des arbres fruitiers ou des arbres servant d'ombre à la communauté.
2. Quiconque contrevient à cette interdiction est tenu à réparation.

Article 145 : Du préjudice écologique

1. Constitue une infraction le fait de causer un préjudice écologique.
2. Le proverbe enseigne ce principe :
« *Ardi qarroktok bayaah, caxa xagrâ sinnak bayta.* » (La terre se dénude sous l'effet de l'érosion, l'arbre dépérit faute de soin.)
3. L'auteur est tenu à réparation.

Article 146 : De la protection des animaux

1. Il est interdit de commettre un acte de cruauté envers un animal, domestique ou sauvage, à l'exception des fauves dangereux (*qangi*). La violation de cette interdiction est sanctionnée conformément au Code pénal coutumier.
2. Toute personne qui, pouvant agir sans risque grave pour sa propre intégrité physique, s'abstient de porter secours à un animal en détresse ou, à défaut, de lancer un cri d'alerte (*deero*), est tenue à réparation.

Article 147 : De la protection particulière des animaux sauvages (*dubaala*)

1. Il est interdit de porter atteinte aux animaux sauvages (*dubaala*), à l'exception des fauves dangereux (*qangi*).
2. Le proverbe enseigne ce principe :
« *Dubaali baaxô bilhada.* » (Les animaux sauvages subliment la terre).
3. Par dérogation, une nécessité vitale strictement établie comme situation de survie immédiate, en l'absence de toute alternative et après constat formel et motivé de l'autorité coutumière, peut autoriser une telle atteinte.

Chapitre II : De la protection du patrimoine hydrique

Article 148 : De l'interdiction d'obstruer ou de polluer un point d'eau

1. Tout point d'eau, qu'il soit temporaire ou permanent, appartient au patrimoine naturel de la communauté et doit être préservé.
2. Il est strictement interdit d'obstruer un point d'eau ou de le polluer, en y rejetant des substances nuisibles, des déchets ou tout élément compromettant sa qualité ou sa salubrité.

Article 149 : Du principe de pureté de l'eau et de l'intégrité de ses contenants

1. La communauté est tenue de préserver l'eau et l'intégrité de ses récipients afin de garantir la santé et la vie de tous les êtres et usages qui en dépendent.
2. Comme l'enseigne le proverbe :
« *Lee sila lem meqeeh, saar caxa lem meqe.* » (L'eau doit conserver sa limpidité et l'outre sa bonne tannure).
3. Toute altération volontaire de l'eau ou de ses récipients est interdite.

Article 150 : Du périmètre de protection des points d'eau

1. Il est obligatoire de respecter un périmètre de protection autour de tout point d'eau, qu'il soit temporaire ou permanent.
2. À ce propos, le proverbe afar énonce :
« Leeh amoh umaane wagitta num mali. » (Autour d'un point d'eau sali, nul ne reste pur).
3. Toute violation de cette obligation constitue une faute et engage la responsabilité de son auteur.

Article 151 : Du rôle social et purificateur de l'eau

1. L'eau pure est un élément essentiel à la vie et à la santé de la communauté, et sa préservation est obligatoire pour garantir l'hygiène.
2. Le proverbe afar illustre ce principe :
« Wasak lee kaltaah, taqabi xin kalah. » (L'eau efface la saleté, et le sommeil apaise la peine).
3. Toute altération volontaire de l'eau est interdite.

Article 152 : De la conservation de l'eau

1. L'eau doit être gérée de manière saine afin de garantir l'hygiène pour tous les membres de la communauté.

2. Ce principe se reflète dans le proverbe suivant :
« Af kak alfen lee kee af kak alfen yab koo ma taysamma. » (Eau bien conservée, querelles bien closes, nul mal ne t'approche).
3. Toute altération volontaire de l'eau est interdite.

Chapitre III : Des principes généraux et de la responsabilité environnementale

Article 153 : Du droit à un environnement sain

1. Chaque individu bénéficie d'un droit personnel à vivre dans un environnement sain, exempt de pollution, de dégradation ou de nuisances affectant la santé et le bien-être.
2. Ce droit implique la possibilité de :
a) jouir pleinement d'un environnement préservé dans son lieu de résidence ;
b) prendre toute mesure nécessaire pour se protéger en cas de dégradation manifeste de l'environnement, car toute atteinte à celui-ci peut nuire à la santé et au bien-être de l'individu.
3. Le proverbe suivant traduit fidèlement ce principe :
« Wahanah xiiniy, wahan toome baaxo cabi. » (Habiter un lieu sain, ou fuir une terre dont l'environnement s'est corrompu).
4. Toute détérioration de l'environnement est prohibée.

Article 154 : De la nature comme patrimoine commun

1. La nature, dans toutes ses composantes, végétaux, animaux, sols, eaux et autres ressources naturelles, est reconnue comme un patrimoine commun de la communauté.
2. La protection de ce patrimoine, inspirée par des usages ancestraux, impose à chaque membre de la communauté un devoir de sauvegarde.
3. La protection de ce patrimoine est obligatoire.

Chapitre IV : Des dispositions spéciales relatives au milieu marin et à la solidarité maritime

Article 155 : De la mer et de la tradition maritime

1. Les Afars de la zone côtière s'étendant de Tadjourah à Bori entretiennent une tradition maritime millénaire, fondée sur le respect des ressources marines.
2. La mer assure la subsistance des communautés côtières, sans constituer une source de richesse. Un adage le rappelle :
« *Bad baacoytay gari kak cabaana hinnaay, gaddaliy gari kak cabaana hinna.* » (La mer ne rend pas riche, elle nourrit.)

Article 156 : De la protection et de l'exploitation durable des opercules de mollusques

1. Les opercules (*gili*), de mollusques reconnus comme produits commercialisables, peuvent être prélevés selon des méthodes ne nuisant pas à l'animal. Après le prélèvement, le mollusque (*liico*) doit être immédiatement remis à l'eau dans son habitat naturel afin de permettre la régénération de l'opercule.
2. Certaines variétés de *gili*, notamment le « *wakrî gili* », sont considérées comme non commercialisables et leur capture est strictement interdite.
3. Tout manquement à ces obligations est constitutif d'une faute.

Article 157 : De la protection des limaces de mer

1. Les limaces de mer (*angaacorri*) sont reconnues comme une composante essentielle à l'équilibre des écosystèmes marins.
2. En conséquence, toute pêche ou tout prélèvement de limaces de mer est strictement interdit afin de préserver la biodiversité marine.

Article 158 : Du statut des espèces marines protégées

1. Le dugong (*uxum*) bénéficie d'une protection intégrale. Toute capture est interdite. En cas de capture accidentelle, il est immédiatement relâché en mer.
2. Les tortues marines (*lidda*) bénéficient également d'une protection intégrale. Toute capture est interdite. Toute tortue capturée accidentellement est immédiatement relâchée en mer.
3. Pendant la période de ponte, les tortues marines et leurs sites de nidification bénéficient d'une protection particulière. Toute personne

présente lors de l'émergence des juvéniles est tenue de veiller à ce qu'ils rejoignent la mer.

4. Tout poisson ou toute autre espèce marine non comestible selon les usages traditionnels de la communauté, capturé accidentellement, est immédiatement relâché en mer.

Article 159 : Des principes de pêche durable

1. La pêche doit être pratiquée de manière responsable, dans la limite des besoins de la consommation locale ou des quantités pouvant être commercialisées sans épuiser la ressource.
2. Il est interdit de jeter à la mer des poissons pourris ou tout autre déchet susceptible de polluer le milieu marin.
3. L'usage des filets de pêche (*malga*) doit être conduit de manière à préserver l'intégrité du fond marin, à ne pas endommager les coraux (*karaaracya*) ni détruire les herbiers d'algues (*shaqabi*).

Article 160 : Des zones de pêche riveraine de subsistance

1. Les zones marines situées à proximité immédiate des habitations constituent des zones de pêche réservées aux riverains pour une pêche de subsistance.
2. Y est autorisée la pêche à la ligne ou au moyen d'un filet à main.

Article 161 : Du droit de collecte des produits de la mer

1. Les riverains ont le droit de ramasser, pour leurs besoins propres :
a) les escargots marins (*cerka*) sur les récifs ou zones rocheuses, à marée basse ou en plongée ;
b) les holothuries (concombres de mer), appelées « *baddi-buxxé* », dans les zones peu profondes, à la main.
2. Dans certaines localités, la récolte de ces produits à proximité des habitations est une activité traditionnellement réservée aux femmes.

Article 162 : Du devoir d'assistance et de navigation solidaire

1. Les embarcations naviguant en haute mer ont le devoir de maintenir une proximité suffisante permettant de porter rapidement secours en cas de détresse.
2. Lorsqu'une embarcation pénètre dans une zone dangereuse, tout marin ou pêcheur local connaissant ces dangers a l'obligation de lui signaler un itinéraire sûr.
3. Le non-respect de l'obligation prévue à l'alinéa 1 n'est sanctionné que s'il a effectivement compromis le sauvetage.

4. Le non-respect de l'obligation prévue à l'alinéa 2 constitue une infraction dès lors que le danger est constaté.

Article 163 : De l'obligation de signalement et de participation aux recherches

1. Toute personne ayant connaissance de la disparition ou de la mise en danger d'une embarcation a l'obligation de le signaler sans délai aux autorités compétentes.
2. Ceux qui sont en mesure de porter secours en mer ont l'obligation de participer aux opérations de recherche et de secours.
3. Tout manquement aux obligations prévues au présent article est constitutif d'une infraction.

TITRE X : DES AUTORITÉS COUTUMIÈRES ET DE L'ORGANISATION SOCIALE [13]

Chapitre I : De la structure des institutions et de l'autorité suprême

Article 164 : Des organes d'autorité traditionnelle

1. L'organisation coutumière afar repose sur trois institutions principales :

a) le *Dardar* ou l'*Amoyta* : autorité suprême, arbitre des affaires majeures, garante de l'unité et de la stabilité sociale, investie d'une fonction politique ;

b) les *Makaaban* : juges coutumiers, dépositaires du *Madqa*, investis de missions de jugement, d'arbitrage et de médiation ;

---

[13] À l'instar de la plupart des normes africaines codifiées, issues de l'oralité, le présent Code civil coutumier décrit la composition, la structure et le rôle des autorités coutumières chez les Afars, assurant l'interprétation du *Madqa* et la cohésion sociale.

c) le *Fiqma* : association de solidarité et de discipline, constituant le bras séculier de l'autorité coutumière, chargée du maintien de l'ordre social, de l'exécution des décisions coutumières et de la régulation des conflits.
2. Leur organisation, leurs attributions et leurs prérogatives sont régies par les dispositions qui leur sont respectivement consacrées à partir des articles 165, 168 et 176 du présent code.
3. Ces trois institutions, désignées collectivement sous le nom de *sidiica makkaaba*, ont pour vertu, quand on les invoque, d'atténuer les hostilités et de favoriser la réconciliation.

Article 165 : De la définition et du statut de l'autorité suprême

1. Le *Dardar* ou l'*Amoyta*, selon la région, constitue l'autorité suprême de la société afar.
2. Il incarne le pouvoir politique traditionnel, garantissant :
a) la continuité des traditions ancestrales ;
b) l'unité du peuple ;
c) la stabilité sociale.
3. Le Dardar ou l'Amoyta exerce les prérogatives définies aux articles 166 (arbitrage) et 167 (*magan*).
4. En coordination avec les *Makaaban* et le *Fiqma*, il veille à la mise en œuvre effective des décisions coutumières et à leur respect par tous.

Article 166 : Du pouvoir d'arbitrage et du rôle politique

1. Le *Dardar* ou l'*Amoyta* intervient en dernier ressort pour les affaires dépassant les compétences des *Makaaban*.
2. Son arbitrage vise à :
a) résoudre les conflits majeurs et maintenir la cohésion sociale ;
b) préserver l'unité et l'équilibre interclanique au sein de la communauté afar et dans les relations avec d'autres communautés ;
c) garantir le respect des règles coutumières et de l'ordre public coutumier.
3. Il supervise les grandes décisions collectives, engageant la communauté dans des choix essentiels tels que :
a) l'application de sanctions collectives ;
b) d'autres décisions stratégiques affectant la communauté.

Article 167 : De l'autorité inviolable du chef coutumier suprême et du régime général du *magan*

1. Le *Dardar* ou l'*Amoyta* détient le *magan*, un droit coutumier d'interdiction reconnu par la communauté, qui suspend immédiatement toute action ou litige concerné.
2. Sa parole est inviolable. Elle peut suspendre temporairement un différend ou en ordonner l'arrêt définitif après examen et règlement complet du conflit.
3. La levée du *magan*, dite *magan fidga*, ne peut intervenir qu'après règlement complet du conflit, rétablissant ainsi l'ordre et la cohésion sociale.

Chapitre II : Des juges coutumiers (*Makaaban*)

Article 168 : Du statut et de la légitimité des *Makaaban*

1. Les *Makaaban* sont les juges coutumiers.Leur autorité repose sur :
a) leur expérience et sagesse ;
b) leur intégrité ;
c) leur maîtrise parfaite du *Madqa*.
2. La légitimité des *Makaaban* découle de la confiance de la communauté et de leur rôle de garants de la paix, de la justice et de l'honneur collectif.
3. En cas de doute sur l'impartialité d'un *Makaabantu*[14], une récusation (*ayma*) peut être demandée afin qu'il ne participe pas au jugement de l'affaire concernée, garantissant ainsi l'équité et la neutralité de la décision.

Article 169 : Des *Makaaban* en tant que gardiens de la mémoire juridique

1. Les *Makaaban* sont les conservateurs, interprètes et transmetteurs du Madqa, assurant ainsi la continuité et la rigueur du droit coutumier afar.
2. Leur rôle est illustré par l'adage :
« *Askommi bagut gira xintaah, Makaaban bagut madqa xinta.* » (Comme la combustion lente conserve le feu en son sein, les juges

[14] « *Makaabantu* » est le singulier de « *Makaaban* »

conservent la loi dans leur mémoire.)
3. À l'image de la combustion qui entretient le feu, les *Makaaban* veillent à la préservation et à la transmission fidèle du *Madqa,* ainsi qu'à son application rigoureuse et impartiale.

Article 170 : Des fonctions principales des *Makaaban*

1. Les *Makaaban* exercent les fonctions suivantes :
a) l'arbitrage coutumier des conflits civils, matrimoniaux, fonciers et pénaux ;
b) le maintien de la cohésion sociale, par la réconciliation (*sulci*) et la médiation (*waglal*) ;
c) l'adaptation du droit coutumier aux réalités contemporaines, tout en assurant la sauvegarde des valeurs traditionnelles du peuple afar.

Article 171 : Du principe de justice équitable

1. Les *Makaaban* sont tenus de rendre la justice avec équité. La paix et la cohésion sociale en dépendent.
2. À ce sujet, la sagesse populaire enseigne :
« *Makaaban qadli elle cabte, baaxoo kee qaran qubulta elle cabe baaxok taarrem meqe.* » (Il vaut mieux quitter un pays où les juges ont cessé d'être justes, ou dont le ciel n'a plus de nuages.)

Article 172 : De l'obligation d'impartialité et d'intégrité

1. Les *Makaaban* doivent exercer leurs fonctions avec rigueur, impartialité et intégrité exemplaire, représentant l'image même de la justice.
2. Ils doivent s'abstenir de tout favoritisme, négligence ou comportement compromettant leur neutralité et la confiance de la communauté.

Article 173 : De l'unicité et égalité des jugements

1. La vérité judiciaire est unique et universelle.
2. Tous les *Makaaban* doivent rendre leur jugement en s'appuyant exclusivement sur les faits établis, afin d'assurer cohérence, impartialité et uniformité dans la justice.
3. Elle ne varie ni selon l'âge ni selon l'expérience des juges ; chaque décision doit refléter la vérité coutumière de l'affaire.
4. Tous les *Makaaban* sont tenus de rendre une justice équitable et impartiale, appliquant les mêmes principes et standards.
5. Ce principe est reflété par le proverbe suivant :

« *Amo qado Makaaban tablem, amo data Makaaban table yaaba.* » (Aux juges anciens comme aux plus jeunes, l'affaire apparaît de la même façon ; la justice à rendre est unique et identique pour tous.)

Article 174 : Des insignes distinctifs des *Makaaban*

1. Les *Makaaban* portent traditionnellement des insignes symboliques de leur dignité et de leur fonction judiciaire.
2. Ces insignes (*baxxu*) sont le poignard à dard argenté (*lakqô gile*) et le pagne brodé de rouge au milieu (*kaare*).

Article 175 : De la valeur morale et de l'exemplarité des *Makaaban*

1. Les *Makaaban* incarnent la parole juste et la mémoire vivante du peuple, garantissant le respect et la transmission des traditions.
2. Ils doivent faire preuve d'exemplarité dans leur conduite, afin d'assurer la dignité et l'honneur attachés à leur fonction

Chapitre III : Du *Fiqma* : missions, organisation et pouvoirs

Article 176 : Missions fondamentales du *Fiqma*

1. Le *Fiqma* est une institution coutumière à vocation sociale, disciplinaire et morale, chargée d'assister les autorités coutumières dans le maintien de l'ordre, de la paix sociale et de la cohésion de la communauté.
2. Ses missions fondamentales consistent notamment à :

a) assurer l'exécution des décisions et des sanctions prononcées par les *Makaaban* ;

b) promouvoir l'entraide mutuelle et la solidarité (*qiko*) entre ses membres, en cas de détresse ou de ruine (*ixibu*), conformément à l'article 142 ;

c) contribuer au respect des principes du *Qafarre* et des normes coutumières ;

d) participer, en tant que de besoin, à la prévention des conflits et au rétablissement de l'harmonie sociale.

Article 177 : De l'adhésion, de la composition et du caractère supratribal

1. Le *Fiqma* revêt un caractère supratribal. Ses membres peuvent appartenir à plusieurs tribus partageant un même espace pastoral et un même cadre coutumier.
2. L'adhésion au *Fiqma* se transmet traditionnellement de père en fils. Toute personne, afar ou étrangère, souhaitant y être admise doit s'engager à respecter les principes du *Qafarre* et les obligations attachées à cette institution.
3. L'admission d'un nouveau membre est consacrée par un acte symbolique d'intégration. À cette occasion, le candidat remet au chef du *Fiqma* (*fiqmat-abba*) une chèvre symbolique, dite *axinta* ou *fiqmat aglê reyta.*
4. Cette intégration marque l'acceptation des devoirs de solidarité, de discipline et de service attachés à l'appartenance au *Fiqma.*

Article 178 : De l'organisation et du fonctionnement du *Fiqma*

1. Le *Fiqma* exerce ses attributions de manière collective, sous l'autorité de son chef (*fiqmat-abba*), dans le respect des principes du *Qafarre* et des usages coutumiers.
2. Ses membres agissent de manière concertée et solidaire dans l'accomplissement des obligations liées à leur appartenance à l'institution.
3. Le *Fiqma* veille à la discipline de ses membres, au respect des engagements coutumiers et à la préservation de l'unité de l'institution.
4. L'organisation et le fonctionnement du *Fiqma* reposent sur la responsabilité collective, l'entraide et la loyauté entre ses membres.
5. Cet esprit de service et de solidarité est rappelé par l'adage suivant : « *Fiqma coolal tangaleeh, lee daqaral tangale.* » (Le *Fiqma* se réunit au service d'autrui, comme l'eau qui converge vers l'oued.)

Article 179 : De l'exécution des décisions et des sanctions par le *Fiqma*

1. Le *Fiqma* assure l'exécution des décisions et des sanctions prononcées par les *Makaaban*, conformément aux principes du *Qafarre* et aux usages coutumiers.
2. À ce titre, il assure l'exécution des mesures suivantes :
a) le ligotage (*axaw*) ;
b) les sanctions expiatoire (*qeeranna*).

3. Dans l'accomplissement de cette mission, le *Fiqma* veille au respect des décisions rendues par les *Makaaban* et à leur exécution dans les conditions prévues par la coutume.
4. Ce pouvoir d'exécution est consacré par l'adage suivant :
« *Fiqma amô nabnak rammissa.* » (Le *Fiqma* fait baisser les têtes les plus hautes.)

Article 180 : De l'autorité morale et symbolique du *Fiqma*

1. Le *Fiqma* est investi d'une autorité morale et symbolique reconnue par la communauté.
2. Les bénédictions, les malédictions et les prières du Fiqma sont réputées produire leurs effets et constituent des instruments de régulation sociale dotés d'une valeur normative dans l'ordre coutumier.
3. Cette autorité morale et symbolique est illustrée par le proverbe suivant :
« *Fiqmah abaaro lito baxa kok qiddaah, fiqmâ dooqa sinnito baxa koh bahta.* » (La malédiction du Fiqma fait périr ton fils ; sa prière t'en accorde un.)

Article 181 : De la protection des autorités suprêmes et de la chaîne de commandement en temps de guerre

1. En état de guerre (*kiyyoori*), les autorités coutumières suprêmes (*Dardar*, *Amoyta*, *Banoyta*) sont placées sous protection absolue. Elles ne participent pas directement aux combats.
2. La conduite des opérations militaires est confiée au *Fiqma,* qui assume pleinement le commandement.
3. L'ordre hiérarchique sur le terrain est le suivant :
a) le *Mirac* : chef de guerre, commandant suprême des forces ;
b) le *Maytani* : second du chef de guerre, chargé de la logistique et de la transmission des ordres.

Chapitre IV : De la coordination des organes coutumiers

Article 182 : De l'objectif de la coordination

1. Le *Dardar* ou l'*Amoyta*, les *Makaaban* et le *Fiqma* constituent les organes du pouvoir coutumier et exercent leurs missions dans un esprit de coordination et de complémentarité.

2. Cette coordination a pour objet d'assurer la paix, l'ordre et la cohésion sociale au sein de la communauté.
3. Elle vise également à garantir la cohérence, l'efficacité et l'unité des interventions coutumières.
4. Chaque organe agit dans le respect des compétences et prérogatives des autres, conformément aux règles de la coutume.

Article 183 : Du principe de spécialité et de subsidiarité coutumière

1. Chaque organe coutumier, *Dardar* ou *Amoyta*, *Makaaban*, *Fiqma,* exerce un rôle précis, conforme aux attributions qui lui sont reconnues par le *Madqa*, sans empiéter sur le champ de compétence des autres.
2. Chaque organe est tenu de préserver la cohérence de l'ordre coutumier et l'équilibre social.

Article 184 : Des mécanismes de coordination

1. Les organes du pouvoir coutumier se consultent régulièrement, selon les principes du *Qafarre* et les dispositions du *Madqa,* afin de :
a) échanger les informations relatives aux affaires en cours ;
b) coordonner et harmoniser leurs actions en matière de justice, de médiation et de discipline.
2. Les décisions prises conjointement le sont conformément aux usages coutumiers ; en cas de divergence, elles sont arrêtées ou validées par le *Dardar* ou l'*Amoyta.*
3. Le *Fiqma* assure la mise en œuvre des décisions, tandis que le *Makaaban* veille à leur légitimité et à leur équité.

Chapitre V : De la transmission du pouvoir coutumier

Article 185 : Du principe de transmission héréditaire

1. Les charges du pouvoir coutumier, exercées par le *Dardar* ou l'*Amoyta*, le *Makaaban* et le *Fiqmat-abba*, se transmettent de manière héréditaire au sein des lignages régulièrement reconnus par la coutume.
2. Cette transmission a pour objet d'assurer la continuité, la stabilité et la légitimité de l'autorité coutumière, conformément aux règles et usages ancestraux de la société afar.
3. L'autorité s'exerce jusqu'au décès de son titulaire ou jusqu'à ce que celui-ci soit déclaré inapte pour des raisons de santé, d'incapacité ou d'empêchement reconnu par les autorités coutumières.

4. À l'extinction ou à la perte de capacité de l'autorité, le processus de succession est ouvert conformément aux dispositions relatives à la désignation du successeur.
5. Ce principe est illustré par ce proverbe :
« Abbak raqtem baxi nagraah, caxak raddem kimbiro onkossa. » (De ce que le père laisse, le fils hérite ; ce qui tombe de l'arbre, l'oiseau le ramasse.)

Article 186 : Des critères d'éligibilité à la succession

1. Le successeur doit appartenir aux descendants directs ou aux membres proches du lignage reconnu.
2. Il doit présenter, dans la mesure du possible, les qualités suivantes :
a) jouir d'une réputation honorable sur les plans moral et social, c'est-à-dire respecter les principes fondamentaux du *Qafarre* : vérité, loyauté, respect des anciens, solidarité,
b) montrer une capacité suffisante pour exercer les responsabilités coutumières ;
c) bénéficier, autant que faire se peut, de l'acceptation du conseil de la famille.

Article 187 : De la procédure de nomination et de la cérémonie de confirmation

1. La désignation du successeur est réalisée par consensus entre les membres influents du lignage et les autorités coutumières.
2. La nomination est officialisée lors d'une cérémonie coutumière, appelée *sarô hayti*, marquant la transmission effective des responsabilités et des prérogatives.

Article 188 : Des cas d'exception et des dérogations

1. Lorsque le successeur légitime direct fait défaut ou se révèle manifestement inapte, la famille, en concertation avec la tribu, peut à titre exceptionnel désigner un autre membre du même lignage afin d'assurer la continuité de l'autorité coutumière.
2. Cette mesure ne remet pas en cause le principe de transmission héréditaire, mais constitue une dérogation nécessaire au bon fonctionnement du pouvoir coutumier.

TITRE XI : DES DISPOSITIONS GÉNÉRALES RELATIVES AU *QAFARRE*, À L'*ADANLE* ET AU *MADQA*

Chapitre I : Du *Qafarre* : normes coutumières générales et régulation sociale

Article 189 : Du fondement du *Qafarre*

1. Le *Qafarre* repose sur trois fondements :
a) la culture afar (*Qafar qaada*) ;
b) la langue afar (*Qafar af*) ;
c) la terre (*baaxo*), propriété collective de la société afar.

Article 190 : Des normes morales et sociales

1. Les normes du *Qafarre* s'imposent à tout membre de la société afar.
2. Elles comprennent :
a) les normes morales : l'honnêteté, la loyauté, le respect des anciens, l'équité et le respect de la parole donnée ;
b) les normes sociales : la solidarité entre membres de la communauté, le respect des rôles coutumiers et la gestion partagée des ressources communes (pâturages, points d'eau, itinéraires pastoraux).

Article 191 : de l'autorité du *Qafarre*

1. Le *Qafarre* est l'éthique sociale de la société afar. Il exprime les valeurs, principes et repères moraux qui fondent la vie collective et les relations interpersonnelles.
2. Il constitue la norme coutumière suprême de la société afar. À ce titre, il s'impose à toute personne, institution ou autorité coutumière.
3. Il est le fondement de validité de toutes les autres règles, décisions et pratiques coutumières.
4. Toute règle, décision ou pratique coutumière contraire au *Qafarre* est nulle et de nul effet.

Article 192 : Du champ d'application

1. Le *Qafarre* s'applique de plein droit à toute personne relevant de la société afar par filiation paternelle.
2. Il peut s'appliquer, à titre volontaire, à toute personne extérieure qui:
a) adhère à la société afar en adoptant ses institutions, son mode de vie et sa langue;

b) reconnaît et accepte les droits et devoirs qui en découlent.

Article 193 : De la condition d'adhésion

1. Toute personne surprise en violation du *Madqa* est interrogée par le témoin ou par la personne lésée selon la formule traditionnelle : « *Qafarre litoo ?* » (Te conformes-tu au *Qafarre* ?)
2. La personne qui y répond ne doit faire l'objet d'aucune agression ni de propos offensants jusqu'à l'issue de l'instance.
3. Le refus de se conformer au *Qafarre* constitue une faute grave.

Chapitre II : De l'*Adanle* : principe universel de protection des étrangers et captifs

Article 194 : De la définition et du cadre général de l'*Adanle*

1. L'*Adanle* est la norme coutumière par laquelle la société afar garantit la protection, la dignité et les droits de toute personne humaine, sans distinction d'origine.
2. Il consacre le principe d'universalité des droits humains et s'impose à toute personne, institution ou autorité coutumière dans ses rapports avec les étrangers, les captifs ou toute personne extérieure à la société afar, en conformité avec le *Qafarre*.

Article 195 : Des principes directeurs de l'*Adanle*

1. L'*Adanle* est fondé sur les principes suivants :
a) le respect de la vie (*manô caddi*) et de la dignité humaine (seehadayti karaamat) ;
b) la sécurité (*saay*) et la protection (*gamsa*) des personnes ;
c) le devoir d'assistance (wadu) envers toute personne étrangère à la société afar, sans distinction fondée sur la race, la religion ou l'origine.
2. Ces principes s'imposent à tous les membres de la société afar.

Article 196 : Des droits fondamentaux

1. En application des principes énoncés à l'article 195, la vie, la dignité, la sécurité et la solidarité, toute personne extérieure à la société afar bénéficie des droits suivants :
a) le respect de sa vie et de son intégrité physique ;
b) la protection de sa sécurité et de sa dignité ;
c) l'assistance nécessaire en cas de détresse ou de vulnérabilité.

Article 197 : De la protection et de l'accueil

1. Toute personne extérieure à la société afar bénéficie de protection et d'accueil conformément aux règles de l'*Adanle*.
2. La tradition illustre ce principe par le proverbe :
« *Ku buxa culteemik alaay waddam lito.* » (Il est louable de protéger celui qui se réfugie dans ta demeure, fût-ce un fauve.)

Article 198 : Des garanties procédurales

1. Toute personne étrangère à la société afar bénéficie du droit à une représentation légitime (*awliino*) devant la juridiction coutumière, que l'infraction ait été commise par elle ou contre elle sur le territoire afar.
2. Ce droit s'exerce tant pour présenter que pour répondre à une plainte.
3. La représentation a pour objet de faire valoir les droits de la personne, d'assurer sa sécurité et de garantir l'équité de la procédure.
4. Le représentant est choisi parmi les juges coutumiers, soit volontairement, soit par désignation de l'assemblée.
5. Le représentant veille à la pleine défense des droits de la personne.

Article 199 : Des droits du captif de guerre (*seewaytu*)

1. Le captif de guerre, en tant qu'être humain, conformément au principe de l'*Adanle*, bénéficie :
a) d'un traitement digne ;
b) de soins, de protection et de subsistance, conformément au principe de l'*Adanle* et aux dispositions du *Madqa*, jusqu'à sa libération ou à son intégration dans la société.
2. Cette obligation de bienveillance, enracinée dans la tradition afar, se reflète dans le proverbe suivant :
« *Waduh kol ruubumte, gaba waddam meqe.* » (Il est louable de secourir la main qui se tend vers toi.)

Chapitre III : Du *Madqa* : code coutumier et justice réparatrice

Article 200 : De la définition du *Madqa*

1. Le *Madqa* est le code coutumier de la société afar. Il désigne l'ensemble des règles de droit coutumier applicables aux membres de cette société ainsi qu'à ceux qui y sont intégrés.
2. Il puise ses principes dans le *Qafarre* et dans les valeurs universelles de l'*Adanle*.
3. Il vise à apaiser le conflit, à restaurer les liens sociaux et à préserver la paix au sein de la société afar.
4. Le *Madqa* est un droit vivant. Les *Makaaban* et l'autorité coutumière suprême veillent à son adaptation aux réalités contemporaines, dans le respect des principes fondamentaux du *Qafarre* et de l'*Adanle*. Les décisions rendues en application du *Madqa* sont stables, font jurisprudence et ont force contraignante.

Article 201 : De l'égalité de tous devant le *Madqa*

1. Le *Madqa* est applicable sans exception à tous les membres de la société afar ainsi qu'à toute personne ayant adopté le *Qafarre*, y compris à ses propres auteurs. Nul n'est au-dessus du *Madqa*.
2. Ce principe est illustré par l'adage suivant :
« Madqa maral mudak sinnil edde mudan. » (La loi s'impose à tous, même à ceux qui l'ont faite.)

Article 202 : De la conformité

1. Tout *Madqa* doit être conforme aux principes du *Qafarre* et aux valeurs universelles de l'*Adanle*.
2. Toute atteinte à ces principes constitue un délit. Les décisions ou dispositions qui y sont contraires sont nulles de plein droit.

Partie II : CODE PÉNAL COUTUMIER

(*Digaalâ Madqa*)

TITRE I : DES PRINCIPES FONDAMENTAUX

Chapitre I : De l'objet et du champ d'application

Article 1 : De la définition et de l'objet du droit pénal coutumier

1. Le présent code pénal coutumier constitue le volet pénal du *Madqa*.
2. Il définit les infractions, détermine les conditions de la responsabilité pénale et fixe les règles relatives aux réparations et aux sanctions.

Article 2 : Du champ d'application

1. Le présent code pénal coutumier s'applique à toute infraction relevant du présent Code pénal coutumier.
2. Il a pour finalités la réparation des atteintes, la réconciliation des parties, la protection de la communauté et la préservation de la paix sociale.

Article 3 : De la force obligatoire et de l'autorité normative

1. Les dispositions pénales du *Madqa* s'imposent à toute personne relevant de son champ d'application, sans distinction. Leur application garantit l'impartialité et le respect des principes fondamentaux du *Qafarre*.

Article 4 : Du principe directeur du *Qafarre*

1. Le *Qafarre*, tel que défini aux articles 189 à 193 du Code civil coutumier, constitue le principe fondamental qui guide l'interprétation et l'application du droit pénal coutumier, aux côtés des valeurs universelles de l'*Adanle* prévues aux articles 194 à 199 du même code.

2. Les règles du *Madqa* sont permanentes et s'imposent à tous. Leur application garantit l'impartialité et la sécurité juridique.

Article 5 : De la falsification des faits

1. Toute personne qui déforme volontairement les faits dans le cadre d'une procédure judiciaire engage sa responsabilité à l'égard de la partie lésée ainsi que de la communauté.
2. La falsification constitue une violation grave de la justice coutumière, portant atteinte à l'équité du jugement et à la paix sociale.
3. Ce principe est consacré par l'adage :
« *Table yab gabah makkossek, cate baxi kok raba.* » (Si tu déformes une affaire dont tu vois la vérité, un fils pubère te mourra.)

Article 6 : Des degrés dans l'altération de la vérité

1. Constitue une faute le fait d'atténuer la vérité ou d'y ajouter des arguments mensongers en faveur d'une partie.
2. La tradition distingue ces deux formes d'altération par l'adage :
« *Caabit yabtek, can le tiya kok rabtaah, yab cattek, cate baxi kok raba.* » (Si tu restes en deçà de la vérité, il te meurt une vache laitière ; si tu ajoutes des arguments en faveur d'un plaideur, il te meurt un fils pubère.)

Article 7 : Du respect des procédures

1. Toute personne souhaitant participer à une audience ou engager toute démarche judiciaire doit respecter les voies légitimes prévues par le *Madqa*.
2. Le non-respect des procédures prévues par le *Madqa* peut entraîner la suspension, la reprise ou la nullité des actes accomplis.
3. Ce principe est consacré par l'adage :
« *Qari afak culaanaah, yab gitak baahaana.* » (On entre dans une maison par la porte, on parle selon les règles.)

Chapitre II : Finalités de la justice pénale

Article 8 : De la sacralité et de l'irréversibilité de la vie

1. La vie humaine est sacrée.

2. L'adage « *Rooci ufuyuuy, yiggiriqqek ma gaadimsima* » (La vie est un souffle : une fois rompu, il ne se répare pas) en rappelle la nature fragile et irréversible.

Article 9 : De la finalité et des objectifs des sanctions

1. La justice pénale coutumière privilégie la réparation du préjudice, la réconciliation des parties et le rétablissement de l'équilibre social.
2. Les sanctions punitives et les mesures d'exclusion sociale sont appliquées à titre subsidiaire, lorsque la réparation seule est insuffisante pour protéger la communauté ou prévenir la récidive.
3. Constituent des mesures d'exclusion sociale au sens du présent alinéa :
a) l'exil perpétuel (*dabbo*), défini aux articles 105 et 110 ;
b) le reniement du récidiviste (*matluuk*), conformément à l'article 27 ;
c) l'incapacité perpétuelle de témoigner, prévue à l'article 191 (régime Debnek-Weeqima).
4. Toute sanction doit être proportionnée à la gravité de l'infraction.
5. Les objectifs des sanctions sont :
a) réparer les préjudices causés à la victime et à la communauté ;
b) rétablir l'équilibre social perturbé par l'infraction ;
c) prévenir la récidive par un effet dissuasif ;
d) maintenir l'ordre et la paix au sein de la communauté.
6. Les excuses publiques, la réconciliation, le serment et la sanction expiatoire (*qeeranna*) constituent des mesures coutumières restauratrices.

Article 10 : De la défense mensongère

1. Défendre quiconque par le mensonge, la dissimulation de la vérité ou tout autre moyen contraire à la justice constitue un acte répréhensible.
2. Nul ne peut se prévaloir d'un lien de parenté, d'alliance, d'amitié ou de toute autre forme de proximité pour justifier un faux témoignage, une déposition mensongère ou une entrave à la manifestation de la vérité dans une procédure judiciaire.
3. La seule solidarité admise est celle qui vise à aider l'auteur d'un dommage à réparer son tort, conformément aux régimes prévus par le présent code pénal coutumier.
4. L'adage suivant illustre ce principe :
« *Qammi-baxa yaabal cattaamak maalul cattam meqe.* » (Vaut mieux réparer le tort de son proche que de le défendre par un mensonge.)

Article 11 : Du fondement de la paix sociale

1. La paix sociale repose sur la capacité collective à reconnaître les préjudices commis et à œuvrer à leur réparation intégrale.
2. La recherche de la vérité et de la justice doit primer sur toute considération, y compris les solidarités familiales ou tribales.

TITRE II : DE LA RESPONSABILITÉ ET DE LA RÉPARATION

Chapitre I : Des principes généraux de la responsabilité et de la réparation

Article 12 : De l'unité de l'action judiciaire

1. En droit coutumier afar, il n'existe pas de distinction procédurale entre action civile et action pénale. La même juridiction coutumière connaît de toutes les affaires, quelle que soit leur nature. Lorsqu'un litige comporte des aspects civils et pénaux, les *Makaaban* les examinent conjointement et rendent une décision unique.
2. Les *Makaaban* appliquent, selon la nature du litige, les dispositions pertinentes du Code civil coutumier, du Code pénal coutumier ou, le cas échéant, les deux.

Article 13 : De l'obligation de réparation

1. Toute personne qui cause un dommage à autrui, qu'il soit matériel, moral ou environnemental, est tenue d'en réparer les conséquences, quelle que soit l'importance du préjudice.
2. Ce principe fondamental s'interprète à la lumière de l'adage :
« *Atu abtem koh gexxa'kke mali.* » (Ce que tu as fait te rattrape.)

Article 14 : Du principe de neutralisation du mal (*Massacakka*)

1. Le principe de neutralisation du mal impose de faire cesser toute menace à sa source, afin d'en prévenir la propagation.
2. Ce principe est consacré par le proverbe suivant :
« *Umaane yassacakkeeniih, abeesa yaggifeenih.* » (On redresse le mal, on tue la vipère.)
3. Il contribue à préserver l'ordre social et à maintenir la cohésion au sein de la communauté.

Article 15 : De l'impossibilité de se prévaloir de sa propre faute

1. Nul ne peut se prévaloir de sa propre faute pour revendiquer un droit, une restitution ou une indemnisation.
2. Ce principe est consacré par le proverbe suivant :
« *Isih is carrise gaba ma weqta.* » (Celui qui se brûle la main ne pleure pas.)
3. Celui qui, sans autorisation, prend le bien d'autrui, même à titre de plaisanterie, est réputé à l'origine du trouble.

Article 16 : Du droit de reprise et de prise compensatoire (*abre*)

1. L'*abre* est le droit coutumier par lequel la personne lésée par la soustraction non autorisée d'un bien, même commise à titre de plaisanterie, peut reprendre tout bien lui appartenant, sans formalité préalable.
2. Cette reprise ne peut être contestée par l'auteur de la soustraction.
3. La personne lésée peut en outre, à titre de mesure dissuasive, saisir un autre bien de valeur équivalente appartenant à l'auteur, sans que celui-ci puisse s'y opposer.

Article 17 : Des critères d'appréciation

1. Lors du jugement des infractions, l'autorité coutumière tient compte des éléments suivants :
a) l'âge de l'auteur ;
b) son rang social, conformément aux usages établis ;
c) son état mental et sa capacité à agir en pleine conscience lors de l'acte;
d) le contexte social ainsi que la personnalité de l'auteur et de la victime;
e) l'appartenance de l'auteur à la communauté ou son statut d'étranger.

Article 18 : De l'absence d'intérêt à agir en cas de réparation du préjudice

1. Toute demande de réparation est irrecevable pour défaut d'intérêt à agir s'il est établi que le préjudice a été intégralement réparé avant l'introduction de l'action.
2. La réparation est réputée intégrale lorsqu'elle a permis, par tout moyen, de faire cesser un préjudice réel, direct et actuel : restitution, compensation ou rétablissement de la situation antérieure.
3. L'appréciation du caractère intégral de la réparation relève de l'autorité des *Makaaban.*
4. Ce principe s'interprète à la lumière de l'adage :
« *Laa elle yumuggure qayso geek, doroquh waam mali.* » (Si les vaches trouvent de l'herbe là où elles ont été frappées, elles n'ont pas besoin de compensation.)

Article 19 : De l'ignorance et de l'ordre manifestement contraire au *Madqa*

1. L'ignorance de la nature délictueuse de l'acte ne constitue pas une cause d'exonération. Elle est toutefois admise comme une circonstance atténuante, conformément à l'article 326.
2. L'ordre manifestement contraire au *Madqa*, notamment lorsqu'il commande une infraction grave telle que le crime de sang (*biilu*), le viol (*caylisso*), la profanation (*seelabu*) ou tout autre acte qualifié d'impie (*kaafiiranna*), doit être refusé.
3. Si l'exécutant obéit à cet ordre au lieu de le refuser, il est condamné pour complicité conformément à l'article 24, et est tenu aux réparations prévues à l'article 100. Le donneur d'ordre est considéré comme auteur principal.

Article 20 : De la légitime défense

1. N'est pas pénalement responsable la personne qui, face à une agression injustifiée, actuelle et non provoquée, accomplit un acte nécessaire et proportionné à la gravité de l'agression pour protéger sa vie, celle d'autrui ou ses biens.
2. La légitime défense n'est admise que si :
a) l'acte est strictement nécessaire et proportionné ;
b) l'auteur n'avait pas d'autre moyen raisonnable d'éviter le danger.
3. Lorsque l'agression est dirigée contre un bien, l'usage de la violence n'est justifié que s'il est concomitant d'une atteinte ou d'une menace immédiate contre l'intégrité physique d'une personne.

4. Ce principe est consacré par l'adage :
« *Ku amo beytu wayta umaanet koosittam farani.* » (Face au mal qui te frappe, te défendre est une nécessité.)

Chapitre II : De la responsabilité individuelle et collective

Article 21 : Du principe de responsabilité individuelle

1. La responsabilité pénale est individuelle. Nul ne peut être puni pour le fait d'autrui.
2. Par dérogation, en cas de crime de sang (*biilu*), la tribu de l'auteur est exposée à des risques de vendetta ou de représailles. Des mécanismes coutumiers, tels que l'asile temporaire (*meglo*), la trêve (*sulci*) et la réconciliation (*mamqa*), sont mis en place pour les prévenir.

Article 22 : De la responsabilité collective pour la réparation

1. Lorsqu'un membre d'une tribu commet une infraction, elle est tenue solidairement au paiement des indemnités compensatoires (*gidiy*) et du prix du sang (*diyat*).

Article 23 : De la distinction entre sanction et de la réparation en cas de pluralité d'auteurs

1. Ceux qui ont participé activement à la commission d'une infraction et ceux qui, présents lors des faits, se sont abstenus d'intervenir alors qu'ils en avaient le pouvoir, répondent chacun devant la justice coutumière, selon leur degré d'implication.
2. Ce principe est consacré par l'adage :
« *Toobbem rabtiiy, tublem rabti.* » (Tous les impliqués répondent, qu'ils aient agi ou assisté.)
3. L'indemnité compensatoire du préjudice matériel (*gidiy*) et le prix du sang (*diyat*) sont à la charge des auteurs principaux et de leur tribu, conformément aux régimes applicables du *Madqa*.

Article 24 : De la complicité (*mangaliino*)

1. Est complice (*mangala*) d'une infraction toute personne qui, par aide (*cato*), assistance (*qiko*), encouragement (*ilsis*) ou fourniture de moyens (*arqo*), contribue intentionnellement à la commission de l'infraction par un ou plusieurs auteurs principaux.
2. Le complice est personnellement tenu à la sanction attachée à son

acte de complicité, conformément à l'article 21. Il ne répond pas de l'infraction commise par l'auteur principal.
3. Le complice n'est pas tenu à l'indemnité compensatoire du préjudice matériel *(gidiy)* ni au prix du sang (*diyat*).
4. Toutefois, s'il a participé directement à l'exécution matérielle de l'infraction, il est qualifié de coauteur et tenu solidairement aux réparations collectives prévues à l'article 23.

Article 25 : Du devoir de correction tribale

1. Toute tribu est tenue d'adresser une réprimande formelle (*sahi*) à tout membre ayant transgressé le *Madqa*.
2. En cas de récidive, les membres de la tribu peuvent appliquer une sanction expiatoire (*qeeranna*) proportionnée à la gravité du manquement, sous l'égide du chef de la tribu (*kedoh abba*).

Article 26 : De la primauté de la réparation sur la défense injuste

1. La justice coutumière vise à rétablir l'équilibre entre les parties.
2. Protéger un auteur d'infraction, même s'il s'agit d'un proche, par des moyens illégitimes compromet la réconciliation et porte atteinte à l'ordre social.
3. Cet adage le rappelle :
« *Qammi haxa yaabal cattaamak maalul cattam meqe.* » (Mieux vaut réparer le tort de son proche que de le défendre par des moyens contraires à la justice.)

Article 27 : Du reniement pour récidive répétée

1. Lorsqu'un membre de la tribu commet à trois reprises un vol avec abattage d'animaux domestiques ou une infliction répétée de blessures graves, malgré les avertissements (*maabitina*), les conseils préventifs (*fayu*) de ses lignages paternel et maternel et les sanctions antérieures, il est réputé délinquant récidiviste (*matluuk*).
2. La procédure de reniement (*koreyna*) est engagée par la tribu paternelle, en accord avec le lignage maternel (*abiino*), devant l'autorité coutumière suprême (*Dardar* ou *Amoyta*).
3. L'autorité coutumière suprême vérifie la réalité des faits et la répétition des infractions. Si les conditions sont remplies, elle prononce le reniement par une déclaration solennelle.
4. Le reniement emporte les effets suivants :
a) la tribu est libérée de toute responsabilité collective pour des faits postérieurs à la décision de reniement, conformément aux articles 22 et

23 du présent code ;
b) la tribu verse à l'autorité coutumière suprême une indemnité de reniement appelée *koreyna*, selon les régimes fixés à l'article 321 ;
c) dès la déclaration de reniement, le récidiviste est placé sous la protection de l'autorité coutumière suprême. Il n'est jamais réintégré dans sa tribu d'origine.
5. Une femme n'est jamais reniée, quels que soient ses actes.

Chapitre III : Capacité et conditions

Article 28 : Des personnes incapables et de la responsabilité des réparations

1. Ne peuvent être déclarés pénalement responsables :
a) la personne atteinte de troubles mentaux (*cabuli*), en raison de l'absence de discernement ;
b) la personne âgée ayant perdu ses facultés cognitives (*ebeebe wallaqaddi*) ;
c) la personne dont les capacités intellectuelles sont gravement altérées (*cabakkeli*) ;
d) l'enfant mineur n'ayant pas atteint l'âge coutumier de discernement.
2. Lorsqu'une atteinte corporelle (*xikca*) ou un crime de sang (*biilu*) est commis par l'une des personnes visées à l'alinéa 1, aucune sanction pénale (amende, exil, châtiment corporel) ne peut être prononcée à leur encontre.
3. La famille et la tribu sont tenues solidairement au paiement intégral des indemnités compensatoires ou du prix du sang (*diyat*), conformément au régime applicable du *Madqa* selon la zone concernée.
4. Le principe énoncé au présent article est illustré par le proverbe : « *Xagar qana le'kke mali.* » (Le corps n'a pas de partie qu'on puisse laisser sans réparation.)

Article 29 : De l'obligation de protection et de surveillance

1. Même lorsqu'une personne est exemptée de responsabilité pénale, sa famille et sa tribu ont l'obligation de la protéger et de la surveiller.
2. Cette règle est illustrée par l'adage suivant :
« Cabuli le mari yattaxayye. » (La personne dont l'esprit est troublé est gardée par les siens.)

3. Tout manquement à cette obligation engage la responsabilité pénale de la famille et de la tribu lorsqu'il est directement à l'origine de l'infraction.

Article 30 : Du principe de conscience

1. Toute personne dépourvue de discernement ne peut être déclarée pénalement responsable ni jugée devant la justice coutumière.
2. Cette disposition précise le principe général de non-responsabilité personnelle, sans préjudice des obligations de réparation pouvant incomber à la famille ou à la tribu pour les actes corporels causés.

Article 31 : Des personnes pleinement responsables

1. Sont réputés pleinement responsables de leurs actes au regard du *Madqa* :
a) les hommes adultes sains d'esprit ;
b) les femmes adultes, uniquement pour les infractions qu'elles commettent directement par leurs actes corporels.

TITRE III : DE L'ORGANISATION ET DE LA PROCÉDURE JUDICIAIRE PÉNALE

Chapitre I : Des organes judiciaires

Article 32 : De la composition des organes

1. La justice pénale selon le *Madqa* est rendue par les instances suivantes :
a) les *Makaaban*, juges coutumiers chargés de l'arbitrage des conflits et garants de l'équité des décisions ;
b) le *Fiqma*, organe exécutif responsable de la mise en œuvre des sanctions (*digaala*) prononcées ;

c) le *Dardar* ou l'*Amoyta*, autorité suprême veillant au respect des règles et principes coutumiers et constituant le dernier recours judiciaire.

Article 33 : Du rôle des *Makaaban*

1. Ils jugent les délits et les crimes.
2. Ils garantissent l'application de sanctions et de réparations justes et proportionnées.Ils supervisent la résolution des conflits, incluant le versement des indemnités et l'organisation des cérémonies de réconciliation.

Article 34 : De l'impartialité judiciaire

1. Le juge (*Makaabantu*) doit, en toutes circonstances, exercer sa fonction avec impartialité, équité et discernement, conformément aux principes du droit pénal coutumier.

Article 35 : De la clôture des conflits à dimension sociale complexe ou impliquant des autorités coutumières

1. Lorsque des conflits familiaux, tribaux, liés à des alliances solennelles (*qalla*[15]) ou à des relations de plaisanterie (*afbeeca*) présentent une complexité particulière, ou lorsqu'un litige oppose des autorités coutumières, le juge coutumier (*Makaabantu*) peut proposer aux parties de clore le différend sans statuer sur le fond, dans le respect dû au statut et à l'autorité des parties concernées.
2. L'adage suivant illustre ce principe :
« Adda-maggok amol taban. » (Devant la complication, on passe outre.)
3. En cas d'acceptation, le *Makaabantu* verse à chaque partie une indemnité d'apaisement (*doroq*) dénommée *kuum-bayis,* dont il fixe souverainement le quantum.
4. La décision de clôture est définitive et n'est susceptible d'aucun recours (*yoo-maxiqta*). Cette procédure ne s'applique pas aux affaires relatives aux dommages corporels ou matériels.

---

[15] « *Qalla* » est un pacte d'amitié conclu à l'origine entre deux individus, qui, avec le temps, en vient à lier leurs descendants et, par extension, les membres de leurs lignages respectifs. Ce lien repose sur un principe de loyauté réciproque.

Article 36 : Des effets du *kuum-bayis*

1. Le *kuum-bayis* est une indemnité d'apaisement allouée par le juge à chacune des parties, sans distinction de responsabilité.
2. Elle a pour objet de calmer le ressentiment et de rétablir la paix sociale, conformément aux principes du *Madqa*.

Chapitre II : Du principes directeurs de la procédure

Article 37 : De la nature du procès coutumier (*mablo*)

1. Le procès coutumier afar relève de la compétence des *Makaaban*.
2. Sa finalité dépasse la simple résolution des conflits et vise le rétablissement durable de l'harmonie communautaire et la préservation du lien social.

Article 38 : Du principe du contradictoire (*fitqi*)

1. Toute procédure coutumière doit respecter le principe du contradictoire afin de garantir une justice équitable.
2. Avant qu'une décision ne soit rendue, chaque partie doit être mise en mesure d'être entendue.
3. Ce principe est résumé par la maxime suivante :
« *Yab fitqii kee ritqi yakke.* » (Une affaire se juge de façon contradictoire ou non contradictoire).
4. Le principe du contradictoire garantit :
a) l'égalité des parties dans la présentation de leurs arguments ;
b) le droit de produire des preuves ;
c) l'examen impartial de l'ensemble des positions.

Article 39 : De la procédure non contradictoire (*ritqi*)

1. La procédure non contradictoire est applicable aux litiges entre membres d'un même groupe familial élargi (buxa), où elle privilégie un règlement discret et confidentiel.
2. Elle se déroule à huis clos, en conciliabule, sous l'égide des anciens et des proches. Les *Makaaban* y exercent une fonction de médiation.
3. Ce mode de règlement est consacré par la maxime :
« *Buxâ mari mablo gayral takke.* » (Les différends familiaux se règlent en aparté.)

4. Toutefois, si la conciliation échoue, le litige est renvoyé devant la procédure contradictoire, conformément aux dispositions de l'article 38.

Article 40 : De l'acquiescement sans protestation (*mayaaba*)

1. Le *mayaaba* est l'acte par lequel une partie reconnaît sa responsabilité sans formuler de protestation, d'objection ou de défense.
2. Cet acquiescement peut intervenir :
a) par reconnaissance expresse de sa responsabilité par la personne accusée ;
b) par déférence envers ses proches ou les autorités coutumières saisies.

Article 41 : Des limites du *mayaaba*

1. Le *mayaaba* ne peut être appliqué lorsque l'affaire porte sur une atteinte corporelle ou sur un dommage matériel.

Article 42 : Des effets du *mayaaba*

1. Lorsque le *mayaaba* a été formulé, les *Makaaban* ne se prononcent pas sur la culpabilité. Ils fixent seulement l'indemnité d'apaisement (*doroq*), conformément aux régimes du *Madqa* en vigueur dans la zone concernée.
2. La partie qui a formulé le *mayaaba* ne peut former aucun recours.

Article 43 : Du principe de sincérité

1. Toute partie à une instance judiciaire est tenue de dire la vérité *(numma)*.
2. La parole de vérité, si douloureuse soit-elle, est préférable au mensonge. Car dire la vérité, c'est assumer ses actes, même lorsqu'il s'agit de témoigner contre soi-même ou contre les siens. Elle seule permet de rétablir l'équilibre rompu et de rendre possible une réconciliation sincère.
3. Ce principe est illustré par l'adage :
« *Cakki qangara yoo ixxicaay, kuda'tta.* » (Dis la vérité, même si tu dois en subir les conséquences [16].)

Article 44 : De la légitimité du désaccord

1. Le désaccord loyal et exprimé publiquement constitue un élément normal et constructif du débat judiciaire.
2. La sagesse afar l'exprime par le proverbe :

---

[16] Litt. la parole de vérité te dit : « Dis-moi et sauve-toi. »

« *Yah ittem, yaabah xintaah, gira gurmuddat xinta.* » (Le désaccord nourrit le débat comme le bois nourrit le feu.)

Article 45 : De la régulation du conflit par la parole

1. Le conflit judiciaire se manifeste principalement par la parole.
2. Les débats doivent respecter :
a) l'écoute mutuelle ;
b) l'égalité de parole entre les parties ;
c) l'interdiction d'interrompre ou de se moquer ;
d) le droit de contester les faits ou arguments avancés.

Article 46 : Du temps nécessaire à la délibération

1. Les *Makaaban* doivent accorder à leur délibération le temps nécessaire. La précipitation empêche de parvenir à un jugement réfléchi.
2. Le proverbe suivant met en garde contre ce risque :
« *Kortam faxxa ayroo kee gexxam faxxa Makaaban yab araaharissa.* » (Le soleil qui se couche et les juges pressés écourtent les débats.)

Article 47 Du débat comme instrument d'éclaircissement

1. Le débat est un moyen d'éclairer la teneur du différend.
2. Ce principe est consacré par l'adage :
« *Yaabal yab geyaanah, maacal baaxo geyaana.* » (Le débat dévoile l'affaire comme l'aurore révèle la terre.)

Article 48 : De la règle du précédent

1. Dans le droit coutumier afar, la décision conforme aux précédents prévaut sur toute innovation ou interprétation arbitraire.
2. En cas de lacune, de silence ou de doute, l'autorité coutumière se réfère à la solution déjà admise pour une situation analogue.
3. Le *Makaabantu* fonde son jugement sur les décisions antérieures, les usages établis et les paroles ayant acquis valeur de référence.
4. Ce principe est illustré par le proverbe :
« *Lee gexak ten gita gexxam meqeeh, yaabak axcuk sugeenim iyyaanam meqe.*» (Il est bon que l'eau suive le chemin qu'elle suivait et que la justice suive ce qui a été dit auparavant.)
5. Par dérogation, le précédent peut être écarté à l'unanimité des Makaaban en cas de changement social fondamental, ou si son application est contraire à l'équité.

Article 49 : De la décision des juges

1. Après délibération collégiale, les juges rendent leur décision à l'issue des débats publics.
2. Toute décision indique succinctement les faits retenus, les règles du *Madqa* appliquées et les motifs qui justifient la réparation ou la sanction.
3. Celle-ci est consacrée par l'accord exprimé des représentants des parties, et scellée par la formule appelée « *faatica* » prononcée par le président de l'audience (*caxah abba*).

Article 50 : De la temporalité du jugement

1. Les différends survenus en période critique (disette, circonstances exceptionnelles) peuvent être jugés ultérieurement si les conditions ne permettent pas un débat serein, sauf urgence.
2. Des mesures provisoires peuvent être prises pour prévenir un trouble immédiat.
3. La coutume le rappelle à travers le proverbe :
« B*arat tekkeemik maaciisaanaah, dabaanat tekkeemik aroodaanah.* »
(Ce qui survient dans la nuit se règle au jour ; ce qui survient en disette se règle en abondance.)
4. Lorsque les circonstances ayant justifié le report ont cessé, les Makaaban rouvrent l'instruction et statuent sur l'affaire dans le délai nécessaire à un examen complet et équitable, sans retard injustifié.

Article 51 : De la casuistique et de l'équité

1. Chaque affaire est appréciée selon ses circonstances particulières.
2. Le jugement combine respect des précédents et adaptation au cas concret.
3. Ainsi, l'appréciation des faits combine à la fois la continuité des usages et l'adaptation aux circonstances particulières, ce qui prépare naturellement le passage à la parole publique.
4. Cette approche garantit une équité reconnue par le *Madqa* et acceptée par la communauté.

Article 52 : Du cadre participatif du procès

1. Le procès coutumier se déroule selon le principe de participation collective.
2. Tout homme adulte présent peut intervenir dans les débats, dans le respect de la discipline et de l'autorité de l'assemblée.

3. Les femmes et les enfants mineurs ne participent pas aux débats publics. Les femmes peuvent toutefois être entendues comme témoins en aparté conformément à l'article 77.

Article 53 : Du silence nécessaire

1. Il est préférable de garder le silence plutôt que de troubler les débats par des propos confus ou malveillants.
2. L'adage l'enseigne :
« Qaadul raaqee kee qado yaabah yaabe. » (Soit tu restes en retrait, soit tu parles avec clarté.)

Article 54 : Du choix entre silence et parole constructive

1. Les intervenants doivent écouter attentivement avant de prendre la parole.
2. Toute intervention doit être ordonnée et responsable.
3. Les propos vagues, détournés ou malveillants sont contraires à l'éthique du débat coutumier.

Article 55 : De la responsabilité attachée à la parole

1. Toute personne prenant la parole engage sa responsabilité devant les *Makaaban* et l'assemblée.
2. Les juges peuvent interrompre ou écarter toute intervention perturbant le débat.

Article 56 : De l'association de tiers impartiaux

1. Les *Makaaban* peuvent associer des tiers impartiaux pour éclairer les débats et renforcer la légitimité du jugement.
2. Le principe est illustré par le proverbe :
« *Agri dibuk gaade hinnaay, Makaabanti dubuk yaabe hinna.* » (Le brave ne combat pas seul, le juge ne juge pas seul.)
3. La présence d'un tiers améliore la qualité de la discussion :
« *Yab sifa edde haanamal yayse.* » (La discussion est meilleure lorsqu'on y introduit un tiers).

Chapitre III : De l'éthique de la parole judiciaire

Article 57 : Du pluralisme des perceptions

1. Chaque partie ou témoin expose l'affaire selon sa propre perception.

2. Les *Makaaban* confrontent ces récits afin d'en dégager une version commune reconnue par l'assemblée.
3. Ce principe est reflété par le proverbe afar :
« *Marol rade yab mariy rikek yable.* » (Dans l'assemblée, la parole renaît différemment dans chaque oreille).

Article 58 : De l'interdiction de la parole injuste

1. Constitue une parole injuste (*dulmi yab*) toute déclaration visant à dissimuler la vérité, induire en erreur, diffamer une partie ou manipuler le débat.
2. Une telle parole constitue une faute grave contre l'éthique du tribunal coutumier.
3. La sagesse populaire exprime cette exigence par :
« *Yaabe num cakkih yaabam meqe, dulmih yaabe waam meqe.* » (Il est bon de parler avec équité et non avec injustice).
4. Au sens du présent article, l'erreur de bonne foi n'est pas punissable.

Article 59 : Du principe d'équité dans la parole

1. La parole dans l'assemblée doit servir la justice et non nuire à autrui.
2. Parler avec équité préserve l'honneur individuel et collectif.
3. Les *Makaaban* veillent au respect de ce principe afin de garantir la sincérité du débat judiciaire.

Article 60 : De l'obligation de mener l'affaire à son terme

1. Toute juridiction saisie d'une affaire est tenue d'en poursuivre la résolution jusqu'à son terme.
2. Elle ne peut suspendre ou abandonner la procédure sans motif légitime, après l'ouverture des débats.
3. Ce principe est consacré par l'adage :
« *Num edde yaabe yab yusculeh cabam meqe.* » (Celui qui prend une affaire doit la clore en réunissant les parties.)

Article 61 : De la primauté de la décision finale

1. La résolution du litige doit tendre vers une décision définitive, fondée sur l'équité.
2. Seule une décision qui clôt effectivement le différend a valeur de jugement. Les paroles échangées au cours des débats n'ont de force que si elles aboutissent à une conclusion.
3. Ce principe est consacré par l'adage :

« *Edde yaabeenim yab hinna ; edde cabeenim yaabak kal.* » (Les paroles en elles-mêmes n'ont pas de poids ; seules importent celles qui concluent.)

Article 62 : De la gestion des affaires perturbatrices

1. Toute affaire susceptible, par sa nature ou par le comportement des parties, de troubler le bon déroulement des audiences ou de porter atteinte à l'autorité et à la réputation du tribunal doit faire l'objet d'une attention particulière de la part des *Makaaban.*
2. Ceux-ci peuvent, après avoir entendu les parties, ordonner toute mesure propre à préserver la sérénité des débats.
3. Le proverbe suivant souligne cette réalité :
« *Uma yab maro ceysaah, uma gob xagar yacee.* » (Une affaire scandaleuse gêne le tribunal comme un mauvais bouclier découvre le corps.)

Chapitre IV : Du déroulement de l'audience et du recours

Article 63 : De l'introduction de l'instance

1. L'instance est introduite par le dépôt d'une plainte (*weeqa* ou *wayto*) auprès des *Makaaban.*
2. Les *Makaaban* examinent la plainte afin d'en déterminer la recevabilité.
3. Lorsque la plainte est jugée recevable, les *Makaaban* ordonnent l'ouverture de l'instance et fixent la date ainsi que le lieu de l'audience (*mablo*).

Article 64 : De la litispendance (*namma-caxa*)

1. La litispendance n'est pas admise devant la justice coutumière afar. Nul ne peut saisir simultanément deux *Makaaban* pour la même affaire.
2. Avant d'examiner la recevabilité d'une plainte, le *Makaabantu* saisi s'assure que l'affaire n'est pas déjà pendante devant un autre juge.
3. Ce principe est explicité par l'adage :
« *Sinam gabat le yab ma beyan.* » (Nul ne peut saisir une affaire déjà pendante devant une autre juridiction.)

Article 65 : De la convocation des parties et de l'hospitalité

1. Dès l'acceptation de la plainte, les *Makaaban* procèdent à la

convocation (*seeco*) des parties à une audience publique (*caxa*).
2. Le plaignant est tenu d'assurer l'hospitalité (*qibnaytiino*) à l'égard des *Makaaban* et de l'ensemble des participants à l'audience.

Article 66 : Du lieu et de la publicité des audiences

1. L'audience (*mablo*) se tient en public (*faage*), traditionnellement sous un arbre ombragé situé à proximité d'un point d'eau, lieu de rassemblement de la communauté.
2. La publicité des débats garantit la transparence et la légitimité des décisions rendues, conformément à l'adage :
« *Marol rade wee yab dareemu culusaah, marol radek bagu dooca.* » (La justice rendue dans l'ombre engendre la méfiance, celle rendue au grand jour inspire la confiance.)
3. L'assistance à l'audience est ouverte à la communauté, sous réserve des règles de participation énoncées à l'article 52.
4. Les intérêts des personnes non admises aux débats sont défendus par leurs représentants.

Article 67 : De l'audience en procédure non contradictoire (*ritqi*)

1. Par dérogation à l'article 66, l'audience relevant de la procédure non contradictoire prévue à l'article 39 se tient hors de la présence du public, à tout moment de la journée ou de la nuit.

Article 68 : De la représentation des parties

1. Chaque partie à l'instance, même en présence de son représentant légal ou chef, doit désigner un représentant au sein de l'assemblée (*awla, abba, caabi* ou *loyna*).
2. La désignation ne prend effet qu'après l'acceptation explicite du représentant choisi, exprimée selon la formule traditionnelle :
« *Booxal ma cabna.* » (Nous ne le laisserons pas seul sur place.)
3. Le représentant a pour mission :
a) d'assister et de conseiller la partie tout au long de l'instance ;
b) d'accompagner le représentant légal dans les démarches de la procédure ;
c) de veiller à la bonne exécution des décisions rendues par les *Makaaban*;
d) de représenter dignement la partie au sein de l'assemblée et de défendre ses intérêts.
4. Le rôle du représentant est illustré par le proverbe :
« *Birta calagal yabbixeeniih, num awlal yabbixen.* » (On saisit le fer

chaud avec un chiffon, comme on saisit l'homme par son représentant.)

Article 69 : De l'ouverture de l'audience

1. L'audience est ouverte par le caxah abba, juge président de l'assemblée, ressortissant de la localité où l'audience est tenue.
2. Le chef de ladite localité préside l'instance et en conduit les débats jusqu'à leur terme.
3. Pour marquer solennellement l'ouverture des débats, le président prononce la formule rituelle suivante :
« T*u lem tu taxxacay !* » (traduction : « Que tous ceux qui ont des griefs les fassent connaître ! »)

Article 70 : Du déroulement des débats

1. La parole est d'abord donnée au plaignant, qui expose ses griefs et est assisté d'un interlocuteur choisi dans l'assemblée.
2. Les plaidoiries doivent être claires et concises, afin de faciliter la compréhension de l'affaire par les juges et de permettre une décision équitable. L'adage l'enseigne :
« Yaaba mari yaabu yeegemek, mekla mari mekelu ma yaaxiga. » (Si ceux qui parlent ne savent pas s'exprimer, ceux qui jugent ne sauront pas rendre justice.)
3. La parole est ensuite accordée au défendeur, conformément au principe :
« Af yaxxacceeh, af kalsitah. » (Ce qu'une bouche affirme, l'autre le conteste.)
4. Chaque partie ne peut intervenir plus de trois fois au cours des débats, sauf autorisation des *Makaaban.*

Article 71 : Du droit d'appel

1. Toute partie qui conteste une décision rendue par les *Makaaban* à l'issue de la première audience peut former un appel (*yoo-maxiqta*).
2. L'appel est examiné par un collège de *Makaaban* élargi, composé des juges ayant siégé à la première audience, auxquels s'ajoutent un ou plusieurs *Makaaban* n'ayant pas participé à cette audience.
3. L'appel est suspensif : la décision contestée ne peut être exécutée tant que l'appel n'a pas été jugé.
4. Si, après l'examen de l'appel par le collège élargi des *Makaaban*, le conflit demeure non résolu, la partie qui conteste encore la décision peut saisir le *Miglis* dans les conditions prévues aux article 72 et 73.

Article 72 : De la saisine du *Miglis*

1. Lorsque le conflit demeure non résolu après l'appel prévu à l'article 71, il est porté devant l'autorité coutumière suprême, le *Miglis*, composé du *Dardar* ou de l'*Amoyta* et des *Makaaban*.
2. Ce principe de progression est illustré par l'adage :
« *Makaaban teffere yab caxâ fanal ma bica.* » (Ce que les juges n'ont pu trancher ne saurait être réglé sous l'arbre à palabres.)
3. La décision rendue par le *Miglis* à l'issue de cette audience est définitive. Elle s'impose aux parties et bénéficie d'une autorité morale et sociale destinée à garantir le respect du *Madqa* et la stabilité de la communauté.
4. Le caractère définitif de cette décision est également illustré par l'adage :
« *Nek cinen yab sangerra beyaah, sangerrak cinen yab waydoolah beya.* » (Un jugement récusé conduit à la cour suprême ; si celle-ci est récusée, cela entraîne un conflit majeur.)

Article 73 : De la compétence et de la composition du Miglis

1. Le *Miglis* (tribunal de l'autorité coutumière suprême), présidé par le *Dardar* ou l'*Amoyta*, constitue l'instance de dernier ressort.
2. Il est saisi dans les cas suivants :
a) lorsque le conflit demeure non résolu après l'épuisement de l'appel prévu à l'article 71 ;
b) lorsque l'impartialité des *Makaaban* ayant jugé en première ou en deuxième audience est contestée ;
c) pour les litiges interclaniques ou interterritoriaux.
3. Le *Miglis* siège en formation élargie composée :
a) du *Dardar* ou de l'*Amoyta* ;
b) des *Makaaban* siégeant au *Miglis* ;
c) des parties concernées et de leurs représentants légaux.

Article 74 : Du pouvoirs et de la procédure du *Miglis*

1. Le *Miglis* agit conformément au principe :
« *Yab kee ramas gabah kore kalan.* » (C'est en s'y appliquant qu'on empêche le radeau de se retourner et la justice de dévier.)
2. Il peut :
a) confirmer ou infirmer la décision rendue en deuxième audience par le collège élargi des *Makaaban* ;
b) ordonner une nouvelle délibération ou un complément d'instruction;

c) prononcer la clôture définitive du litige par décision du *Dardar*, de l'*Amoyta* ou de son mandataire, après délibération collégiale, conformément aux principes du *Qafarre* et à l'ensemble du *Madqa.*

Chapitre V : Des preuves et des témoignages

Article 75 : Du principe de vérité

1. Tout litige doit être tranché sur la base de la vérité.
2. Les autorités chargées du jugement veillent à ce que la preuve soit recherchée et évaluée avec loyauté et impartialité, afin que la constatation de la vérité permette de mettre définitivement fin au différend.
3. Ce principe est illustré par le proverbe suivant :
« *Yab nummâ gabat rabam meqe.* » (Il est bon que le litige s'éteigne par la vérité.)

Article 76 : Du devoir moral de témoigner

1. La perception directe d'un fait par la vue ou par l'ouïe crée chez le témoin une obligation morale et sociale d'en témoigner.
2. Cette obligation procède de la conviction que les organes des sens, par lesquels la connaissance du fait a été acquise, dépériraient s'ils étaient privés de la vérité qu'ils ont pour fonction de recueillir et de transmettre.
3. Le proverbe exprime ce principe fondamental par l'adage suivant :
« *Inti tubleemit intî qiloh yaabaanaah, ayti toobbeemik aytî qiloh yaaban.* » (On témoigne de ce que l'on a vu, par égard pour ses yeux ; on témoigne de ce que l'on a entendu, par égard pour ses oreilles.)
4. Ce devoir moral constitue le fondement de la crédibilité du témoignage et de la confiance accordée par la communauté à la parole du témoin.

Article 77 : De la convocation des témoins (*wadi mara*)

1. Les juges peuvent, lorsque cela est nécessaire, citer des témoins afin d'éclairer le litige.
2. La comparution des témoins respecte les usages traditionnels :
a) les hommes sont entendus devant l'assemblée ;
b) les femmes sont interrogées en aparté *(garay)*, afin de préserver leur dignité et le respect des pratiques coutumières.

Article 78 : De la valeur probante du témoignage (*sumaq*) et des preuves (*alhum*)

1. La hiérarchie des preuves est la suivante :
a) preuve principale : le témoignage direct d'un témoin oculaire intègre ; la reconnaissance volontaire des faits par la partie elle-même ; la constatation matérielle par les *Makaaban*. Chacun de ces modes de preuve suffit à lui seul pour fonder une décision.
b) présomption : le juge peut déduire un fait d'un ensemble d'indices concordants. La présomption ne peut fonder une décision qu'en l'absence de preuve principale.
c) serment décisoire : les *Makaaban* peuvent le proposer aux parties lorsque les preuves sont insuffisantes.
2. Ce principe est illustré par l'adage :
« *Ayti giddi leeh, inti giddi mali.* » (Ce qui est porté aux oreilles peut être démenti, ce qui est constaté de visu ne peut être nié.)
3. L'aveu (*aalam*) obtenu par violence (*caylisenta*), menace (*cuusus*), contrainte (*dirki*) ou tromperie (*cokla*) est nul.
4. Les *Makaaban* apprécient librement la valeur des preuves selon leur force probante, leur concordance et les circonstances, dans le respect de la hiérarchie établie au présent article. Lorsque plusieurs témoignages sincères sont inconciliables, ils se prononcent au regard de l'ensemble des éléments de preuve.

Article 79 : De la récusation du témoignage

1. Toute partie peut récuser un témoignage produit dans l'affaire.
2. La récusation doit être expressément motivée et fondée sur des motifs sérieux, afin de permettre aux juges d'apprécier sa pertinence et sa crédibilité.

Article 80 : Du déni (*giddi*)

1. Le déni permet à l'accusé de quitter provisoirement l'assemblée, conformément à la tradition. L'adage l'énonce :
« *Giddi marok orba le'kkal, bagi rufto mali.* » (Le déni permet de sortir du tribunal provisoirement, mais n'apaise pas la conscience.)
2. Constitue une faute grave le fait de nier un fait réel. Ce déni frauduleux accroît le préjudice subi par la partie lésée et porte atteinte à l'intégrité morale de son auteur, comme l'enseigne l'adage :
« *Giddi garoyrah umaah, baras xagarah uma.* » (Le déni nuit à l'esprit comme la lèpre nuit au corps.)

3. L'auteur d'un déni frauduleux est tenu aux réparations prévues à l'article 171.

Article 81 : Du serment et de ses effets

1. Le serment intervient après le déni (*giddi*), comme l'enseigne le proverbe :
« *Giddil wadu qidaanaah, xiibal gira qidan.* » (Au déni, on répond par le témoignage ; au faux serment, par l'ordalie[17] au feu.)
2. Le serment est une déclaration solennelle par laquelle une partie ou un témoin affirme la vérité des faits qu'il avance, sous sa responsabilité morale et coutumière.
3. Le serment est prêté devant l'assemblée des *Makaaban*, en présence des deux parties. La personne qui prête serment doit être majeure, saine d'esprit et libre de toute contrainte.
4. L'assemblée des *Makaaban* propose le serment :
a) à la partie plaignante : le serment est prêté par son témoin ;
b) à la partie accusée : le serment est prêté par elle-même.
5. La personne qui refuse de prêter serment est réputée avoir reconnu les faits allégués par l'autre partie. Le refus emporte de plein droit la solution du litige contre la partie défaillante.
6. Le faux serment est une faute morale grave. L'adage l'enseigne :
« *Tumali kedoh abaaro lech, xiibeyni dabqi abaaro le.* » (L'indigent est une malédiction pour sa tribu, celui qui prête un faux serment est une malédiction pour sa maison.)
La partie plaignante dont le témoin, ou la partie accusée elle-même, fait un faux serment perd le droit d'agir en justice sur cette affaire.

[17] L'ordalie, pratique aujourd'hui rare, consistait à prendre à main nue une braise ou un fer chauffé. Selon la tradition, la vérité protège du feu, tandis que le mensonge entraîne la brûlure, comme l'illustre le proverbe : « *Gira baatilih koo ma takmaay, gile baatilih koo ma cinta.* » (Le feu ne te brûle pas sans raison, le poignard ne t'épargne pas.) Elle constituait un mécanisme ultime de preuve, permettant de trancher les différends lorsque tous les autres moyens avaient échoué.

TITRE IV : DE LA QUALIFICATION ET DE L'ÉVALUATION DES INFRACTIONS

Chapitre I : De la qualification et des effets des infractions

Article 82 : De la qualification de l'infraction

1. Les *Makaaban* reconnaissent officiellement le caractère juridique et moral de l'acte reproché.
2. Cette reconnaissance détermine :
a) le type de délit ;
b) les sanctions et réparations applicables ;
c) la prise en compte du statut et de la situation de l'auteur et de la victime.

Article 83 : Des catégories de délits et crimes exceptionnels (*maabbinoy* maballino)

1. Les infractions sont réparties en catégories, définissant la procédure de réparation et de réconciliation.
2. Certains crimes, rarement commis et portant préjudice aux valeurs sociales, sont qualifiés de *maabbinoy maballino* (litt. jamais vu ni entendu) et justifient des sanctions renforcées.
3. Au sens du présent code :
a) est qualifié de *maballino* (jamais vu) un acte d'une gravité exceptionnelle, inconnu dans la mémoire coutumière transmise par les *Makaaban*, qui choque profondément l'ordre moral et social.
b) est qualifié de *maabbino* (jamais entendu) un acte d'une gravité comparable, dont la révélation même est jugée insoutenable par la communauté.
4. Ces crimes constituent des violations majeures de la cohésion communautaire et nécessitent une réparation exemplaire.

Article 84 : Des agents corporels des infractions

1. Les crimes et délits peuvent être commis par l'usage d'agents corporels.

Article 85 : Des infractions commises par la main

1. La main (*gaba*) est l'agent corporel des infractions suivantes :
a) le vol (*garqo*) ;

b) le pillage (*rado*) ;
c) l'agression (*migda*) ;
d) les actes de brûlure (*cararow*) ;
e) le meurtre (*qidim*).

Article 86 : Des infractions commises par le pied

1. Le pied (*iba*) est l'agent corporel des infractions suivantes :
a) la ruade ou le piétinement d'une personne (*ariyyo, iqta*) ;
b) l'utilisation des traces de pas pour commettre un délit *(raat*).

Article 87 : Des infractions commises par la langue

1. La langue (*arraba*) est l'agent corporel des infractions suivantes :
a) les insultes (*xaafu*) ;
b) les moqueries (*dakkat* ou *seekabeynan*) ;
c) les critiques hostiles ou défavorables (*ilaq*) ;
d) le mensonge (*dirab*) ;
e) l'incitation à la zizanie (*sittal-hay*) ;
f) la menace par parole (*meesisso*).

Article 88 : Des infractions commises par les parties génitales

1. Les parties génitales (sambo) sont l'agent corporel des infractions suivantes:
a) le viol (*caylisso*) ;
b) la grossesse hors mariage (*idqino*) ;
c) l'adultère (*dalwa*) ;
d) tout autre acte sexuel expressément qualifié d'infraction par le présent code pénal coutumier.

Article 89 : De la proportionnalité des mesures et des circonstances atténuantes

1. La mesure doit être proportionnée à la gravité de la faute.
2. En présence de circonstances atténuantes, les *Makaaban* peuvent réduire de moitié les indemnités d'apaisement (*doroq* ou *maruuso*) et l'indemnité pour tort causé à autrui (*baatil*).
3. Les circonstances atténuantes sont :
a) l'erreur de bonne foi portant sur une situation de fait ;
b) l'inadvertance ;
c) la déclaration préalable de grief (*kadu*).

Article 90 : De l'aggravation des réparations et sanctions pour crimes exceptionnels

1. Lorsqu'une infraction est qualifiée de crime exceptionnel conformément à l'article 83 et qu'aucun régime spécial plus sévère n'est applicable, les *Makaaban* peuvent, par décision spécialement motivée, appliquer le maximum des sanctions et réparations prévues par le présent code pénal coutumier pour cette infraction.
2. Toute décision prise en application du présent article est spécialement motivée. Elle précise :
a) la qualification retenue au titre de l'article 83 (*maabbinoy maballino*) ;
b) les éléments justifiant, au regard de la gravité de l'acte, l'application du maximum des sanctions et réparations.

Chapitre II : De l'évaluation des dommages corporels (*keexo*)

Article 91 : De la définition du *keexo*

1. L'évaluation des dommages corporels, appelée *keexo*, consiste à apprécier la nature et la gravité des blessures infligées à une personne.
2. Cette évaluation a pour finalité de déterminer la réparation appropriée due à la victime, conformément aux règles établies par le *Madqa*.

Article 92 : De la classification des blessures

1. Les blessures sont classées en deux catégories :
a) les blessures graves (*wara*) ;
b) les blessures légères (*waranna*).
2. Cette classification constitue la base d'évaluation des réparations prévues par le présent code pénal coutumier.

Article 93 : Des blessures graves (*wara*)

1. Constituent des blessures graves les atteintes corporelles suivantes :
a) les plaies profondément entaillées (*botoq*) atteignant les tissus musculaires, tendineux ou osseux, lorsqu'elles nécessitent un traitement médical spécialisé ;

b) les fractures (*diglo*) entraînant une incapacité temporaire ou permanente, appréciée selon l'os atteint et la qualité des soins prodigués;
c) les mutilations (*garuq*), caractérisées par l'ablation, la section ou la destruction, totale ou partielle, d'un membre ou d'un organe, entraînant la perte définitive ou durable de sa fonction naturelle ;
d) les blessures à risque vital (*rabi qeebi*), consistant en toute atteinte portée aux parties vitales exposant la victime à un risque de décès en l'absence de soins appropriés.
2. La gravité des blessures est appréciée par les *Makaaban*, sur la base de l'examen direct des lésions et, le cas échéant, de l'avis d'un guérisseur traditionnel ou d'un professionnel de santé.

Article 94 : Des blessures légères (*waranna*)

1. Relèvent de la catégorie des blessures légères (*waranna*) les atteintes corporelles qui ne remplissent pas les critères prévus à l'article 91 et qui :
a) n'exigent pas de soins médicaux complexes ou prolongés ;
b) n'entraînent ni séquelles durables, ni incapacité fonctionnelle significative.
2. Exemples typiques de blessures légères :
a) *aro* : morsure superficiclle sans infection ;
b) *musqo* : éraflure ou écorchure bénigne ;
c) *endibo* : blessure légère par arme blanche non perforante ;
d) *koom* : bosse ou hématome ;
c) *sirrible* ou *sirdod* : marque légère, simple raie laissée par un coup de baguette.

Chapitre III : Des infractions connexes

Article 95 : Des types d'évanouissement (*qawul*)

1. L'évanouissement se définit comme la perte temporaire de connaissance résultant d'un coup (*migda*) ou d'un choc violent (*bood*) affectant la tête ou toute autre partie du corps dont le choc est de nature à provoquer une perte de connaissance.
2. L'évanouissement est constaté par le témoignage direct d'au moins un témoin oculaire. En l'absence de témoin direct, les *Makaaban* peuvent le constater par tout moyen matériel, y compris

la déclaration de la victime, qu'ils apprécient souverainement au regard des circonstances.

3. Selon sa gravité, l'évanouissement se subdivise en trois catégories :

a) la syncope traumatique (*qendeddero* ou *dembebbero*) ;

b) le pré-syncope ou évanouissement partiel (*siddar*) ;

c) la syncope complète (*lubbil-gabali*).

Article 96 : De l'étranglement (*quxus* ou *kotrooco*)

1. L'étranglement se définit comme tout procédé volontaire de nature à empêcher ou à compromettre gravement la respiration d'autrui, par compression du cou ou par obstruction des voies respiratoires.

Article 97 : De la menace (*cuusus*)

1. Constitue une menace le fait d'intimider autrui intentionnellement, par des paroles, des gestes, des armes ou des objets contondants, en faisant naître chez lui une crainte fondée et immédiate d'un préjudice ou d'une atteinte à son intégrité physique.

2. La parole peut porter atteinte à l'intégrité morale aussi gravement qu'une atteinte à l'intégrité physique. L'adage illustre ce principe : « *Gaba xagar biyaktaah, arraba bagu biyakta.* » (La main atteint l'intégrité physique, la parole atteint l'intégrité morale.)

TITRE V : DES INFRACTIONS, DES RÉPARATIONS ET DES SANCTIONS

Chapitre I : Des dispositions générales sur les infractions et sanctions

Article 98 : Du champ d'application

1. Les dispositions du présent chapitre s'appliquent aux infractions commises au sein de la société et portant atteinte :

a) aux personnes ;

b) à l'environnement (faune, flore, milieu marin) ;
c) aux règles de droit ;
d) à la solidarité communautaire.
2. Elles définissent les sanctions et réparations selon les régimes applicables du *Madqa* et la zone concernée.

Article 99 : Des indemnités en bétail et conversions entre animaux ou en argent

1. Dans la société afar, toute amende ou indemnité résultant d'un préjudice est traditionnellement évaluée en bétail.
2. Pour des raisons pratiques, le bétail peut être échangé entre espèces ou remplacé par son équivalent monétaire, notamment en milieu urbain.
3. Toutefois, certaines catégories d'animaux versés à titre d'indemnité ne peuvent être converties en une autre espèce ni remplacées par un paiement en numéraire, comme indiqué dans le tableau suivant.
4. Les équivalences monétaires [18] ci-dessous sont des conventions propres à chaque zone coutumière. Elles ne reflètent pas le prix de marché du bétail. Les disparités entre zones sont normatives.

Zone d'application des régimes	**Animaux**	**Conversions entre espèces**	**Conversion en argent**	**Observations synthétiques**
Afkiqek-Maqad	Chèvre		100 ETB[19]	- Chèvre (*qabalkaqalso*) et mouton (*qeexo*) : non substituables. - Première moitié du prix de sang : payable en vaches.
	Vache	= 10 chèvres	1 000 ETB	
	Chamelle : - chamelle adulte (*morootomta*), - chamelle âgée de trois ans (*soddomta*)	= 40 chèvres = 4 vaches = 30 chèvres = 3 vaches	4 000 ETB 3 000 ETB	

[18] Dans le tableau ci-après, la valeur de conversion en monnaie érythréenne (Nakfa) n'a pu être indiquée, la collecte de données n'ayant pas été possible au cours des années récentes.

[19] Les valeurs monétaires indiquées dans les régimes du *Madqa* ne correspondent pas au prix du marché du bétail. Elles constituent des équivalences conventionnelles fixées par le *Madqa*, destinées à faciliter le règlement des indemnités en numéraire lorsque le paiement en nature n'est pas possible, surtout dans le contexte urbain. Les abréviations utilisées sont : ETB (Birr éthiopien) et FDJ (Franc de Djibouti).

Bodoytâ meela	Chèvre		1 000 ETB	- Certaines prestations obligatoirement en nature (*qabal-kaqalso, qeexo, doroq, ximma, waydal alifu*). - Majorité du prix de sang en vaches.
	Vache :			
	- *sooyta* (4 à 5 ans)	= 16 chèvres	= 7 000 ETB	
	- *marqi-mogo* (génisse de 3 ans) et *fiicali* (taureau de 3 ans)	= 14 chèvres	= 6 000 ETB	
	- *affaraytili* (2 ans)	= 12 chèvres	= 6 000 ETB	
	Chamelle	= 30 chèvres = 3 vaches	30 000 ETB	
Burqili	Chèvre		1 200 ETB	Règle des 100 chamelles : 50 *tuur* [20] (en nature) et 50 *katay* (convertibles).
	Vache	= 20 chèvres = 1 vache ;	2 500 ETB	
	Chamelle	= 40 chèvres, = 4 vaches	= 10 000 ETB	
Buxxutô baxa	Chèvre		= 100 ETB	
	Vache	= 10 chèvres	= 1 200 ETB	
	Chamelle	= 40 chèvres = 4 vaches	= 12 000 ETB	
Debnek-Weeqima	Chèvre		= 1 000 FDJ	En cas de la reconnaissance de l'acte et de l'engagement à le réparer (*booda*),
			= 12 000 FDJ	En cas de l'indemnité

[20] « *Tuur* » désigne le nombre de chamelles non convertibles (payables uniquement en nature) ; « *katay* », le nombre de chamelles convertibles en argent ou en d'autres animaux selon les équivalences du *Madqa*.

	Vache	= 40 chèvres	= 40 000 FDJ (*gidiy*), = 12 000 FDJ (*doroq*)	d'apaisement (*doroq*) Distinction entre compensation (*gidiy*) et apaisement (*doroq*).
	Chamelle	= 30 chèvres = 6 vaches	= 120 000 FDJ (*gidiy*), = 36 000 FDJ (*doroq*)	

Article 100 : Du régime de réparation de la complicité (*mangaliino*)

1. Lorsque la complicité est établie conformément à l'article 24, le complice est tenu aux réparations suivantes :

Zone d'application des régimes	**Régimes de compensation, de réparation et de sanctions du *Madqa* selon la zone concernée**
Afkiqek-Maqad	➢ 1 vache au titre du tort causé à autrui (baatil), ➢ 1 vache au titre de l'indemnité d'apaisement (*doroq*), ➢ 3 vaches sont dues pour complicité (*mangaliino*).
Bodoytâ meela	➢ 1 vache est due pour complicité (*mangaliino*).
Burqili	➢ 12 chèvres sont dues pour complicité (*mangaliino*).
Buxxutô baxa	➢ 1 vache au titre de l'indemnité d'apaisement (*doroq*), ➢ 1 chèvre, au titre de l'indemnité due aux médiateurs (*fiddima*), ➢ 1 vache est due pour complicité (*mangaliino*).
Debnek-Weeqima	➢ 1 vache au titre de l'indemnité d'apaisement (*doroq*), ➢ 1 vache due pour complicité (*mangaliino*).

Chapitre II : Du crime de sang (*biilu*)

Article 101 : De la définition et des principes généraux

1. Constitue un crime de sang (*biilu*) toute atteinte volontaire ou involontaire ayant causé la mort d'une personne.

2. Le crime de sang est constitué lorsque le décès résulte directement des blessures ou violences, même s'il survient postérieurement aux faits.
3. Le crime de sang engage la responsabilité personnelle de son auteur et la responsabilité collective de sa tribu. Le règlement repose exclusivement sur la médiation, la réconciliation et la réparation, et associe l'auteur, sa tribu et la tribu de la victime.

Article 102 : Du droit d'asile temporaire (*meglo*)

1. Dès qu'un meurtre est commis, tous les hommes adultes de la tribu du meurtrier bénéficient d'un droit d'asile temporaire jusqu'à la remise du coupable à la tribu de la victime. Ce droit les protège contre toute vengeance ou représaille.
2. Ne sont pas concernés par ce droit d'asile : les femmes, les hommes âgés de plus de soixante ans, les enfants de moins de dix-huit ans, les personnes souffrant de troubles mentaux, ainsi que le chef de la tribu du meurtrier, qui sert d'interlocuteur aux médiateurs.
3. Toute violation du *meglo* engage la responsabilité solidaire de son auteur et de sa tribu, selon les régimes prévus dans le tableau ci-après :

Zone d'application des régimes	**Régimes de compensation, de réparation et de sanctions du *Madqa* selon la zone concernée**
Afkiqek-Maqad	En cas de violation de l'asile (*meglo*) sans homicide lors de l'acheminement de la tribu du meurtrier par les médiateurs vers le lieu d'asile : ➢ 12 vaches pour non-respect de l'autorité coutumière, En cas de violation de l'asile (*meglo*) en l'absence d'homicide sur le lieu d'asile : ➢ 36 vaches pour non-respect de l'autorité coutumière suprême. En cas de la violation du l'asile (*meglo*) avec homicide lors de l'acheminement de la tribu du meurtrier par les médiateurs vers le lieu d'asile : ➢ Perte du droit au prix du sang pour la famille de l'auteur de la violation,

	➢ 12 vaches pour non-respect de l'autorité coutumière, En cas de la violation du *meglo* (asile) avec homicide sur le lieu d'asile : ➢ Perte du droit au prix du sang pour la famille de l'auteur de la violation, ➢ 36 vaches pour non-respect de l'autorité coutumière.
Bodoytâ meela	En cas de la violation du *meglo* (asile) en l'absence d'homicide : ➢ 12 vaches pour non-respect de l'autorité coutumière suprême, En cas de la violation du *meglo* (asile) avec homicide : ➢ Perte du droit au prix du sang pour la famille de l'auteur de la violation, ➢ 12 vaches pour non-respect de l'autorité coutumière suprême.
Burqili	En cas de violation de l'asile (*meglo*), sans homicide ou avec homicide, pendant l'acheminement, par les médiateurs, de la tribu du meurtrier vers le lieu d'asile : ➢ Indemnité pour atteinte à l'autorité coutumière, fixée par les médiateurs, ➢ Perte du droit au prix du sang pour la famille de l'auteur de la violation en cas violation de l'asile avec homicide. En cas de violation de l'asile (*meglo*) en l'absence d'homicide sur le lieu d'asile : ➢ 12 chameaux pour non-respect de l'autorité coutumière suprême. En cas de la violation du *meglo* (asile) avec homicide sur le lieu d'asile : ➢ 12 chameaux pour non-respect de l'autorité coutumière suprême.

	➢ Perte du droit au prix du sang pour la famille de l'auteur de la violation,
Buxxutô baxa	En cas de la violation du *meglo* (asile) en l'absence d'homicide : ➢ 12 vaches pour non-respect de l'autorité coutumière suprême, En cas de la violation du *meglo* (asile) avec homicide : ➢ Perte du droit au prix du sang pour la famille de l'auteur de la violation, ➢ 12 vaches pour non-respect de l'autorité coutumière suprême.
Debnek-Weeqima	En cas de la violation du *meglo* (asile) en l'absence d'homicide : ➢ 15 chameaux pour non-respect de l'autorité coutumière suprême, ➢ 15 chameaux pour non-respect du *Madqa*. En cas de la violation du *meglo* (asile) avec homicide : ➢ Prix du sang équivalent à 5 hommes adultes (art. 108).

Article 103 : Du crime de sang commis par un mineur ou une femme

1. Par dérogation à l'article 5 du Code civil coutumier, la peine d'exil (*dabbo*) pour le crime de sang (*biilu*) ne peut être infligée avant dix-huit ans révolus.
2. L'auteur âgé de moins de dix-huit ans n'est pas passible de l'exil. Sa tribu est tenue au paiement intégral du prix du sang (*diyat*) dans les conditions prévues à l'article 108. Il bénéficie de la protection de l'interdit coutumier (*magan*) jusqu'à sa majorité.
3. À compter de sa majorité, fixée à dix-huit ans pour l'application du présent article, l'auteur est soumis à l'exil conformément à l'article 105.

4. La femme auteur d'un crime de sang n'est jamais tenue à l'exil ; sa tribu est tenue au paiement intégral du prix du sang (*diyat*), conformément à l'article 108.
5. Le paiement intégral du prix du sang (*diyat*) met fin à la procédure.

Article 104 : De la période de trêve (*sulci*) et de la protection par l'interdit (*magan*)

1. Le clan de la victime qui accepte la médiation s'abstient de toute représaille pendant quarante jours.
2. Si le règlement n'est pas achevé à l'issue de ce délai, la trêve peut être prolongée d'un commun accord entre les parties ou, à défaut, par décision du *Miglis*.
3. Lorsque l'auteur est un mineur, il est protégé par l'interdit (*magan*) de l'autorité coutumière suprême jusqu'à ses dix-huit ans, dans les conditions prévues à l'article 103.
4. Toute violation de cette protection est sanctionnée conformément aux régimes prévus à l'article 102.

Article 105 : De la livraison du coupable et de l'exil (*dabbo*)

1. Les dispositions du présent article s'appliquent dans les sultanats de Tadjourah, Rahayto et Biru.
2. Après les quarante jours de trêve, la tribu du meurtricr adulte remet le coupable à la tribu de la victime en présence des médiateurs, en prononçant :
« *Qiddoonu, waddoonu abeyni amah kaana.* » (Que vous le tuiez ou que vous l'épargnicz, voici le meurtrier). Cette formule, purement symbolique, ne confère aucun droit de mettre à mort le coupable.
3. Par dérogation, le mineur n'est pas remis à la tribu de la victime, conformément à l'article 103, alinéa 3.
4. L'exil n'a lieu qu'après la réconciliation constatée par les *Makaaban*. Il est perpétuel. L'exilé se place sous la protection du *Dardar* ou de l'*Amoyta*, selon son choix.
5. L'exilé quitte sa famille et ses biens ; il part seul. Ses descendants nés après l'exil relèvent de cette autorité ; ceux nés avant demeurent dans leur tribu d'origine.
6. Avant son départ, il divorce de son épouse conformément à l'article 58 du Code civil coutumier. Celle-ci observe le délai de viduité prévu à l'article 64, puis peut se remarier.

Article 106 : Du suicide de l'auteur

1. En principe, le suicide de l'auteur n'éteint pas l'obligation de réparation : sa famille et sa tribu restent tenues au paiement intégral du prix du sang conformément à l'article 108.
2. Par exception, dans la zone de Debnek-Weeqima, le suicide de l'auteur éteint toute obligation de réparation. Aucune indemnité n'est due et toute vengeance ou poursuite contre sa famille ou sa tribu est interdite.
3. Cette exception est consacrée par l'adage :
« *Waydal waydalat orba.* » (Une tombe est une réparation suffisante pour une autre tombe.)
4. L'extinction de la responsabilité est constatée par les *Makaaban* par un acte solennel officialisant la fermeture symbolique des deux tombes.

Article 107 : Du rétablissement de la paix et de la désolidarisation

1. Le règlement intégral du prix du sang et l'accomplissement des rites de réconciliation mettent fin au conflit. Cette disposition s'applique dans l'ensemble du territoire afar.
2. Dans les sultanats de Tadjourah et Rahayto, la résolution de l'affaire est reconnue par la formule solennelle de désolidarisation :
« *Biilu kaal cabeeniih, buxxele kaak yeceen.* » (Ils se sont désolidarisés du crime et ont accepté l'indemnité de réconciliation.)
3. Cette formule constitue un acte officiel de désolidarisation ayant valeur de preuve publique.
4. Dans le reste du territoire afar, la tribu du meurtrier demeure solidaire de son membre.

Article 108 : De la composition et du régime du prix du sang (*diyat*)

1. Le prix du sang (*diyat*) constitue la réparation principale due aux ayants droit de la victime. Il est assorti des autres indemnités coutumières, dont certaines sont destinées aux médiateurs ayant participé à la procédure.
2. L'ensemble de ces indemnités est fixé par zone coutumière ainsi qu'il suit [21] :

---

[21] Les tableaux présentent le total des indemnités, compensations et sanctions dues pour chaque infraction. Les termes entre parenthèses indiquent la nature de l'obligation. Les régimes varient selon les zones coutumières.

Zone d'application des régimes	Régimes de compensation, de réparation et de sanctions du *Madqa* selon la zone concernée
Afkiqek-Maqad	Homme adulte ou mineur : ➢ 1 vache due par la tribu ayant perdu un membre aux médiateurs, au titre de l'indemnité de constat du meurtre (*waydal alifu*), ➢ 100 chamelles [22] aux ayants droit au titre du prix du sang (*diyat*) Femme adulte ou mineure : ➢ 1 vache due par la tribu ayant perdu un membre aux médiateurs, au titre de l'indemnité de constat du meurtre (*waydal alifu*), ➢ 50 chamelles aux ayants droit au titre du prix du sang (*diyat*) ; ➢ 12 vaches supplémentaires, au titre de l'indemnité pour acte moralement et socialement réprouvé (*ceele-wayto*), lorsque l'homicide est commis à l'encontre d'un mineur ou d'une personne âgée de plus de soixante (60) ans. Femme enceinte : ➢ 1 vache aux médiateurs par la tribu ayant perdu un membre, au titre de l'indemnité de constat du meurtre (*waydal alifu*), ➢ 50 chamelles aux ayants droit au titre du prix du sang (*diyat*), ➢ 25 chamelles supplémentaires dues au titre de l'indemnité compensatoire pour la perte de l'enfant à naître (*bagut yan baxa*).
Bodoytâ meela	Homme adulte :

[22] Sur l'ensemble des chamelles constitutives du *diyat*, seule la moitié peut faire l'objet d'une conversion en numéraire ou en bétail équivalent. La chamelle adulte (*morootomta*) est évaluée à quarante chèvres ou à quatre vaches ; la chamelle âgée de trois ans (*soddomta*), à trente chèvres ou à trois vaches, conformément aux dispositions du *Madqa*.

	➢ 12 vaches dues au titre de l'indemnité *waydal* (sépulture) : 11 aux médiateurs et 1 au chef de la tribu de la victime (*waydal abci saga*). ➢ 5 vaches au titre de l'indemnité *ximma :* 4 à la famille du défunt et 1 au chef ayant présidé l'assemblée, dite « *rooci saga* » (litt. vache de l'âme), ➢ 12 vaches au titre de l'indemnité d'apaisement (*doroq*), ➢ 1 bœuf castré (*sanga*) au titre de la réconciliation (*gabâ xagsa*). ➢ 50 vaches au titre du prix du sang (*diyat*). Femme adulte : ➢ 12 vaches au titre de l'indemnité du sang versé (*qabal*), ➢ 12 vaches au titre de l'indemnité d'apaisement (*doroq*), ➢ 1 bœuf castré au titre de la réconciliation entre les parties (*gabâ xagsa*), ➢ 50 vaches au titre du prix du sang (*diyat*). Femme enceinte : ➢ 12 vaches au titre de l'indemnité du sang versé (*qabal*); ➢ 12 vaches au titre de l'indemnité d'apaisement (*doroq*); ➢ 1 bœuf castré au titre de la réconciliation entre les parties (*gabâ xagsa*) ; ➢ 50 vaches au titre du prix du sang (*diyat*) ; ➢ 25 vaches supplémentaires au titre de l'indemnité compensatoire pour la perte de l'enfant à naître (*bagut yan baxa*). Mineur et vieillard ayant dépassé 60 ans : ➢ 12 vaches au titre de l'indemnité *waydal* : 11 aux médiateurs et 1 au chef de la tribu de la victime « *waydal saga* » (vache destinée à la sépulture).

	➢ 12 vaches au titre de l'indemnité du sang versé (*qabal*); ➢ 12 vaches au titre de l'indemnité d'apaisement (*doroq*), ➢ 5 vaches au titre de l'indemnité *ximma* : 4 à la famille du défunt et 1 (*rooci saga*) au chef ayant présidé le processus de règlement de l'affaire de sang, ➢ 1 bœuf castré au titre de la réconciliation entre les parties (*gabâ xagsa*), ➢ 50 vaches au titre du prix du sang (*diyat*), ➢ 14 vaches au titre de l'indemnité pour acte réprouvé moralement et socialement (*ceele-wayto*).
Burqili	Homme (*lab num*) : ➢ 20 chèvres au titre de l'indemnité de constat du meurtre (*waydal alifu*), dues par la tribu ayant perdu un membre aux médiateurs ; ➢ 40 chèvres au titre de l'indemnité symbolique destinée à la tribu du défunt (*ximma*) ; ➢ 4 000 chèvres au titre du prix du sang (*diyat*). Femme (*say num*) : ➢ 20 chèvres au titre du *waydal alifu* (constat du meurtre), dues par la tribu ayant perdu un membre aux médiateurs, ➢ 40 chèvres au titre du *ximma*, dues à la tribu du défunt, ➢ 2 000 chèvres au titre du prix du sang (*diyat*). Femme enceinte (*soolima*) : ➢ 20 chèvres au titre du *waydal alifu* (constat du meurtre), dues par la tribu ayant perdu un membre aux médiateurs, ➢ 40 chèvres au titre du *ximma*, due à la tribu du défunt, ➢ 2 000 chèvres au titre du prix du sang (*diyat*),

	➢ 1 000 chèvres supplémentaires au titre du prix du sang pour l'enfant à naître (*bagut yani baxih diyat*).
Buxxutô baxa	Homme, adulte ou mineur (*lab num*) : ➢ 1 vache au titre de l'indemnité de constat du meurtre (*waydal alifu*), due par la tribu ayant perdu un membre aux médiateurs, ➢ 1 chamelle au titre du *ximma*, due à la tribu du défunt, ➢ 10 chamelles au titre du *fiddima* (indemnité aux médiateurs), ➢ 100 chamelles au titre du prix du sang (*diyat*). Femme, adulte ou mineure (*say num*) : ➢ 1 vache au titre de l'indemnité de constat du meurtre (*waydal alifu*), due par la tribu ayant perdu un membre à l'assemblée, ➢ 1 chamelle au titre de l'indemnité symbolique (*ximma*), due à la tribu du défunt, ➢ 5 chamelles au titre de l'indemnité accordée aux médiateurs ayant participé au règlement de l'affaire de sang (*fiddima*), ➢ 50 chamelles au titre du prix du sang (*diyat*). Femme enceinte : ➢ 1 vache au titre de l'indemnité de constat du meurtre (*waydal alifu*), due par la tribu ayant perdu un membre à l'assemblée, ➢ 1 chamelle au titre de l'indemnité symbolique (*ximma*), due à la tribu du défunt, ➢ 5 chamelles au titre de l'indemnité accordée aux médiateurs ayant participé au règlement de l'affaire de sang (*fiddima*), ➢ 50 chamelles au titre du prix du sang (*diyat*), ➢ 25 chamelles supplémentaires au titre du prix du sang pour l'enfant à naître (*bagut yan baxih diyat*).

Debnek-Weeqima	En cas de meurtre d'un homme [23], adulte (*lab num*) : ➢ 6 vaches au titre du *qarre* [24] (indemnité aux médiateurs), ➢ 5 vaches au titre du *ximma* (indemnité à la tribu du défunt), ➢ 1 vache par personne sous asile au titre du *buxxele* [25] (indemnité à la famille du défunt), ➢ 1 chamelle adulte (*bullaaqeh alá*) à la mère du défunt, en reconnaissance des soins et de l'accompagnement depuis l'enfance. En cas du meurtre d'une femme enceinte (*soolima*) : ➢ 6 vaches au titre du qarre (indemnité aux médiateurs), ➢ 5 vaches au titre du *ximma* (indemnité à la tribu du défunt), ➢ 2 vaches [26] par personne sous asile au titre du *buxxele* (indemnité à la famille du défunt), ➢ 1 chamelle adulte (*bullaaqeh alá*) à la mère du défunt, en reconnaissance des soins et de l'accompagnement depuis l'enfance.

[23] Dans le régime de *Debnek-Weeqima*, applicable à Awash, à l'extrême sud de la région afar en Éthiopie (voir la carte des zones de régimes du *Madqa*), le prix du sang d'une femme est fixé à l'équivalent de celui d'un homme, augmenté de moitié. Cette majoration s'explique par la représentation locale de la femme comme source de vie, assurant la procréation et la continuité du groupe humain, à l'instar du champ, qui assure sa subsistance.

[24] « *Biili qarret xiinaah, gaali seefat xiina* » (L'affaire de sang est mise en sommeil par le *qarre*, le chameau est définitivement vendu par le *seefa* versé aux témoins de la vente.) Ce proverbe illustre le rôle de l'indemnité « *qarre* » dans la résolution du crime de sang.

[25] Dans le régime Debnek-Weeqima, la mère du défunt reçoit, sur la globalité de l'indemnité « *buxxele* », dix (10) chamelles en sus d'une chamelle appelée « *bullaaqeh ala* » (litt. chamelle de la poussière). Cette dernière lui est versée en reconnaissance des soins prodigués à son enfant depuis la naissance jusqu'à l'adolescence. Le terme « poussière » *(bullaaqe)* évoque symboliquement les efforts et sacrifices maternels.

[26] Dans le cas d'une femme enceinte, l'indemnité *buxxele* est portée de 1 vache (pour un homme ou une femme non enceinte) à 2 vaches par personne sous asile, en raison du préjudice supplémentaire causé par la perte de l'enfant à naître.

	En cas du meurtre d'un(e) mineur(e) (*gileh yasuuli*) : ➢ 6 vaches au titre du *qarre* (indemnité aux médiateurs); ➢ 150 chamelles au titre du *ximma*, dont : • 10 *gilili* (chamelles tout juste pleines), • 10 *guddali* (chamelles en fin de gestation), • 10 *rakub-faxa* (jeunes chamelles en première chaleur), • les 120 restantes réglables en chèvres, vaches ou numéraire. ➢ 2 vaches par personne sous asile au titre du *buxxele,* ➢ 1 chamelle adulte (*bullaaqeh ala*) à la mère du défunt, en reconnaissance des soins et de l'accompagnement depuis l'enfance.

Article 109 : De l'homicide causé par un animal domestique

1. Lorsqu'un animal domestique tue une personne, les dispositions applicables varient selon la zone coutumière, ainsi qu'il suit :

Zone d'application des régimes	**Régimes de compensation, de réparation et de sanctions du *Madqa* selon la zone concernée**
Afkiqek-Maqad	➢ Indemnité due uniquement si le propriétaire était averti du danger de son animal
Bodoytâ meela	➢ Indemnité due uniquement si le propriétaire était averti du danger de son animal
Burqili	➢ Le propriétaire de l'animal responsable (*abeyna*) est tenu de le remettre à la famille du défunt.
Buxxutô baxa	➢ Le propriétaire de l'animal responsable (*abeyna*) est tenu de le remettre à la famille du défunt.
Debnek-Weeqima	➢ Le propriétaire de l'animal responsable du décès (*abeyna*) est tenu de le remettre à la famille du défunt.

Article 110 : Du meurtre entre contribules (*kedo*)

1. Lorsqu'une personne donne la mort à son contribule, c'est-à-dire à un membre de sa propre tribu, les règles suivantes s'appliquent :
a) conformément à l'adage « *Kedo sitta qiddaamah biilu sittal mali* » (Entre membres d'une même tribu, il n'y a pas de prix du sang), aucune indemnité de sang n'est due à la famille de la victime ;
b) l'auteur, s'il est un homme, est soumis à une sanction expiatoire (*qeeranna*) prononcée par l'autorité coutumière ;
c) l'auteur est tenu de s'exiler du territoire où il a commis le meurtre, conformément aux dispositions de l'article 105.
2. Dans la zone d'application du régime *Burqili*, par dérogation à l'alinéa 1, a) du présent article, l'auteur et sa famille sont tenus au versement intégral du prix du sang conformément à l'article 108, sauf renonciation expresse de la famille de la victime. L'exil est soumis aux mêmes conditions.
3. Pour un auteur mineur n'ayant pas atteint l'âge de la majorité fixé à l'article 103, alinéa 1, les alinéas 2 et 3 dudit article s'appliquent.
4. Lorsque l'auteur est une femme, les dispositions de l'article 103, alinéa 5, sont applicables.

Article 111 : De la cérémonie de réconciliation

1. Après le règlement intégral du prix du sang (*diyat*) conformément à l'article 108, la cérémonie de réconciliation, qui clôt définitivement la procédure de règlement du biilu, se déroule comme suit :
a) les hommes du clan du meurtrier demandent publiquement pardon en prononçant la formule rituelle :
« *Maroy Yallah cabay !* » (Ô assemblée ! Pardonnez au nom de Dieu !);
b) l'assemblée répond à son tour par la formule :
« *Yalli nek nabah !* » (Dieu est plus grand que nous !).
2. Cette cérémonie marque l'aboutissement du processus de réconciliation et la fin du conflit entre les parties.
3. Dans les sultanats de Tadjourah, Rahayto et Biru, la cérémonie constitue l'acte de désolidarisation mentionné à l'article 107.
4. Dans les autres zones, la cérémonie a lieu selon les mêmes formes, sans toutefois produire l'effet de désolidarisation.

Chapitre III : Des infractions envers les défunts

Article 112 : De la profanation du cadavre (*seelabu*)

1. La dignité du défunt est inviolable. Toute atteinte à cette dignité constitue une infraction, indépendamment de tout dommage matériel.
2. Constitue une profanation du cadavre le fait, pour toute personne, qu'elle ait ou non causé la mort d'autrui :
a) de s'approprier, dissimuler, détourner ou soustraire tout ou partie des biens, effets personnels ou valeurs appartenant à une personne décédée ;
b) de mutiler, défigurer, profaner ou traiter le corps de la personne décédée de manière indigne ou en violation des rites funéraires.
3. L'auteur de l'infraction est soumis aux mesures détaillées dans le tableau ci-après.
4. Si la personne qui a causé la mort profane également le cadavre de sa victime, les mesures prévues pour la profanation s'ajoutent aux réparations dues pour le meurtre, sans qu'aucune ne soit déduite ou absorbée par l'autre.

Zone d'application des régimes	**Régimes de compensation, de réparation et de sanctions du *Madqa* selon la zone concernée**
Afkiqek-Maqad	➢ 12 vaches en réparation de la profanation du corps.
Bodoytâ meela	➢ 12 vaches en réparation de la profanation du corps.
Burqili	➢ 120 chèvres en réparation de la profanation du corps.
Buxxutô baxa	➢ 12 vaches en réparation de la profanation du corps. ➢ 1 vache au titre de l'indemnité d'apaisement (*doroq*), ➢ 1 chèvre au titre de l'indemnité due aux médiateurs (*fiddima*).
Debnek-Weeqima	➢ 5 chamelles en réparation de la profanation du corps.

Article 113 : De l'abandon de corps

1. Constitue un abandon de corps le fait, pour toute personne, de laisser sans soins :

a) le corps d'une victime de ses actes ;
b) le corps d'une personne décédée retrouvée, en l'exposant à la destruction, à la profanation ou à tout traitement indigne.
2. L'infraction entraîne l'application des mesures prévues dans le tableau ci-après :

Zone d'application des régimes	**Régimes de compensation, de réparation et de sanctions du *Madqa* selon la zone concernée**
Afkiqek-Maqad	➢ 12 chamelles en réparation de l'abandon du corps du défunt, qualifié d'acte impie (*kaafiiranna* [27]).
Bodoytâ meela	➢ 12 vaches en réparation de l'abandon du corps du défunt, qualifié de *baruga* [28] (exposition aux vautours).
Burqili	➢ 120 chèvres en réparation de l'abandon du corps du défunt, qualifié de *baruga* (exposition aux vautours).
Buxxutô baxa	➢ 12 vaches en réparation de l'abandon du corps du défunt, qualifié de *baruga* (exposition aux vautours), ➢ 1 vache au titre de l'indemnité d'apaisement (*doroq*), ➢ 1 chèvre au titre de l'indemnité due aux médiateurs (*fiddima*).
Debnek-Weeqima	➢ 11 chamelles *guddali* (en fin de gestation) au titre de la réparation de l'abandon du corps du défunt, qualifié de *baruga* (exposition aux vautours) ; ➢ à défaut, 3 chèvres s'ajoutent à chaque chamelle fournie ;

[27] Depuis des siècles, la mémoire collective rapporte que les Afar ont subi les incursions de pillards *Waydarát* ou *Wajerat*, un peuple tigrignophone descendant des hautes terres. Qualifiés d'impies (*kaafir*) par les Afars du piémont éthiopien en raison de leurs actes barbares, ils illustrent la conception afar selon laquelle de tels comportements constituent un acte d'impiété (*kaafiiranna*) au regard du *Madqa*.
[28] Au regard du *Madqa*, le fait d'abandonner une dépouille à la merci des vautours est qualifié de « *baruga* », terme signifiant littéralement « charogne ».

	➢ 1 chamelle adulte (*bullaaqeh alá*) à la mère du défunt, en reconnaissance des soins et de l'accompagnement depuis l'enfance.

Chapitre IV : Des atteintes à l'intégrité physique (*xikca*)

Article 114 : Des indemnités symboliques et thérapeutiques

1. La gravité des atteintes corporelles s'apprécie selon la nature de l'atteinte, ses conséquences permanentes ou temporaires et les règles d'évaluation du *keexo*.
2. Toute atteinte physique entraîne l'application des indemnités symboliques et thérapeutiques prévues par le *Madqa* : reconnaissance de l'acte (*booda*), remède coutumier (*qeexo*), bouillon réparateur (*fuuta*) et indemnité d'apaisement (*doroq* ou *maruuso*).
3. Ces indemnités s'ajoutent aux réparations spécifiques attachées à chaque type d'atteinte, sans que les unes ne se confondent avec les autres.

Article 115 : De l'atteinte corporelle avec plaie

1. Constitue une atteinte corporelle avec plaie toute action par laquelle une personne cause à autrui, volontairement ou involontairement, une plaie visible, superficielle ou profonde, résultant d'un coup, d'une coupure, d'un choc ou de tout autre acte de violence.
2. Toute plaie est évaluée au moyen d'un bâtonnet de mesure (*caxxa*), dont la longueur de référence correspond, selon les régimes coutumiers applicables :
a) soit à la dernière phalange de l'index (*cangoysimeynâ maasayya*) ;
b) soit à la dernière phalange de l'auriculaire (*qunxa-feerah maasayya*).
3. L'auteur est tenu de réparer le préjudice causé ainsi qu'il suit :

Zone d'application des régimes	**Régimes de compensation, de réparation et de sanctions du *Madqa* selon la zone concernée**
Afkiqek-Maqad	➢ 1 chèvre au titre de la reconnaissance de l'acte et de l'engagement à le réparer (*booda*), ➢ 12 chèvres au titre du *bargaytu* pour retard de paiement du *booda* (dû immédiatement après l'effusion du sang),

	➢ 1 chèvre au titre de la compensation pour sang versé (*qabal-kaqalso*), ➢ 1 chèvre destinée à être égorgée et consommée en bouillon (*fuuta*) au profit de la victime, ➢ 1 mouton au titre de remède coutumier (*qeexo* [29]) ➢ 1 vache au titre du tort causé à autrui (*baatil*),, ➢ 1 vache au titre de l'indemnité d'apaisement (*doroq*), ➢ 1 vache par mesure du bâtonnet phalangien [30] (*caxxa*).
Bodoytâ meela	➢ 1 vache au titre du tort causé à autrui (*baatil*), ➢ 1 mouton destiné à être égorgée et consommée en bouillon (*fuuta, qeexo*) au profit de la victime, ➢ 1 vache par mesure du bâtonnet phalangien (*caxxa*).
Burqili	➢ 1 chèvre au titre de la compensation pour sang versé (*maskin*), ➢ 1 chèvre destinée à être égorgée et consommée en bouillon (*fuuta*) au profit de la victime, ➢ 12 chèvres au titre du tort causé à autrui (*baatil*), ➢ 2 chèvres au titre de l'apaisement (*bagi dooco*), soit une chèvre par personne impliquée dans le différend, ➢ 1 chèvre au titre de la compensation pour sang versé (*maskin*), ➢ 1 mouton au titre du remède coutumier (*qeexo*), ➢ 3 chèvres par mesure du bâtonnet phalangien (*caxxa*),

[29] « *Qeexo* » : indemnité thérapeutique en nature consistant en un mouton. L'animal est égorgé : le suif, fondu et administré chaud à la victime de l'atteinte physique, constitue le remède traditionnel ; la chair est consommée en bouillon (*fuuta*). Dans certaines zones, une chèvre supplémentaire est due au titre du bouillon.

[30] L'évaluation se fait au moyen d'un bâtonnet de mesure (*caxxa*), dont la longueur de référence varie selon les zones coutumières (dernière phalange de l'index ou de l'auriculaire), afin de mesurer la longueur et la circonférence d'une blessure, pour évaluer le quantum de la réparation due.

	➢ 1 chèvre au titre de la clôture de responsabilité (*baddi*-kalti [31]), due après guérison de la victime.
Buxxutô baxa	➢ 1 chèvre au titre de la reconnaissance de l'acte et de l'engagement à le réparer (*booda*), ➢ 12 chèvres au titre du *bargaytu* pour retard de paiement du *booda* (dû immédiatement après l'effusion du sang), ➢ 1 chèvre au titre de l'indemnité compensatoire pour le sang versé (*qabal-kaqalso*), ➢ 1 chèvre destinée à être égorgée et consommée en bouillon (*fuuta*) au profit de la victime, ➢ 1 mouton versé au titre de remède coutumier (*qeexo*) ➢ 1 vache au titre de l'indemnité d'apaisement (*doroq*), ➢ 1 chèvre au titre de l'indemnité due aux médiateurs (*fiddima*). ➢ 1 vache par mesure du bâtonnet phalangien (*caxxa*).
Debnek-Weeqima	➢ 1 chèvre [32] au titre de la reconnaissance de l'acte et de l'engagement à le réparer (*booda*), ➢ 6 chèvres au titre du *bargaytu* pour retard de paiement du *booda* (dû immédiatement après l'effusion du sang), ➢ 1 chèvre sur pied [33] au titre de l'indemnité compensatoire pour le sang versé, (*qabal-kaqalso*), ➢ 1 mouton versé au titre de remède coutumier (*qeexo*), ➢ 1 chèvre destinée à être égorgée et consommée en bouillon (*fuuta*) au profit de la victime, ➢ 1 vache par mesure du bâtonnet phalangien (*caxxa*).

[31] « *Baddi-kalti* » désigne une indemnité versée pour clore la responsabilité de l'auteur envers la victime (personne ou animal), après rétablissement ou restitution. Ce terme a pour synonyme « *merrê-kalti* ».

[32] Lorsqu'elle est fournie en nature, la chèvre doit être forte et robuste (*wakri-tankisi*).

[33] Lorsqu'on remplace cette chèvre par l'argent, elle équivaut : 12 000 fdj.

Article 116 : De l'atteinte par morsure (*aro*)

1. Lorsqu'une atteinte corporelle résulte d'une morsure, la réparation du préjudice est fixée de la manière suivante :

Zone d'application des régimes	Régimes de compensation, de réparation et de sanctions du *Madqa* selon la zone concernée
Afkiqek-Maqad	➢ 1 chèvre au titre de la reconnaissance de l'acte et de l'engagement à le réparer (*booda*), ➢ 1 vache au titre du tort causé à autrui (*baatil*), ➢ 1 vache au titre de l'indemnité d'apaisement (*doroq*), ➢ 1 vache par trace de dent.
Bodoytâ meela	➢ 1 vache au titre du tort causé à autrui (*baatil*), ➢ 1 mouton au titre de remède coutumier (*qeexo*), ➢ 1 vache par trace de dent.
Burqili	➢ 12 chèvres au titre du tort causé à autrui (*baatil*), ➢ 2 chèvres au titre de l'indemnité d'apaisement (*maruuso*), ➢ 1 chèvre par trace de dent, ➢ 1 chèvre au titre de la clôture de responsabilité (*baddi-kalti*), due après guérison de la victime.
Buxxutô baxa	➢ 1 vache au titre de l'indemnité d'apaisement (*doroq*), ➢ 1 mouton au titre de remède coutumier (*qeexo*), ➢ 1 chèvre au titre de l'indemnité due aux médiateurs (*fiddima*), ➢ 1 vache par trace de dent.
Debnek-Weeqima	➢ 1 chèvre au titre de la reconnaissance de l'acte et de l'engagement à le réparer (*booda*), ➢ 6 chèvres au titre du tort causé à autrui (*baatil*), ➢ 1 chèvre sur pied au titre de l'indemnité compensatoire pour le sang versé (*qabal-kaqalso*), ➢ 1 mouton versé au titre de remède coutumier (*qeexo*),

	➢ 1 vache au titre de l'indemnité d'apaisement (*doroq*), ➢ 1 vache par trace de dent.

Article 117 : Des atteintes causées à l'aide d'un ongle (*lifiq*)

1. Lorsqu'une atteinte résulte d'un ongle, l'auteur du délit est tenu de réparer le préjudice causé comme suit :

Zone d'application des régimes	**Régimes de compensation, de réparation et de sanctions du *Madqa* selon la zone concernée**
Afkiqek-Maqad	➢ 1 chèvre au titre de la reconnaissance de l'acte et de l'engagement à le réparer (*booda*), ➢ 1 vache au titre du tort causé à autrui (*baatil*), ➢ 1 vache au titre de l'indemnité d'apaisement (*doroq*), ➢ 1 chèvre en réparation du préjudice causé par une griffure avec un ongle.
Bodoytâ meela	➢ 1 vache au titre du tort causé à autrui (*baatil*), ➢ 1 chèvre en réparation du préjudice causé par une griffure avec un ongle.
Burqili	➢ 12 chèvres au titre du tort causé à autrui (*baatil*), ➢ 2 chèvres au titre de l'indemnité d'apaisement (*bagi dooco*), soit une chèvre par personne impliquée dans le différend, ➢ 6 chèvres en réparation du préjudice causé par une griffure avec un ongle, ➢ 1 chèvre au titre de la clôture de responsabilité (*baddi-kalti*), due après guérison de la victime.
Buxxutô baxa	➢ 1 vache au titre de l'indemnité d'apaisement (*doroq*), ➢ 1 chèvre au titre de l'indemnité due aux médiateurs (*fiddima*), ➢ 1 vache par mesure du bâtonnet phalangien (*caxxa*).

Debnek-Weeqima	➢ 1 vache au titre de l'indemnité d'apaisement (*doroq*), ➢ 1 vache au titre du tort causé à autrui (*baatil* [34]), ➢ 1 vache par mesure du bâtonnet phalangien. (*caxxa*).

Article 118 : De l'atteinte corporelle entraînant une bosse ou un hématome

1. Lorsqu'une atteinte corporelle entraîne la formation d'une bosse (*koom*) ou d'un hématome (*tummo*), résultant d'un choc, d'un coup ou de tout autre acte violent, sans ouverture de la peau, l'auteur du délit est tenu de réparer le préjudice causé de la manière suivante :

Zone d'application des régimes	**Régimes de compensation, de réparation et de sanctions du *Madqa* selon la zone concernée**
Afkiqek-Maqad	➢ 1 chèvre au titre de la reconnaissance de l'acte et de l'engagement à le réparer (*booda*), ➢ 1 vache au titre du tort causé à autrui (*baatil*), ➢ 1 vache au titre de l'indemnité d'apaisement (*doroq*), ➢ 6 chèvres en réparation du préjudice causé par une bosse ou un hématome résultant d'un coup.
Bodoytâ meela	➢ 1 vache au titre du tort causé à autrui (*umaane*), ➢ 3 chèvres en réparation du préjudice causé par une bosse ou un hématome résultant d'un coup.
Burqili	➢ 12 chèvres au titre du tort causé à autrui (*baatil*), ➢ 2 chèvres au titre de l'indemnité d'apaisement (*bagi dooco*), soit une chèvre par personne impliquée dans le différend, ➢ 6 chèvres en réparation du préjudice causé par une bosse ou un hématome résultant d'un coup, ➢ 1 chèvre au titre de la clôture de responsabilité (*baddi-kalti*), due après guérison de la victime.
Buxxutô baxa	➢ 1 chèvre au titre de la reconnaissance de l'acte et de l'engagement à le réparer (*booda*), ➢ 1 vache au titre de l'indemnité d'apaisement (*doroq*),

[34] Les femmes et les enfants sont dispensés de payer l'indemnité de baatil.

	➢ 1 chèvre au titre de l'indemnité due aux médiateurs (*fiddima*).
Debnek-Weeqima	➢ 1 chèvre au titre de la reconnaissance de l'acte et de l'engagement à le réparer (*booda*), ➢ 1 vache au titre du tort causé à autrui (*baatil*), ➢ 1 vache au titre de l'indemnité d'apaisement (*doroq*), ➢ 2 chèvres en réparation du préjudice causé par une bosse ou un hématome résultant d'un coup.

Article 119 : De la ventouse à saigner (*xur* ou *xuuro*)

1. La ventouse à saigner dans la tradition afar, est un instrument fabriqué à partir de corne de bœuf, utilisé pour extraire le sang coagulé d'une bosse résultant d'un coup ou d'un choc.
2. Tout dommage corporel causé par l'utilisation de la ventouse, consistant en une déchirure de la peau lors de l'extraction du sang coagulé, engage la responsabilité de l'auteur de l'agression, tenu d'en réparer le préjudice dans les conditions ci-après :

Zone d'application des régimes	**Régimes de compensation, de réparation et de sanctions du *Madqa* selon la zone concernée**
Afkiqek-Maqad	➢1 vache au titre du tort causé à autrui (*baatil*), ➢1 vache au titre de l'indemnité d'apaisement (*doroq*), ➢1 chèvre (*xurti reyta*) au titre de l'application de ventouses visant à extraire du sang coagulé.
Bodoytâ meela	➢Il n'est prévu aucune indemnité ou amende spécifique pour l'infraction ou l'action médicale concernée.
Burqili	➢12 chèvres au titre du tort causé à autrui (*baatil*), ➢2 chèvres au titre de l'indemnité d'apaisement (*bagi dooco*), soit une chèvre par personne impliquée dans le différend, ➢1 chèvre (*xurti reyta*) au titre de l'application de ventouses visant à extraire du sang coagulé, ➢12 chèvres pour hématome causé,

	➢1 chèvre au titre de la clôture de responsabilité (*baddi-kalti*), due après guérison de la victime.
Buxxutô baxa	➢1 chèvre au titre de la reconnaissance de l'acte et de l'engagement à le réparer *(booda*), ➢1 chèvre (*xurti reyta*) pour l'application de ventouses visant à extraire du sang coagulé, ➢1 chèvres au titre de l'indemnité d'apaisement (*doroq*).
Debnek-Weeqima	➢1 chèvre au titre de la reconnaissance de l'acte et de l'engagement à le réparer (*booda*), ➢1 chèvre (*xurti reyta*) au titre de l'application de ventouses visant à extraire du sang coagulé, ➢1 vache au titre du tort causé à autrui (*baatil*), ➢1 vache au titre de l'indemnité d'apaisement (*doroq*).

Article 120 : De la mutilation d'un doigt autre que le pouce

1. Toute mutilation d'un doigt autre que le pouce donne lieu à une indemnité fixée comme suit :

Zone d'application des régimes	**Régimes de compensation, de réparation et de sanctions du *Madqa* selon la zone concernée**
Afkiqek-Maqad	➢1 chèvre au titre de la reconnaissance de l'acte et de l'engagement à le réparer (*booda*), ➢1 vache au titre du tort causé à autrui (*baatil*), ➢1 vache au titre de l'indemnité d'apaisement (*doroq*), ➢1 chèvres au titre de l'indemnité compensatoire pour sang versé (*qabal-kaqalso*), ➢1 chèvre destinée à être égorgée et consommée en bouillon (*fuuta*) au profit de la victime, ➢1 mouton versé au titre de remède coutumier (*qeexo*), ➢10 vaches en réparation de la mutilation d'un doigt (autre que le pouce).
Bodoytâ meela	➢1 vache au titre du tort causé à autrui *(baatil*), ➢1 mouton destiné à être égorgée et consommée en bouillon (*fuuta, qeexo*) au profit de la victime,

	➢10 vaches en réparation de la mutilation de l'auriculaire (*qunxa-feera*), ➢14 vaches en réparation de la mutilation du majeur (*xer-feera* ou *muxxuta*), ➢15 vaches en réparation de la mutilation de l'index (*cangoseyna*), ➢13 vaches en réparation de la mutilation de l'annulaire (*fangexa*).
Burqili	➢12 chèvres au titre du tort causé à autrui (*baatil*), ➢1 chèvre au titre de l'indemnité compensatoire pour le sang versé (*maskin*), ➢1 chèvre destinée à être égorgée et consommée en bouillon (*fuuta*) au profit de la victime, ➢1 mouton versé au titre de remède coutumier (*fuuta, qeexo*) ➢2 chèvres au titre de l'indemnité d'apaisement (*bagi dooco*), soit une chèvre par personne impliquée dans le différend, ➢80 chèvres en réparation de la mutilation de l'auriculaire (*qunxa-feera*), ➢40 chèvres en réparation de la mutilation du majeur (*xer-feera, muxxuta*), ➢40 chèvres en réparation de la mutilation de l'index (*cangoseyna*), ➢40 chèvres en réparation de la mutilation de l'annulaire (*fangexa*), ➢1 chèvre au titre de la clôture de responsabilité (*baddi-kalti*), due après guérison de la victime.
Buxxutô baxa	➢ 1 chèvre versée en reconnaissance de l'acte et en engagement à le réparer (*booda*), ➢1 vache au titre du tort causé à autrui (*baatil*), ➢1 mouton destiné à être égorgée et consommée en bouillon (*fuuta*, *qeexo*) au profit de la victime, ➢1 mouton versé au titre de remède coutumier (*qeexo*) ➢1 chèvre au titre de l'indemnité compensatoire pour le sang versé (*maskin*), ➢1 vache au titre de l'indemnité d'apaisement (*doroq*),

	➢1 chèvre, au titre de l'indemnité due aux médiateurs (*fiddima*), ➢12 vaches en réparation de la mutilation d'un doigt, quelle qu'en soit la nature.
Debnek-Weeqima	➢1 chèvre versée en reconnaissance de l'acte et en engagement à le réparer (*booda*), ➢1 chèvre au titre de l'indemnité compensatoire pour le sang versé (*qabal-kaqalso*), ➢1 vache au titre du tort causé à autrui (*baatil*), ➢1 vache au titre de l'indemnité d'apaisement (*doroq*), ➢1 chèvre destinée à être égorgée et consommée en bouillon (*fuuta*) au profit de la victime, ➢1 mouton versé au titre de remède coutumier (*qeexo*), ➢3 chamelles par mesure du bâtonnet phalangien (*caxxa*).

Article 121 : De la mutilation du pouce

1. Toute mutilation du pouce donne lieu à une indemnité fixée ainsi qu'il suit :

Zone d'application des régimes	**Régimes de compensation, de réparation et de sanctions du *Madqa* selon la zone concernée**
Afkiqek-Maqad	➢1 chèvre versée en reconnaissance de l'acte et en engagement à le réparer (*booda*), ➢1 vache au titre du tort causé à autrui (*baatil*), ➢1 vache au titre de l'indemnité d'apaisement (*doroq*), ➢1 chèvres au titre de l'indemnité compensatoire pour sang versé (*qabal-kaqalso*), ➢1 chèvre destinée à être égorgée et consommée en bouillon (*fuuta*) au profit de la victime, ➢1 mouton versé au titre de remède coutumier (*qeexo*), ➢12 vaches en réparation de la mutilation du pouce.
Bodoytâ meela	➢1 vache au titre du tort causé à autrui (*baatil*),

	➢1 mouton destiné à être égorgée et consommée en bouillon (*fuuta, qeexo*) au profit de la victime, ➢12 vaches en réparation de la mutilation du pouce.
Burqili	➢12 chèvres au titre du tort causé à autrui (*baatil*), ➢1 chèvre au titre de l'indemnité compensatoire pour le sang versé (*maskin*), ➢1 chèvre, destinée à être égorgée et consommée en bouillon (*fuuta*) au profit de la victime, ➢1 mouton versé au titre de remède coutumier (*qeexo*), ➢2 chèvres au titre de l'indemnité d'apaisement (*bagi dooco*), soit une chèvre par personne impliquée dans le différend, ➢200 chèvres en réparation de la mutilation du pouce à sa base, ➢80 chèvres en réparation de la mutilation partielle du pouce (base intacte), ➢1 chèvre au titre de la clôture de responsabilité (*baddi-kalti*), due après guérison de la victime.
Buxxutô baxa	➢1 chèvre versée en reconnaissance de l'acte et en engagement à le réparer (*booda*), ➢1 vache au titre du tort causé à autrui (*baatil*), ➢1 mouton destiné à être égorgée et consommée en bouillon (*fuuta*) au profit de la victime, ➢1 chèvre au titre de l'indemnité compensatoire pour le sang versé *(maskin*), ➢1 mouton versé au titre de remède coutumier (*qeexo*) ➢1 vache au titre de l'indemnité d'apaisement (*doroq*), ➢1 chèvre au titre de l'indemnité due aux médiateurs (*fiddima*), ➢3 vaches en réparation de la mutilation du pouce.
Debnek-Weeqima	➢1 chèvre versée en reconnaissance de l'acte et en engagement à le réparer (*booda*), ➢1 chèvre au titre de l'indemnité compensatoire pour le sang versé (*qabal-kaqalso*), ➢1 vache au titre du tort causé à autrui (*baatil*),

	➢1 vache au titre de l'indemnité d'apaisement (*doroq*). ➢1 chèvre destinée à être égorgée et consommée en bouillon (*fuuta*) au profit de la victime, ➢1 mouton versé au titre de remède coutumier (*qeexo*), ➢25 chameaux en réparation de la mutilation du pouce.

Article 122 : De la mutilation de tous les doigts d'une main

1. Toute mutilation de l'ensemble des doigts d'une main est réparée conformément au tableau ci-après :

Zone d'application des régimes	**Régimes de compensation, de réparation et de sanctions du *Madqa* selon la zone concernée**
Afkiqek-Maqad	➢1 chèvre versée en reconnaissance de l'acte et en engagement à le réparer (*booda*), ➢1 chèvre au titre de l'indemnité compensatoire pour le sang versé (*qabal-kaqalso*), ➢1 vache au titre du tort causé à autrui (*baatil*), ➢1 vache au titre de l'indemnité d'apaisement (*doroq*), ➢1 mouton versé au titre de remède coutumier (*qeexo*), ➢50 vaches en réparation de la mutilation de l'ensemble des doigts.
Bodoytâ meela	➢1 vache au titre du tort causé à autrui (*baatil*), ➢1 mouton destiné à être égorgée et consommée en bouillon (*fuuta*) au profit de la victime, ➢24 vaches en réparation de la mutilation de l'ensemble des doigts.
Burqili	➢12 chèvres au titre du tort causé à autrui (*baatil*), ➢1 chèvre, au titre de l'indemnité compensatoire pour le sang versé (*maskin*), ➢1 chèvre, destinée à être égorgée et consommée en bouillon (*fuuta*) au profit de la victime, ➢1 mouton versé au titre de remède coutumier (*qeexo*),

	➢2 chèvres au titre de l'indemnité d'apaisement (*bagi dooco*), soit une chèvre par personne impliquée dans le différend, ➢1000 chèvres en réparation de la mutilation de l'ensemble des doigts, ➢1 chèvre au titre de la clôture de responsabilité (*baddi-kalti*), due après guérison de la victime.
Buxxutô baxa	➢1 chèvre versée en reconnaissance de l'acte et en engagement à le réparer (*booda*), ➢1 vache au titre du tort causé à autrui (baatil), ➢1 mouton versé au titre de remède coutumier (*qeexo*), ➢1 chèvre au titre de l'indemnité compensatoire pour le sang versé (*maskin*), ➢92 vaches en réparation de la mutilation de l'ensemble des doigts.
Debnek-Weeqima	➢1 vache au titre du tort causé à autrui (*baatil*), ➢1 vache au titre de l'indemnité d'apaisement (*doroq*), ➢1 chèvre destinée à être égorgée et consommée en bouillon (*fuuta*) au profit de la victime, ➢1 mouton versé au titre de remède coutumier (*qeexo*), ➢25 chameaux en réparation de la mutilation de l'ensemble des doigts.

Article 123 : De la perte des deux mains

1. Lorsqu'une personne subit la perte de ses deux mains, l'auteur du délit est tenu de réparer le préjudice causé selon les modalités suivantes :

Zone d'application des régimes	**Régimes de compensation, de réparation et de sanctions du *Madqa* selon la zone concernée**
Afkiqek-Maqad	➢ 1 chèvre versée en reconnaissance de l'acte et en engagement à le réparer (*booda*), ➢ 1 vache au titre du tort causé à autrui (*baatil*), ➢ 1 vache au titre de l'indemnité d'apaisement (*doroq*),

	➢ 1 mouton versé au titre de remède coutumier *(qeexo)*, ➢ 50 vaches en réparation de la mutilation des deux mains.
Bodoytâ meela	➢ 1 vache au titre du tort causé à autrui (*baatil*), ➢ 1 mouton destiné à être égorgée et consommée en bouillon (*fuuta*) au profit de la victime, ➢ 50 vaches en réparation de la mutilation des deux mains.
Burqili	➢ 12 chèvres au titre du tort causé à autrui (*baatil*), ➢ 1 chèvre, au titre de l'indemnité compensatoire pour le sang versé (*maskin*) ➢ 1 chèvre, destinée à être égorgée et consommée en bouillon (*fuuta*) au profit de la victime, ➢ 1 mouton versé au titre de remède coutumier (*qeexo*), ➢ 2 chèvres au titre de l'indemnité d'apaisement (*bagi dooco*), soit une chèvre par personne impliquée dans le différend, ➢ 50 chamelles en réparation de la mutilation des deux mains, ➢ 1 chèvre au titre de la clôture de responsabilité (*baddi-kalti*), due après guérison de la victime.
Buxxutô baxa	➢ 1 chèvre versée en reconnaissance de l'acte et en engagement à le réparer (*booda*), ➢ 1 vache au titre du tort causé à autrui *(baatil*), ➢ 1 mouton destiné à être égorgée et consommée en bouillon (*fuuta, qeexo*) au profit de la victime, ➢ 1 chèvre au titre de l'indemnité compensatoire pour le sang versé (*maskin*), ➢ 50 chamelles en réparation de la mutilation des deux mains.
Debnek-Weeqima	➢ 12 chèvres au titre du tort causé à autrui (*baatil*), ➢ 2 vaches au titre de l'indemnité d'apaisement (*doroq*), ➢ 1 chèvre destinée à être égorgée et consommée en bouillon (*fuuta*) au profit de la victime,

	➢ 1 mouton versé au titre de remède coutumier (*qeexo*), ➢ 5 chameaux au titre de l'indemnité (*ximma*) destinée à la tribu de la victime, ➢ 75 chameaux en réparation de la mutilation des deux mains, ➢ 1 chameau par an, à vie, au titre de l'handicap (*erkellâ rakub*).

Article 124 : De la mutilation d'un ou de l'ensemble des orteils (*ibi feeraari*)

1. Lorsqu'une personne subit la mutilation d'un ou de l'ensemble des orteils, l'auteur du délit est tenu de réparer le préjudice causé conformément au tableau ci-après :

Zone d'application des régimes	**Régimes de compensation, de réparation et de sanctions du *Madqa* selon la zone concernée**
Afkiqek-Maqad	➢1 chèvre versée en reconnaissance de l'acte et en engagement à le réparer (*booda*), ➢1 vache au titre du tort causé à autrui (*baatil*), ➢1 vache au titre de l'indemnité d'apaisement (*doroq*), ➢1 chèvre destinée à être égorgée et consommée en bouillon (*fuuta*) au profit de la victime, ➢1 mouton versé au titre de remède coutumier (*qeexo*), ➢12 vaches en réparation de la mutilation de l'ensemble des orteils.
Bodoytâ meela	➢1 vache au titre du tort causé à autrui (*baatil*), ➢1 mouton destiné à être égorgée et consommée en bouillon (*fuuta*) au profit de la victime, ➢6 vaches en réparation de la mutilation de l'ensemble des orteils.
Burqili	➢12 chèvres au titre du tort causé à autrui (*baatil*), ➢1 chèvre, au titre de l'indemnité compensatoire pour le sang versé (*maskin*), ➢1 chèvre destinée à être égorgée et consommée en bouillon (*fuuta*) au profit de la victime,

	➢1 mouton versé au titre de remède coutumier (*qeexo*), ➢10 chèvres au titre de l'indemnité alimentaire (*xaalta*), destinées à la victime, ➢2 chèvres au titre de l'indemnité d'apaisement (*bagi dooco*), soit une chèvre par personne impliquée dans le différend, ➢80 chèvres en réparation de la mutilation du gros orteil, ➢40 chèvres en réparation de la mutilation des autres orteils, ➢1 chèvres au titre de la clôture de responsabilité (*baddi-kalti*), due après guérison de la victime.
Buxxutô baxa	➢1 chèvre versée en reconnaissance de l'acte et en engagement à le réparer (*booda*), ➢1 vache au titre du tort causé à autrui (*baatil*), ➢1 mouton destiné à être égorgée et consommée en bouillon (*fuuta, qeexo*) au profit de la victime, ➢1 chèvre au titre de l'indemnité compensatoire pour le sang versé (*maskin*), ➢3 vaches en réparation de la mutilation d'un orteil.
Debnek-Weeqima	➢1 chèvre versée en reconnaissance de l'acte et en engagement à le réparer (*booda*), ➢1 chèvre sur pied au titre de l'indemnité compensatoire pour le sang versé (*qabal-kaqalso*), ➢1 vache au titre du tort causé à autrui (*baatil*), ➢1 vache au au titre de l'indemnité d'apaisement (*doroq*), ➢1 chèvre destinée à être égorgée et consommée en bouillon (*fuuta*) au profit de la victime, ➢1 mouton versé au titre de remède coutumier (*qeexo*), ➢3 chameaux par mesure du bâtonnet phalangien (*caxxa*).

Article 125 : De la mutilation d'un membre inférieur

1. Lorsqu'il y a mutilation d'un membre inférieur, l'auteur du délit est tenu de réparer le préjudice causé ainsi qu'il suit :

Zone d'application des régimes	**Régimes de compensation, de réparation et de sanctions du *Madqa* selon la zone concernée**
Afkiqek-Maqad	➢1 chèvre versée en reconnaissance de l'acte et en engagement à le réparer (*booda*), ➢1 vache au titre du tort causé à autrui (baatil), ➢1 vache au titre de l'indemnité d'apaisement (*doroq*), ➢1 mouton versé au titre de remède coutumier (*qeexo*), ➢25 vaches en réparation de la mutilation d'un membre inférieur.
Bodoytâ meela	➢1 vache au titre du tort causé à autrui (*baatil*), ➢1 mouton destiné à être égorgée et consommée en bouillon (*fuuta*) au profit de la victime, ➢25 vaches en réparation de la mutilation d'un membre inférieur.
Burqili	➢12 chèvres au titre du tort causé à autrui (*baatil*), ➢1 chèvre au titre de l'indemnité compensatoire pour le sang versé (*maskin*), ➢1 chèvre, destinée à être égorgée et consommée en bouillon (*fuuta*) au profit de la victime, ➢1 mouton versé au titre de remède coutumier (*qeexo*), ➢10 chèvres au titre de l'indemnité alimentaire (*xaalta*), destinées à la victime, ➢2 chèvres au titre de l'indemnité d'apaisement (*bagi dooco*), soit une chèvre par personne impliquée dans le différend, ➢1 chameau pour le transport d'une victime en situation de handicap (*koori rakub*), ➢1 chamelle est donnée à la victime en pleine et entière propriété (*qarreyti*), ➢200 chèvres en réparation de la mutilation d'un membre inférieur,

	➢1 chèvres au titre de la clôture de responsabilité (*baddi-kalti*), due après guérison de la victime.
Buxxutô baxa	➢1 chèvre versée en reconnaissance de l'acte et en engagement à le réparer (*booda*), ➢1 vache au titre du tort causé à autrui (*baatil*), ➢1 chèvre au titre de l'indemnité compensatoire pour le sang versé (*maskin*), ➢1 mouton destiné à être égorgée et consommée en bouillon (*fuuta, qeexo*) au profit de la victime, ➢25 chamelles en réparation de la mutilation d'un membre inférieur.
Debnek-Weeqima	➢1 chèvre versée en reconnaissance de l'acte et en engagement à le réparer (*booda*), ➢1 vache au titre du tort causé à autrui (*baatil*), ➢1 vache au titre de l'indemnité d'apaisement (*doroq*), ➢1 chèvre, destinée à être égorgée et consommée en bouillon (*fuuta*) au profit de la victime, ➢1 mouton versé au titre de remède coutumier (*qeexo*), ➢25 chamelles en réparation de la mutilation d'un membre inférieur, ➢1 chameau par an, à vie, au titre de l'handicap (*erkellâ rakub*).

Article 126 : De la mutilation de deux membres inférieurs

1. En cas de mutilation de deux membres inférieurs, l'auteur du délit est tenu de réparer le préjudice causé comme suit :

Zone d'application des régimes	**Régimes de compensation, de réparation et de sanctions du *Madqa* selon la zone concernée**
Afkiqek-Maqad	➢ 1 chèvre versée en reconnaissance de l'acte et en engagement à le réparer (*booda*), ➢ 1 vache au titre du tort causé à autrui (*baatil*), ➢ 1 vache au titre de l'indemnité d'apaisement (*doroq*), ➢ 1 mouton versé au titre de remède coutumier (*qeexo*),

	➢ 50 vaches en réparation de la mutilation des deux membres inférieurs.
Bodoytâ meela	➢ 1 vache au titre du tort causé à autrui (*baatil*), ➢ 1 mouton destiné à être égorgée et consommée en bouillon (*fuuta*) au profit de la victime, ➢ 50 vaches en réparation de la mutilation des deux membres inférieurs.
Burqili	➢ 12 chèvres au titre du tort causé à autrui (*baatil*), ➢ 1 chèvre, au titre de l'indemnité compensatoire pour le sang versé (*maskin*), ➢ 1 chèvre destinée à être égorgée et consommée en bouillon (*fuuta*) au profit de la victime, ➢ 1 mouton versé au titre de remède coutumier (*qeexo*), ➢ 10 chèvres au titre de l'indemnité alimentaire (*xaalta*), destinées à la victime, ➢ 2 chèvres au titre de l'indemnité d'apaisement (*bagi dooco*), soit une chèvre par personne impliquée dans le différend, ➢ 1 chameau pour le transport d'une victime en situation de handicap (*koori rakub*), ➢ 1 chamelle à la victime en pleine et entière propriété (*qarreyti*), ➢ 4000 chèvres en réparation de la mutilation des deux membres inférieurs, ➢ 1 chèvres au titre de la clôture de responsabilité (*baddi-kalti*), due après guérison de la victime.
Buxxutô baxa	➢ 1 chèvre versée en reconnaissance de l'acte et en engagement à le réparer (*booda*), ➢ 1 vache au titre du tort causé à autrui (*baatil*), ➢ 1 chèvre au titre de l'indemnité compensatoire pour le sang versé (*maskin*), ➢ 1 mouton destiné à être égorgée et consommée en bouillon (*fuuta, qeexo*) au profit de la victime, ➢ 50 vaches en réparation de la mutilation des deux membres inférieurs.
Debnek-Weeqima	➢ 1 chèvre versée en reconnaissance de l'acte et en engagement à le réparer (*booda*), ➢ 1 vache au titre du tort causé à autrui (*baatil*),

	➢ 1 vache au titre de l'indemnité d'apaisement (*doroq*), ➢ 1 chèvre, destinée à être égorgée et consommée en bouillon (*fuuta*) au profit de la victime, ➢ 1 mouton versé au titre de remède coutumier (*qeexo*), ➢ 1 chameau par an, à vie, au titre de l'handicap (*erkellâ rakub*), ➢ 75 chameaux en réparation de la mutilation des deux membres inférieurs, ➢ 5 chameaux au titre de l'indemnité (*ximma*) destinée à la tribu de la victime, ➢ 1 chameau par an, à vie, au titre de l'handicap (*erkellâ rakub*).

Article 127 : De la fracture de membres supérieurs ou inférieurs

1. Après un délai nécessaire à la consolidation, fixé comme suit :

a) un an pour un os à moelle jaune (*qado xuc le lafa*) ;

b) trois ans pour un os à moelle rouge (*qasa xuc le lafa*) ;

2. la fracture est évaluée par les *Makaaban*.

3. Toute personne reconnue coupable d'avoir causé une fracture est tenue de réparer le préjudice causé ainsi qu'il suit :

Zone d'application des régimes	**Régimes de compensation, de réparation et de sanctions du *Madqa* selon la zone concernée**
Afkiqek-Maqad	➢ 1 chèvre versée en reconnaissance de l'acte et en engagement à le réparer (*booda*), ➢ 1 vache au titre du tort causé à autrui (*baatil*), ➢ 1 vache au titre de l'indemnité d'apaisement (*doroq*), ➢ 1 mouton versé au titre de remède coutumier (*qeexo*), ➢ 1 vache en réparation de la fracture causée, ➢ 1 vache au titre de l'indemnité pour préjudice esthétique (*qaxbayis*) lorsque la fracture entraîne la formation d'un cal osseux (*gamra*).
Bodoytâ meela	➢ 1 vache au titre du tort causé à autrui (*baatil*), ➢ 1 mouton destiné à être égorgée et consommée en bouillon (*fuuta*) au profit de la victime,

	➢1 vache en réparation de la fracture causée, ➢1 vache au titre de la réparation en cas de recasse du cal osseux consécutive à une fracture.
Burqili	➢12 chèvres au titre du tort causé à autrui (*baatil*), ➢1 chèvre, au titre de l'indemnité compensatoire pour le sang versé (maskin) ➢1 chèvre destinée à être égorgée et consommée en bouillon (*fuuta*) au profit de la victime, ➢1 mouton versé au titre de remède coutumier (*qeexo*), ➢10 chèvres au titre de l'indemnité alimentaire (*xaalta*), destinées à la victime, ➢2 chèvres au titre de l'indemnité d'apaisement (*bagi dooco*), soit une chèvre par personne impliquée dans le différend, ➢40 chèvres en réparation de la fracture causée, ➢10 chèvres au titre de l'indemnité pour préjudice esthétique (*qaxbayis*) lorsque la fracture entraîne la formation d'un cal osseux (*gamra*). ➢1 chèvres au titre de la clôture de responsabilité (*baddi-kalti*), due après guérison de la victime.
Buxxutô baxa	➢1 chèvre versée en reconnaissance de l'acte et en engagement à le réparer (*booda*), ➢1 vache au titre du tort causé à autrui (*baatil*), ➢1 chèvre au titre de l'indemnité compensatoire pour le sang versé *(maskin*), ➢1 mouton destiné à être égorgée et consommée en bouillon (*fuuta, qeexo*) au profit de la victime, ➢1 vache en réparation de la fracture causée, ➢1 vache au titre de l'indemnité pour préjudice esthétique (*qaxbayis*) lorsque la fracture entraîne la formation d'un cal osseux (*gamra*).
Debnek-Weeqima	➢1 chèvre versée en reconnaissance de l'acte et en engagement à le réparer *(booda*), ➢1 vache au titre du tort causé à autrui (*baatil*), ➢1 chèvre sur pied au titre de l'indemnité compensatoire pour le sang versé, (*qabal-kaqalso*), ➢1 vache au titre de l'indemnité d'apaisement (*doroq*),

	➢1 chèvre destinée à être égorgée et consommée en bouillon (fuuta) au profit de la victime, ➢1 mouton versé au titre de remède coutumier (*qeexo*), ➢1 chamelle en réparation de la fracture causée, ou 1 chamelle par mesure du bâtonnet phalangien en cas de blessure ouverte ou de formation d'un cal osseux (*gamra*).

Article 128 : Des atteintes aux os de la partie intime

1. Lorsqu'une fracture affecte un os de la partie intime, tel que le bassin (*kamuusi*, *meqe-lafa*) ou le coccyx (*geerale*), l'auteur de l'atteinte est tenu, en sus du dédommagement global, de réparer le préjudice porté à la pudeur et à l'intimité ainsi qu'il suit :

Zone d'application des régimes	**Régimes de compensation, de réparation et de sanctions du *Madqa* selon la zone concernée**
Afkiqek-Maqad	➢1 vache au titre du préjudice porté à la pudeur et à l'intimité (*qawrat fako*).
Bodoytâ meela	➢Aucune indemnité n'est prévue pour le préjudice porté à la pudeur et à l'intimité.
Burqili	➢25 chèvres au titre du préjudice porté à la pudeur et à l'intimité (*qawrat fako*).
Buxxutô baxa	➢12 vaches au titre du préjudice porté à la pudeur et à l'intimité (*qawrat fako*).
Debnek-Weeqima	➢5 chamelles au titre du préjudice porté à la pudeur et à l'intimité (*qawrat fako*).

Article 129 : De la fracture d'une ou des côte(s) *(masangale)*

1. En cas de fracture d'une ou plusieurs côtes, l'auteur de l'atteinte est tenu de réparer le préjudice subi de la manière suivante :

Zone d'application des régimes	**Régimes de compensation, de réparation et de sanctions du *Madqa* selon la zone concernée**
Afkiqek-Maqad	➢1 chèvre versée en reconnaissance de l'acte et en engagement à le réparer (*booda*), ➢1 vache au titre du tort causé à autrui (*baatil*), ➢1 vache au titre de l'indemnité d'apaisement (*doroq*),

	➢ 1 mouton versé au titre de remède coutumier (*qeexo*), ➢ 1 vache en réparation de la fracture d'une côte, ➢ 1 vache au titre de l'indemnité pour préjudice esthétique (*qaxbayis*) lorsque la fracture entraîne la formation d'un cal osseux (*gamra*).
Bodoytâ meela	➢ 1 vache au titre du tort causé à autrui (*baatil*), ➢ 1 mouton destiné à être égorgée et consommée en bouillon (*fuuta*) au profit de la victime, ➢ 1 vache en réparation de la fracture d'une côte, ➢ 1 vache au titre de l'indemnité pour préjudice esthétique (*qaxbayis*) lorsque la fracture entraîne la formation d'un cal osseux (*gamra*).
Burqili	➢ 12 chèvres au titre du tort causé à autrui (*baatil*), ➢ 1 chèvre au titre de l'indemnité compensatoire pour le sang versé (*maskin*), ➢ 1 chèvre destinée à être égorgée et consommée en bouillon (*fuuta*) au profit de la victime, ➢ 1 mouton versé au titre de remède coutumier (*qeexo*), ➢ 10 chèvres au titre de l'indemnité alimentaire (*xaalta*), destinées à la victime, ➢ 2 chèvres au titre de l'indemnité d'apaisement (*bagi dooco*), soit une chèvre par personne impliquée dans le différend, ➢ 40 chèvres en réparation de la fracture d'une côte, ➢ 10 chèvres au titre de l'indemnité pour préjudice esthétique (*qaxbayis*) lorsque la fracture entraîne la formation d'un cal osseux (*gamra*), ➢ 1 chèvres au titre de la clôture de responsabilité (*baddi-kalti*), due après guérison de la victime.
Buxxutô baxa	➢ 1 chèvre versée en reconnaissance de l'acte et en engagement à le réparer (*booda*), ➢ 1 chèvre au titre de l'indemnité compensatoire pour le sang versé (*maskin*), ➢ 1 vache au titre du tort causé à autrui (*baatil*),

	➢ 1 mouton destiné à être égorgée et consommée en bouillon (*fuuta*) au profit de la victime, ➢ 1 vache en réparation de la fracture d'une côte, ➢ 1 vache au titre de l'indemnité pour préjudice esthétique (*qaxbayis*) lorsque la fracture entraîne la formation d'un cal osseux (*gamra*).
Debnek-Weeqima	➢ 1 chèvre versée en reconnaissance de l'acte et en engagement à le réparer (*booda*), ➢ 1 vache au titre du tort causé à autrui (*baatil*), ➢ 1 vache au titre de l'indemnité d'apaisement (*doroq*), ➢ 1 chèvre destinée à être égorgée et consommée en bouillon (*fuuta*) au profit de la victime, ➢ 1 mouton versé au titre de remède coutumier (*qeexo*), ➢ 1 chamelle pour toute fracture simple, sans blessure ouverte ni formation d'un cal osseux (*gamra*), ➢ 1 chamelle par mesure du bâtonnet phalangien (*caxxa*) en cas de blessure ouverte ou de formation d'un cal osseux.

Article 130 : De l'atteinte à la région cervicale ou aux vertèbres dorsales

1. Toute paralysie affectant la région cervicale (*filla*) ou les vertèbres dorsales (*landi*) qui empêche durablement une personne de se tenir debout, de se redresser ou de maintenir une posture érigée est considérée comme une incapacité permanente.
2. Cette incapacité donne droit à réparation du préjudice selon les modalités suivantes :

Zone d'application des régimes	**Régimes de compensation, de réparation et de sanctions du *Madqa* selon la zone concernée**
Afkiqek-Maqad	➢ 1 chèvre versée en reconnaissance de l'acte et en engagement à le réparer (*booda*), ➢ 1 vache au titre du tort causé à autrui (*baatil*), ➢ 1 vache au titre de l'indemnité d'apaisement (*doroq*), ➢ 50 vaches réparation de la paralysie cervicale,

	➢ 1 vache au titre de la clôture de responsabilité (*baddi-kalti*), due après guérison de la victime.
Bodoytâ meela	➢ 1 vache au titre du tort causé à autrui (*baatil*), ➢ 1 mouton destiné à être égorgée et consommée en bouillon (*fuuta*) au profit de la victime, ➢ 50 vaches en réparation de la paralysie cervicale.
Burqili	➢ 12 chèvres au titre du tort causé à autrui (*baatil*), ➢ 1 chèvre au titre de l'indemnité compensatoire pour le sang versé (*maskin*), ➢ 1 chèvre destinée à être égorgée et consommée en bouillon (*fuuta*) au profit de la victime, ➢ 1 mouton versé au titre de remède coutumier (*qeexo*), ➢ 10 chèvres au titre de l'indemnité alimentaire (*xaalta*), destinées à la victime, ➢ 2 chèvres au titre de l'indemnité d'apaisement (*bagi dooco*), soit une chèvre par personne impliquée dans le différend, ➢ chameau pour le transport d'une victime en situation de handicap (*koori rakub*), ➢ 1 chamelle à la victime en pleine et entière propriété (*qarreyti*), ➢ 200 chèvres réparation de la paralysie cervicale, ➢ 1 chèvre au titre de la clôture de responsabilité (*baddi-kalti*), due après guérison de la victime.

Buxxutô baxa	➢ 1 chèvre versée en reconnaissance de l'acte et en engagement à le réparer (*booda*), ➢ 1 chèvre au titre de l'indemnité compensatoire pour le sang versé (*maskin*), ➢ 1 vache au titre du tort causé à autrui (*baatil*), ➢ 1 mouton destiné à être égorgée et consommée en bouillon (*fuuta, qeexo*) au profit de la victime, ➢ 50 chamelles en réparation de la paralysie cervicale.
Debnek-Weeqima	➢ 5 chameaux au titre de l'indemnité (*ximma*) destinée à la tribu de la victime, ➢ 75 chameaux en réparation de la paralysie cervicale, ➢ 1 chameau par an, à vie, au titre de l'handicap (*erkellâ rakub*).

Article 131 : Des blessures à risque vital (*rabi qeebi*)

1. Sont réputées mettre la vie en danger les blessures portant atteinte aux parties suivantes :

a) ventre (*bagu*), de l'ombilic jusqu'au creux à la base du cou (*kaxkaxxo*);

b) os nasal (*sonkoroorac*) ;

c) crâne (*cangalxala*) ;

d) cœur (*wanna*), en cas de lésion du cœur.

2. Toute atteinte à l'une de ces parties est considérée comme potentiellement mortelle.

3. En sus de la réparation globale, l'auteur de l'atteinte est tenu de réparer le préjudice subi ainsi qu'il suit :

Zone d'application des régimes	**Régimes de compensation, de réparation et de sanctions du *Madqa* selon la zone concernée**
Afkiqek-Maqad	➢ Toute blessure à risque vital est assimilé(e) à toute autre atteinte corporelle.
Bodoytâ meela	➢ Toute blessure à risque vital est assimilé(e) à toute autre atteinte corporelle.
Burqili	➢ 30 chèvres en réparation d'un coup à risque vital, ➢ 1 chèvre au titre de la clôture de responsabilité (*baddi-kalti*), due après guérison de la victime.

Buxxutô baxa	➢ 12 vaches en réparation d'un coup à risque vital.
Debnek-Weeqima	➢ 5 chameaux en réparation d'un coup à risque vital.

Article 132 : De l'atteinte à l'oeil

1. Lorsqu'un oeil est crevé, le préjudice subi est fixé de la manière suivante :

Zone d'application des régimes	**Régimes de compensation, de réparation et de sanctions du *Madqa* selon la zone concernée**
Afkiqek-Maqad	➢ 1 chèvre versée en reconnaissance de l'acte et en engagement à le réparer (*booda*), ➢ 1 vache au titre du tort causé à autrui (*baatil*), ➢ 1 vache au titre de l'indemnité d'apaisement (*doroq*), ➢ 1 mouton versé au titre de remède coutumier (*qeexo*), ➢ 1 vache pour un coup porté à l'œil, ➢ 1 vache pour œil rougi, ➢ 1 vache au titre de la clôture de responsabilité (*baddi- kalti*), due après guérison de la victime. ➢ 50 vaches en réparation de la perte d'un œil.
Bodoytâ meela	➢ 1 vache au titre du tort causé à autrui (*baatil*), ➢ 1 mouton destiné à être égorgée et consommée en bouillon (*fuuta, qeexo*) au profit de la victime, ➢ 1 mouton destiné à être égorgée et consommée enbouillon (*fuuta*) au profit de la victime, ➢ 50 vaches en réparation de la perte d'un œil.
Burqili	➢ 12 chèvres au titre du tort causé à autrui (*baatil*), ➢ 1 chèvre, au titre de l'indemnité compensatoire pour le sang versé (*maskin*), ➢ 1 chèvre, destinée à être égorgée et consommée en bouillon (*fuuta*) au profit de la victime, ➢ 1 mouton versé au titre de remède coutumier (*qeexo*),

	➢ 10 chèvres dites *xaalta*, destinées à la consommationde la victime, ➢ 2 chèvres au titre de l'indemnité d'apaisement (*bagi dooco*), soit une chèvre par personne impliquée dans ledifférend, ➢ 1000 chèvres en réparation de la perte d'un œil, ➢ 10 chèvres au titre de l'indemnité pour préjudiceesthétique (*qaxbayis*) résultant de la cavité oculaire (*gonna*). ➢ 1 chèvre au titre de la clôture de responsabilité (*baddi-kalti*), due après guérison de la victime.
Buxxutô baxa	➢ 1 vache au titre du tort causé à autrui (*baatil*), ➢ 1 chèvre au titre de l'indemnité compensatoire pour lesang versé (*maskin*), ➢ 1 mouton destiné à être égorgée et consommée en bouillon (*fuuta*) au profit de la victime, ➢ 1 vache au titre de l'indemnité d'apaisement (*doroq*), ➢ 1 chèvre au titre de l'indemnité due aux médiateurs (*fiddima*), ➢ 1 mouton destiné à être égorgée et consommée en bouillon (*fuuta*) au profit de la victime, ➢ 1 vaches au titre de l'indemnité pour préjudice esthétique (*qaxbayis*) résultant de la cavité oculaire (*gonna*). ➢ 25 chamelles en réparation de la perte d'un œil.
Debnek-Weeqima	➢ 1 chèvre versée en reconnaissance de l'acte et enengagement à le réparer (*booda*), ➢ 1 chèvre au titre de l'indemnité compensatoire pour lesang versé (*qabal-kaqalso*), ➢ 1 vache au titre du tort causé à autrui (*baatil*), ➢ 1 vache au titre de l'indemnité d'apaisement (*doroq*), ➢ 1 chèvre destinée à être égorgée et consommée enbouillon (*fuuta*) au profit de la victime, ➢ 1 mouton versé au titre de remède coutumier (*qeexo*),

	➢ 25 chamelles en réparation de la perte d'un œil, ➢ 1 chamelle au titre de l'indemnité pour préjudice esthétique (*qaxbayis*) résultant de la perte d'un œil.

Article 133 : De la perte de la vue sans crevaison de l'œil

1. La perte de la vue sans atteinte anatomique ouvre droit à réparation au titre du seul préjudice fonctionnel, selon les mêmes modalités que celles prévues à l'article 132 pour ce préjudice. Aucune indemnité pour préjudice esthétique n'est due.

Article 134 : De l'atteinte aux deux yeux

1. Lorsqu'une personne subit une atteinte aux deux yeux, l'auteur du délit est tenu de réparer le préjudice subi ainsi qu'il suit :

Zone d'application des régimes	**Régimes de compensation, de réparation et de sanctions du *Madqa* selon la zone concernée**
Afkiqek-Maqad	➢1 chèvre versée en reconnaissance de l'acte et en engagement à le réparer (*booda*), ➢1 vache au titre du tort causé à autrui (*baatil*), ➢1 vache au titre de l'indemnité d'apaisement (*doroq*), ➢1 mouton versé au titre de remède coutumier (*qeexo*), ➢100 vaches en réparation de la perte des deux yeux, ➢1 vache au titre de l'indemnité pour préjudice esthétique (*qaxbayis*) résultant de la cavité oculaire (*gonna*), ➢1 vache au titre de la clôture de responsabilité (*baddi-kalti*), due après guérison de la victime.
Bodoytâ meela	➢1 vache au titre du tort causé à autrui (baatil), ➢1 mouton destiné à être égorgée et consommée en bouillon (*fuuta*) au profit de la victime, ➢1 mouton destiné à être égorgée et consommée en bouillon (*fuuta, qeexo*) au profit de la victime, ➢100 vaches en réparation de la perte des deux yeux.

Burqili	➢12 chèvres au titre du tort causé à autrui (*baatil*), ➢1 chèvre, au titre de l'indemnité compensatoire pour le sang versé (*maskin*), ➢1 chèvre destinée à être égorgée et consommée en bouillon (*fuuta*) au profit de la victime, ➢1 mouton versé au titre de remède coutumier (*qeexo*), ➢1 vache au titre de la clôture de responsabilité (*baddi-kalti*), due après guérison de la victime, ➢2 chèvres au titre de l'indemnité d'apaisement (*bagi dooco*), soit une chèvre par personne impliquée dans le différend, ➢1 chameau pour le transport d'une victime en situation de handicap (*koori rakub*), ➢1 chamelle à la victime en pleine et entière propriété (*qarreyti*), ➢2000 chèvres en réparation de la perte des deux yeux, ➢10 chèvres au titre de l'indemnité pour préjudice esthétique (*qaxbayis*) résultant de la cavité oculaire (*gonna*). ➢1 chèvre au titre de la clôture de responsabilité (*baddi-kalti*), due après guérison de la victime.
Buxxutô baxa	➢1 vache au titre du tort causé à autrui (*baatil*), ➢1 mouton destiné à être égorgée et consommée en bouillon (*fuuta, qeexo*) au profit de la victime, ➢1 vache au titre de l'indemnité d'apaisement (*doroq*), ➢1 chèvre, au titre de l'indemnité due aux médiateurs (*fiddima*), ➢2 vaches [35] au titre de l'indemnité pour préjudice esthétique (*qaxbayis*) résultant de la cavité oculaire (*gonna*). ➢50 chamelles en réparation de la perte des deux yeux.
Debnek-Weeqima	➢50 chameaux en réparation de la perte des deux yeux,

[35] Une vache est due pour chaque cavité oculaire (*gonna*).

	➢1 chamelle au titre de l'indemnité pour préjudice esthétique (*qaxbayis*) résultant de la perte des deux yeux, ➢1 chameau par an, à vie, au titre de l'handicap (*erkellâ rakub*).

Article 135 : De la mutilation d'une oreille externe (*iroh ayti*)

1. En cas de mutilation d'une oreille externe, l'auteur du délit est tenu de réparer le préjudice subi de la manière suivante :

Zone d'application des régimes	**Régimes de compensation, de réparation et de sanctions du *Madqa* selon la zone concernée**
Afkiqek-Maqad	➢1 chèvre versée en reconnaissance de l'acte et en engagement à le réparer (*booda*), ➢1 vache au titre du tort causé à autrui (*baatil*), ➢1 vache au titre de l'indemnité d'apaisement (*doroq*), ➢1 mouton versé au titre de remède coutumier (*qeexo*), ➢1 vache en réparation de la mutilation de l'hélix (*ayti-galbo*), ➢12 vaches en réparation de la mutilation du tragus (*oro*), ➢1 vache au titre de l'indemnité pour le préjudice esthétique (*qaxbayis*) résultant de la mutilation de l'hélix (*aytî-galbo*), ➢1 vache au titre de la clôture de responsabilité (*baddi-kalti*), due après guérison de la victime.
Bodoytâ meela	➢1 vache au titre du tort causé à autrui (*umaane*), ➢1 mouton destiné à être égorgée et consommée en bouillon (*fuuta, qeexo*) au profit de la victime, ➢12 vache en réparation de la mutilation de l'hélix *(aytî-galbo)*, ➢1 vache au titre de l'indemnité pour préjudice esthétique (*qaxbayis*) résultant de la mutilation de l'hélix.
Burqili	➢12 chèvres au titre du tort causé à autrui (*baatil*), ➢1 chèvre au titre de l'indemnité compensatoire pour le sang versé (*maskin*),

	➢1 chèvre destinée à être égorgée et consommée en bouillon (*fuuta*) au profit de la victime, ➢1 mouton versé au titre de remède coutumier (*qeexo*), ➢2 chèvres au titre de l'indemnité d'apaisement (*bagi dooco*), soit une chèvre par personne impliquée dans le différend, ➢40 chèvres en réparation de la mutilation du hélix (*aytî-galbo*), ➢1 chèvre au titre de la clôture de responsabilité (*baddi-kalti*), due après guérison de la victime. En cas de mutilation du tragus (*oro*) : ➢200 chèvres en réparation de la mutilation du tragus.
Buxxutô baxa	➢1 vache au titre de l'indemnité d'apaisement (*doroq*), ➢1 chèvre, au titre de l'indemnité due aux médiateurs (*fiddima*), ➢1 mouton destiné à être égorgée et consommée en bouillon (*fuuta, qeexo*) au profit de la victime, ➢1 vache par mesure du bâtonnet phalangien (*cuxxa*), ➢1 vache au titre de l'indemnité pour préjudice esthétique (*qaxbayis*) résultant de la mutilation de l'hélix ou du trugus. En cas de mutilation du trugus (*oro*) : ➢5 chamelles en réparation de la mutilation du tragus.
Debnek-Weeqima	➢1 chèvre versée en reconnaissance de l'acte et en engagement à le réparer (*booda*), ➢1 vache au titre du tort causé à autrui (*baatil*), ➢1 vache au titre de l'indemnité d'apaisement (*doroq*), ➢1 chèvres au titre de l'indemnité compensatoire pour sang versé (*qabal-kaqalso*), ➢1 chèvre destinée à être égorgée et consommée en bouillon (*fuuta*) au profit de la victime, ➢1 mouton versé au titre de remède coutumier (*qeexo*),

	➢1 chamelle par mesure du bâtonnet phalangien (*caxxa*), ➢1 chamelle au titre de l'indemnité pour préjudice esthétique (*qaxbayis*) résultant de la mutilation de l'hélix.

Article 136 : De l'atteinte à une oreille entraînant la perte de l'audition

1. En cas d'atteinte à une oreille entraînant la perte de l'audition, l'auteur du délit est tenu de réparer le préjudice causé comme suit :

Zone d'application des régimes	Régimes de compensation, de réparation et de sanctions du *Madqa* selon la zone concernée
Afkiqek-Maqad	➢1 chèvre versée en reconnaissance de l'acte et en engagement à le réparer (*booda*), ➢1 vache au titre du tort causé à autrui (*baatil*), ➢1 vache au titre de l'indemnité d'apaisement (*doroq*), ➢25 vaches en réparation de la perte de l'audition, ➢1 vache au titre de la clôture de responsabilité (*baddi-kalti*), due après guérison de la victime.
Bodoytâ meela	➢1 vache au titre du tort causé à autrui (*umaane*), ➢25 vaches en réparation de la perte de l'audition.
Burqili	➢12 chèvres au titre du tort causé à autrui (*baatil*), ➢2 chèvres au titre de l'indemnité d'apaisement (*bagi dooco*), soit une chèvre par personne impliquée dans le différend, ➢1000 chèvres en réparation de la perte de l'audition, ➢1 chèvre au titre de la clôture de responsabilité (baddi-kalti), due après guérison de la victime.
Buxxutô baxa	➢1 vache au titre de l'indemnité d'apaisement (*doroq*), ➢1 chèvre, au titre de l'indemnité due aux médiateurs (*fiddima*), ➢25 chamelles en réparation de la perte de l'audition.

Debnek-Weeqima	➢ 1 chèvre versée en reconnaissance de l'acte et en engagement à le réparer (*booda*), ➢ 1 vache au titre du tort causé à autrui (*baatil*), ➢ 1 vache au titre de l'indemnité d'apaisement (*doroq*), ➢ 25 chamelles en réparation de la perte de l'audition.

Article 137 : De l'atteinte à la langue

1. En cas d'atteinte à la langue entraînant la perte de la parole, l'auteur du délit est tenu de réparer le préjudice subi selon les modalités suivantes :

Zone d'application des régimes	**Régimes de compensation, de réparation et de sanctions du *Madqa* selon la zone concernée**
Afkiqek-Maqad	➢ 1 chèvre versée en reconnaissance de l'acte et en engagement à le réparer (*booda*), ➢ 1 vache au titre du tort causé à autrui (*baatil*), ➢ 1 vache au titre de l'indemnité d'apaisement (*doroq*), ➢ 1 mouton versé au titre de remède coutumier (*qeexo*), ➢ 1 chèvres au titre de l'indemnité compensatoire pour sang versé (*qabal-kaqalso*), ➢ 50 vaches en réparation de la mutilation de la langue, ➢ 1 chèvre au titre de la clôture de responsabilité (*baddi-kalti*), due après guérison de la victime.
Bodoytâ meela	➢ 1 vache au titre du tort causé à autrui (*umaane*), ➢ 1 mouton destiné à être égorgée et consommée en bouillon (*fuuta, qeexo*) au profit de la victime, ➢ 50 vaches en réparation de la mutilation de la langue.
Burqili	➢ 12 chèvres au titre du tort causé à autrui (*baatil*), ➢ 1 chèvre au titre de l'indemnité compensatoire pour le sang versé (*maskin*), ➢ 1 chèvre, destinée à être égorgée et consommée en bouillon (*fuuta*) au profit de la victime,

	➢ 1 mouton versé au titre de remède coutumier (*qeexo*), ➢ 2 chèvres au titre de l'indemnité d'apaisement (*bagi dooco*), soit une chèvre par personne impliquée dans le différend, ➢ 2 000 chèvres en réparation de la mutilation de la langue, ➢ 1 chèvre au titre de la clôture de responsabilité (*baddi-kalti*), due après guérison de la victime.
Buxxutô baxa	➢ 1 vache au titre du tort causé à autrui (*baatil*), ➢ 1 chèvre au titre de l'indemnité compensatoire pour le sang versé (*maskin*), ➢ 1 mouton destiné à être égorgée et consommée en bouillon (*fuuta, qeexo*) au profit de la victime, ➢ 1 vache au titre de l'indemnité d'apaisement (*doroq*), ➢ 1 chèvre, au titre de l'indemnité due aux médiateurs (*fiddima*), ➢ 50 chamelles en réparation de la mutilation de la langue.
Debnek-Weeqima	➢ 1 chèvre versée en reconnaissance de l'acte et en engagement à le réparer (*booda*), ➢ 1 chèvres au titre de l'indemnité compensatoire pour sang versé (*qabal-kaqalso*), ➢ 1 vache au titre du tort causé à autrui (*baatil*), ➢ 1 vache au titre de l'indemnité d'apaisement (*doroq*), ➢ 50 chameaux en réparation de la mutilation de la langue.

Article 138 : De l'atteinte au nez

1. En cas d'atteinte au nez entraînant une altération permanente de son intégrité, telle qu'une mutilation partielle ou une déformation grave, l'auteur du délit est tenu de réparer le préjudice subi ci-après :

Zone d'application des régimes	**Régimes de compensation, de réparation et de sanctions du *Madqa* selon la zone concernée**
Afkiqek-Maqad	➢1 chèvre versée en reconnaissance de l'acte et en engagement à le réparer (*booda*),

	➢1 vache au titre du tort causé à autrui (*baatil*), ➢1 vache au titre de l'indemnité d'apaisement (*doroq*), ➢1 mouton versé au titre de remède coutumier (*qeexo*), ➢1 chèvres au titre de l'indemnité compensatoire pour sang versé (*qabal-kaqalso*), ➢1 vache au titre de l'indemnité pour préjudice esthétique (*qaxbayis*) résultant de la mutilation du nez, ➢12 vaches en réparation de la mutilation du nez, ➢1 vache au titre de la clôture de responsabilité (*baddi-kalti*), due après guérison de la victime.
Bodoytâ meela	➢1 vache au titre du tort causé à autrui (*baatil*), ➢1 vache au titre du tort causé à autrui (*umaane*), ➢1 mouton au titre de remède coutumier (*fuuta*, *qeexo*) au profit de la victime, ➢1 vache en réparation de la mutilation du nez, ➢1 vache au titre de l'indemnité pour préjudice esthétique (*qaxbayis*) résultant de la mutilation du nez.
Burqili	➢12 chèvres au titre du tort causé à autrui (*baatil*), ➢1 chèvre au titre de l'indemnité compensatoire pour le sang versé (*maskin*), ➢1 chèvre destinée à être égorgée et consommée en bouillon (*fuuta*) au profit de la victime, ➢1 mouton versé au titre de remède coutumier (*qeexo*), ➢2 chèvres au titre de l'indemnité d'apaisement (*bagi dooco*), soit une chèvre par personne impliquée dans le différend, ➢200 chèvres en réparation de la mutilation du nez, ➢10 chèvres au titre de l'indemnité pour préjudice esthétique (*qaxbayis*) résultant de la mutilation du nez, ➢1 chèvre au titre de la clôture de responsabilité (*baddi-kalti*), due après guérison de la victime.
Buxxutô baxa	➢1 vache au titre du tort causé à autrui (*baatil*),

	➢1 chèvre au titre de l'indemnité compensatoire pour le sang versé (*maskin*), ➢1 mouton destiné à être égorgée et consommée en bouillon (*fuuta*) au profit de la victime, ➢1 vache au titre de l'indemnité d'apaisement (*doroq*), ➢1 chèvre, au titre de l'indemnité due aux médiateurs (*fiddima*), ➢1 vache pour chaque bâtonnet phalangien (*caxxa*), ➢1 vache au titre de l'indemnité pour préjudice esthétique (*qaxbayis*) résultant de la mutilation du nez.
Debnek-Weeqima	➢1 chèvre versée en reconnaissance de l'acte et en engagement à le réparer (*booda*), ➢1 chèvre au titre de l'indemnité compensatoire pour le sang versé (*qabal-kaqalso*), ➢1 vache au titre du tort causé à autrui (*baatil*), ➢1 vache au titre l'apaisement (*doroq*), ➢1 mouton versé au titre de remède coutumier (*qeexo*), ➢1 chèvre destinée à être égorgée et consommée en bouillon (*fuuta*) au profit de la victime, ➢1 chamelle par mesure du bâtonnet phalangien (*caxxa*), ➢1 chamelle au titre de l'indemnité pour préjudice esthétique (*qaxbayis*) résultant de l'atteinte au nez.

Article 139 : De l'atteinte aux lèvres

1. En cas d'atteinte aux lèvres, l'auteur du délit est tenu de réparer le préjudice subi dans les conditions suivantes :

Zone d'application des régimes	**Régimes de compensation, de réparation et de sanctions du *Madqa* selon la zone concernée**
Afkiqek-Maqad	➢1 chèvre versée en reconnaissance de l'acte et en engagement à le réparer (*booda*), ➢1 vache au titre du tort causé à autrui (*baatil*),

	➢1 vache au titre de l'indemnité d'apaisement (*doroq*), ➢1 mouton versé au titre de remède coutumier (*qeexo*), ➢1 chèvres au titre de l'indemnité compensatoire pour sang versé (*qabal-kaqalso*), En cas de mutilation de la lèvre supérieure : ➢12 vaches dues pour la réparation de la mutilation de la lèvre supérieure. En cas de mutilation de la lèvre inférieure : ➢25 vaches en réparation de la mutiation de la lèvre inférieure, ➢1 vache au titre de l'indemnité pour préjudice esthétique (*qaxbayis*) résultant de la mutilation de la lèvre inférieure, ➢1 vache au titre de la clôture de responsabilité (*baddi-kalti*), due après guérison de la victime.
Bodoytâ meela	➢1 vache au titre du tort causé à autrui (*umaane*), ➢1 mouton destiné à être égorgée et consommée en bouillon (*fuuta*) au profit de la victime, ➢1 vache par mesure du bâtonnet phalangien (*cuxxu*), ➢1 vache au titre de l'indemnité pour préjudice esthétique (*qaxbayis*) résultant de la mutilation d'une lèvre.
Burqili	➢12 chèvres au titre du tort causé à autrui (*baatil*), ➢1 chèvre au titre de l'indemnité compensatoire pour le sang versé (*maskin*), ➢1 chèvre, destinée à être égorgée et consommée en bouillon (*fuuta*) au profit de la victime, ➢1 mouton versé au titre de remède coutumier (*qeexo*), ➢2 chèvres au titre de l'indemnité d'apaisement (*bagi dooco*), soit une chèvre par personne impliquée dans le différend, ➢160 chèvres en réparation de la mutilation d'une lèvre, ➢1 chèvre au titre de la clôture de responsabilité (*baddi-kalti*), due après guérison de la victime.
Buxxutô baxa	➢1 vache au titre du tort causé à autrui (*baatil*),

	➢ 1 chèvre au titre de l'indemnité compensatoire pour le sang versé (*maskin*), ➢ 1 mouton destiné à être égorgée et consommée en bouillon (*fuuta*) au profit de la victime, ➢ 1 vache au titre de l'indemnité d'apaisement (*doroq*), ➢ 1 chèvre au titre de l'indemnité due aux médiateurs (*fiddima*), ➢ 1 vache par mesure du bâtonnet phalangien (*caxxa*), ➢ 1 vache au titre de l'indemnité pour préjudice esthétique (*qaxbayis*) résultant de l'atteinte d'une lèvre.
Debnek-Weeqima	➢ 1 chèvre versée en reconnaissance de l'acte et en engagement à le réparer (*booda*), ➢ 1 chèvre au titre de l'indemnité compensatoire pour le sang versé (*qabal-kaqalso*), ➢ 1 vache au titre du tort causé à autrui (*baatil*), ➢ 1 vache au titre de l'indemnité d'apaisement (*doroq*), ➢ 1 mouton versé au titre de remède coutumier (*qeexo*) ➢ 1 chèvre destinée à être égorgée et consommée en bouillon (*fuuta*) au profit de la victime, ➢ 1 chamelle par mesure du bâtonnet phalangien (*caxxa*), ➢ 1 chamelle au titre de l'indemnité pour préjudice esthétique (*qaxbayis*) résultant de l'atteinte d'une lèvre.

Article 140 : De l'atteinte aux fesses (*salaf*)

1. En cas d'atteinte aux fesses, qu'il s'agisse d'une plaie superficielle, d'une plaie profonde, d'une plaie par percement ou d'une mutilation totale ou partielle, l'auteur du délit est tenu de réparer le préjudice subi conformément au tableau ci-après :

Zone d'application des régimes	Régimes de compensation, de réparation et de sanctions du *Madqa* selon la zone concernée
Afkiqek-Maqad	➢1 chèvre versée en reconnaissance de l'acte et en engagement à le réparer (*booda*), ➢1 chèvres au titre de l'indemnité compensatoire pour sang versé (*qabal-kaqalso*), ➢1 vache au titre du tort causé à autrui (*baatil*), ➢1 vache au titre de l'indemnité d'apaisement (*doroq*), ➢1 mouton versé au titre de remède coutumier (*qeexo*), ➢1 vache en réparation du préjudice porté à la pudeur et à l'intimité (*qawrat fako*), En cas de mutilation : ➢1 vache par mesure du bâtonnet phalangien (*caxxa*), En cas de plaie par percement au moyen d'un objet pointu : ➢1 vache en réparation de l'atteinte à la fesse, ➢1 chèvre au titre de la clôture de responsabilité (*baddi-kalti*), due après guérison de la victime.
Bodoytâ meela	➢1 vache au titre du tort causé à autrui (*umaane*), ➢1 mouton destiné à être égorgée et consommée en bouillon (*fuuta, qeexo*) au profit de la victime, ➢1 vache par mesure du bâtonnet phalangien (*caxxa*).
Burqili	➢12 chèvres au titre du tort causé à autrui (*baatil*), ➢1 chèvre au titre de l'indemnité compensatoire pour le sang versé (*maskin*), ➢1 chèvre destinée à être égorgée et consommée en bouillon (*fuuta*) au profit de la victime, ➢1 mouton versé au titre de remède coutumier (*qeexo*),

	➢2 chèvres au titre de l'indemnité d'apaisement (*bagi dooco*), soit une chèvre par personne impliquée dans le différend, ➢70 chèvres en réparation de l'atteinte à la fesse, ➢25 chèvres au titre du préjudice porté à la pudeur et à l'intimité (*qawrat fako*), ➢1 chèvre au titre de la clôture de responsabilité (baddi-kalti), due après guérison de la victime.
Buxxutô baxa	➢1 vache au titre du tort causé à autrui (*baatil*), ➢1 chèvre au titre de l'indemnité compensatoire pour le sang versé (*maskin*), ➢1 mouton destiné à être égorgée et consommée en bouillon (*fuuta, qeexo*) au profit de la victime, ➢1 vache au titre de l'indemnité d'apaisement (*doroq*), ➢1 chèvre au titre de l'indemnité due aux médiateurs (*fiddima*), En cas de mutilation : ➢1 vache par mesure du bâtonnet phalangien (*caxxa*), En cas de lésion par percement au moyen d'un objet pointu : ➢1 vache en réparation de l'atteinte à la fesse, ➢12 vaches au titre du préjudice porté à la pudeur et à l'intimité (*qawrat fako*).
Debnek-Weeqima	➢1 chèvre versée en reconnaissance de l'acte et en engagement à le réparer (*booda*), ➢1 chèvre au titre de l'indemnité compensatoire pour le sang versé (*qabal-kaqalso*), ➢1 vache au titre du tort causé à autrui (*baatil*), ➢1 vache au titre de l'indemnité d'apaisement (*doroq*), ➢1 mouton versé au titre de remède coutumier (*qeexo*), ➢1 chèvre destinée à être égorgée et consommée en bouillon (*fuuta*) au profit de la victime, ➢1 chamelle par mesure du bâtonnet phalangien (*caxxa*),

	➢ 5 chamelles dues au titre du préjudice porté à la pudeur et à l'intimité (*qawrat fako*).

Article 141 : De la mutilation du verge (*seelabu*)

1. En cas de mutilation totale ou partielle du verge, l'auteur du délit est tenu de réparer le préjudice subi selon les modalités suivantes :

Zone d'application des régimes	**Régimes de compensation, de réparation et de sanctions du *Madqa* selon la zone concernée**
Afkiqek-Maqad	➢ 1 chèvre versée en reconnaissance de l'acte et en engagement à le réparer (*booda*), ➢ 1 chèvres au titre de l'indemnité compensatoire pour sang versé (*qabal-kaqalso*), ➢ 1 vache au titre du tort causé à autrui (*baatil*), ➢ 1 vache au titre de l'indemnité d'apaisement (*doroq*), ➢ 1 mouton versé au titre de remède coutumier (*qeexo*), ➢ 12 vaches en réparation de la mutilation du verge (*seelabu*), ➢ 1 vache en réparation du préjudice porté à la pudeur et à l'intimité (*qawrat fako*), ➢ 1 vache au titre de la clôture de responsabilité (*baddi-kalti*), due après guérison de la victime.
Bodoytâ meela	➢ 1 vache au titre du tort causé à autrui (*umaane*), ➢ 1 mouton destiné à être égorgée et consommée en bouillon (*fuuta*) au profit de la victime, ➢ 50 vaches en réparation de la mutilation du verge (*seelabu*).
Burqili	➢ 12 chèvres au titre du tort causé à autrui (*baatil*), ➢ 1 chèvre au titre de l'indemnité compensatoire pour le sang versé (*maskin*), ➢ 1 chèvre destinée à être égorgée et consommée en bouillon (*fuuta*) au profit de la victime, ➢ 1 mouton versé au titre de remède coutumier (*qeexo*),

	➢ 2 chèvres au titre de l'indemnité d'apaisement (*bagi dooco*), soit une chèvre par personne impliquée dans le différend, ➢ 1000 chèvres en réparation de la mutilation du verge (*seelabu*), ➢ 25 chèvres en réparation du préjudice porté à la pudeur et à l'intimité (*qawrat fako*), ➢ 1 chèvre au titre de la clôture de responsabilité (*baddi-kalti*), due après guérison de la victime.
Buxxutô baxa	➢ 1 vache au titre du tort causé à autrui (*umaane*), ➢ 1 mouton destiné à être égorgée et consommée en bouillon (*fuuta*) au profit de la victime, ➢ 12 chamelles pour l'acte impie (*kaafiiranna*), à savoir la mutiliation du verge, ➢ 25 chamelles en réparation de la mutilation du verge (*seelabu*).
Debnek-Weeqima	➢ 1 chèvre versée en reconnaissance de l'acte et en engagement à le réparer (*booda*), ➢ 1 chèvre au titre de l'indemnité compensatoire pour le sang versé (*qabal-kaqalso*), ➢ 1 vache au titre du tort causé à autrui (*baatil*), ➢ 1 vache au titre de l'indemnité d'apaisement (*doroq*), ➢ 1 mouton versé au titre de remède coutumier (*qeexo*), ➢ 1 chèvre destinée à être égorgée et consommée en bouillon (*fuuta*) au profit de la victime, ➢ 1 chamelle par mesure du bâtonnet phalangien[36] (*caxxa*), ➢ 5 chamelles en réparation du préjudice porté à la pudeur et à l'intimité (*qawrat fako*).

Article 142 : De la mutilation d'un testicule

1. En cas de mutilation partielle ou totale d'un testicule, l'auteur du délit est tenu de réparer le préjudice subi ainsi qu'il suit :

[36] Selon le régime de Debnek-Weeqima, la mutilation du verge est évaluée par un fil tendu du talus à l'extrémité du gros orteil, divisé en segments d'un bâtonnet (*caxxa*). Chaque segment donne lieu à une indemnité d'une vache.

Zone d'application des régimes	Régimes de compensation, de réparation et de sanctions du *Madqa* selon la zone concernée
Afkiqek-Maqad	➤ 1 chèvre versée en reconnaissance de l'acte et en engagement à le réparer (*booda*), ➤ 1 chèvres au titre de l'indemnité compensatoire pour sang versé (*qabal-kaqalso*), ➤ 1 vache au titre du tort causé à autrui (*baatil*), ➤ 1 vache au titre de l'indemnité d'apaisement (*doroq*), ➤ 1 mouton versé au titre de remède coutumier (*qeexo*), ➤ 12 vaches en réparation de la mutilation d'un testicule ➤ 1 vache pour le préjudice porté à la pudeur et à l'intimité (*qawrat fako*), ➤ 1 vache au titre de la clôture de responsabilité (*baddi-kalti*), due après guérison de la victime.
Bodoytâ meela	➤ 1 vache au titre du tort causé à autrui (*baatil*), ➤ 1 mouton destiné à être égorgée et consommée en bouillon (*fuuta*) au profit de la victime, ➤ 50 vaches en réparation de la mutilation d'un testicule.
Burqili	➤ 12 chèvres au titre du tort causé à autrui (baatil), ➤ 1 chèvre au titre de l'indemnité compensatoire pour le sang versé (*maskin*), ➤ 1 chèvre, destinée à être égorgée et consommée en bouillon (*fuuta*) au profit de la victime, ➤ 1 mouton versé au titre de remède coutumier (qeexo), ➤ 2 chèvres au titre de l'indemnité d'apaisement (*bagi dooco*), soit une chèvre par personne impliquée dans le différend, ➤ 500 chèvres en réparation de la mutilation d'un testicule, ➤ 25 chèvres pour le préjudice porté à la pudeur et à l'intimité (*qawrat fako*), ➤ 1 chèvre au titre de la clôture de responsabilité (*baddi-kalti*), due après guérison de la victime.
Buxxutô baxa	➤ 1 vache au titre du tort causé à autrui (*umaane*),

	➢ 1 mouton destiné à être égorgée et consommée en bouillon (*fuuta*) au profit de la victime, ➢ 12 chamelles pour l'acte impie (*kaafiiranna*), à savoir la coupure du verge, ➢ 25 chamelles en réparation de la mutilation d'un testicule.
Debnek-Weeqima	➢ 1 chèvre versée en reconnaissance de l'acte et en engagement à le réparer (*booda*), ➢ 1 chèvre au titre de l'indemnité compensatoire pour le sang versé (*qabal-kaqalso*), ➢ 1 vache au titre du tort causé à autrui (*baatil*), ➢ 1 mouton versé au titre de remède coutumier (*qeexo*), ➢ 1 chèvre destinée à être égorgée et consommée en bouillon (*fuuta*) au profit de la victime, ➢ 1 chamelle par mesure du bâtonnet phalangien (*caxxa*), ➢ 5 chamelles en réparation du préjudice porté à la pudeur et à l'intimité (*qawrat fako*).

Article 143 : De la mutilation des deux testicules

1. La mutilation des deux testicules constitue une atteinte grave à l'intégrité physique, entraînant la privation de capacité reproductive (*samad-saax*) de la victime et causant un préjudice majeur à sa fonction génitale.
2. L'auteur du délit est tenu de réparer le préjudice subi comme suit :

Zone d'application des régimes	**Régimes de compensation, de réparation et de sanctions du *Madqa* selon la zone concernée**
Afkiqek-Maqad	➢1 chèvre versée en reconnaissance de l'acte et en engagement à le réparer (*booda*), ➢1 chèvres au titre de l'indemnité compensatoire pour sang versé (*qabal-kaqalso*), ➢1 vache au titre du tort causé à autrui (*baatil*), ➢1 vache au titre de l'indemnité d'apaisement (*doroq*), ➢1 mouton versé au titre de remède coutumier (*qeexo*),

	➢100 chamelles en réparation de la privation de la capacité reproductive (*samad-baysa*), ➢1 vache en réparation du préjudice porté à la pudeur et à l'intimité (*qawrat fako*), ➢1 vache au titre de la clôture de responsabilité (*baddi-kalti*), due après guérison de la victime.
Bodoytâ meela	➢1 vache au titre du tort causé à autrui (*baatil*), ➢1 mouton destiné à être égorgée et consommée en bouillon (*fuuta*) au profit de la victime, ➢100 vaches en réparation de la privation de la capacité reproductive (*samad-baysa*).
Burqili	➢12 chèvres au titre du tort causé à autrui (*baatil*), ➢1 chèvre au titre de l'indemnité compensatoire pour le sang versé (*maskin*), ➢1 chèvre destinée à être égorgée et consommée en bouillon (*fuuta*) au profit de la victime, ➢1 mouton versé au titre de remède coutumier (*qeexo*), ➢2 chèvres au titre de l'indemnité d'apaisement (*bagi dooco*), soit une chèvre par personne impliquée dans le différend, ➢2000 chèvres en réparation de la privation de la capacité reproductive (*samad-baysa*), ➢25 chèvres en réparation du préjudice porté à la pudeur et à l'intimité (*qawrat fako*), ➢1 chèvre au titre de la clôture de responsabilité (*baddi-kalti*), due après guérison de la victime.
Buxxutô baxa	➢1 vache au titre du tort causé à autrui (*umaane*), ➢1 mouton destiné à être égorgée et consommée en bouillon (*fuuta*) au profit de la victime, ➢12 chamelles pour l'acte impie (*kaafiiranna*), à savoir la mutilation des deux testicules, ➢50 chamelles en réparation de la privation de la capacité reproductive (*samad-baysa*).

Debnek-Weeqima	➢1 chèvre versée en reconnaissance de l'acte et en engagement à le réparer (*booda*), ➢1 chèvre au titre de l'indemnité compensatoire pour le sang versé (*qabal-kaqalso*), ➢1 vache au titre du tort causé à autrui (*baatil*), ➢1 mouton versé au titre de remède coutumier (*qeexo*), ➢1 chèvre destinée à être égorgée et consommée en bouillon (*fuuta*) au profit de la victime, ➢5 chamelles en réparation du préjudice porté à la pudeur et à l'intimité (*qawrat fako*), ➢75 chameaux en réparation de la privation de la capacité reproductive (*samad-baysa*).

Article 144 : De l'atteinte au nerf de l'érection (*kiidi ramad*)

1. L'atteinte du nerf de l'érection constitue une atteinte grave à l'intégrité physique, entraînant la perte de la capacité reproductive (*samad-saax*) et causant un préjudice majeur à la fonction génitale.
2. L'auteur du délit est tenu de réparer le préjudice subi comme suit :

Zone d'application des régimes	**Régimes de compensation, de réparation et de sanctions du *Madqa* selon la zone concernée**
Afkiqek-Maqad	➢ 1 chèvre versée en reconnaissance de l'acte et en engagement à le réparer (*booda*), ➢ 1 vache au titre du tort causé à autrui (*baatil*), ➢ 1 vache au titre de l'indemnité d'apaisement (*doroq*), ➢ 1 mouton versé au titre de remède coutumier (*qeexo*), ➢ 100 chamelles en réparation de la privation de la capacité reproductive (*samad-baysa*), ➢ 1 vache au titre de la clôture de responsabilité (*baddi-kalti*), due après guérison de la victime.
Bodoytâ meela	➢ 1 vache au titre du tort causé à autrui (*baatil*), ➢ 1 mouton destiné à être égorgée et consommée en bouillon (*fuuta, qeexo*) au profit de la victime, ➢ 100 vaches en réparation de la privation de la capacité reproductive (*samad-baysa*).

Burqili	➢ 12 chèvres au titre du tort causé à autrui (*baatil*), ➢ 1 chèvre au titre de l'indemnité compensatoire pour le sang versé (*maskin*), ➢ 1 chèvre destinée à être égorgée et consommée en bouillon (*fuuta*) au profit de la victime, ➢ 1 mouton versé au titre de remède coutumier (*qeexo*), ➢ 2 chèvres au titre de l'indemnité d'apaisement (*bagi dooco*), soit une chèvre par personne impliquée dans le différend, ➢ 2000 chèvres en réparation de la privation de la capacité reproductive (*samad-baysa*), ➢ 1 chèvre au titre de la clôture de responsabilité (*baddi-kalti*), due après guérison de la victime.
Buxxutô baxa	➢ 1 vache au titre du tort causé à autrui (*umaane*), ➢ 1 mouton destiné à être égorgée et consommée en bouillon (*fuuta, qeexo*) au profit de la victime, ➢ 12 chamelles au titre de l'acte impie (*kaafiiranna*), à savoir la mutilation du verge, ➢ 50 chamelles en réparation de la privation de la capacité reproductive (*samad-baysa*).
Debnek-Weeqima	➢ 1 chèvre versée en reconnaissance de l'acte et en engagement à le réparer (*booda*), ➢ 1 chèvre au titre de l'indemnité compensatoire pour le sang versé (*qabal-kaqalso*), ➢ 1 vache au titre du tort causé à autrui (*baatil*), ➢ 1 mouton versé au titre de remède coutumier (*qeexo*), ➢ 1 chèvre destinée à être égorgée et consommée en bouillon (*fuuta*) au profit de la victime, ➢ 1 chamelle par mesure du bâtonnet phalangien (*caxxa*), ➢ 5 chamelles en réparation du préjudice à la pudeur et à l'intimité (*qawrat fako*), ➢ 75 chameaux en réparation de la privation de la capacité reproductive (*samad-baysa*).

Article 145 : De l'atteinte à la vulve

1. En cas d'atteinte à la vulve (plaies, contusions, déchirures ou mutilations), l'auteur du délit est tenu de réparer le préjudice subi comme suit :

Zone d'application des régimes	**Régimes de compensation, de réparation et de sanctions du *Madqa* selon la zone concernée**
Afkiqek-Maqad	➢1 chèvre versée en reconnaissance de l'acte et en engagement à le réparer (*booda*), ➢1 vache au titre du tort causé à autrui (*baatil*), ➢1 vache au titre de l'indemnité d'apaisement (*doroq*), ➢1 mouton versé au titre de remède coutumier (*qeexo*), ➢12 vaches en réparation du préjudice subi pour l'atteinte à la vulve, ➢1 vache en réparation du préjudice porté à la pudeur et à l'intimité (*qawrat fako*), ➢1 vache au titre de la clôture de responsabilité (*baddi-kalti*), due après guérison de la victime.
Bodoytâ meela	➢1 vache au titre du tort causé à autrui (baatil), ➢1 mouton destiné à être égorgée et consommée en bouillon (*fuuta*) au profit de la victime, ➢12 vaches en réparation du préjudice subi pour l'atteinte à la vulve.
Burqili	➢12 chèvres au titre du tort causé à autrui (*baatil*), ➢1 chèvre au titre de l'indemnité compensatoire pour le sang versé (*maskin*), ➢1 chèvre destinée à être égorgée et consommée en bouillon (*fuuta*) au profit de la victime, ➢1 mouton versé au titre de remède coutumier (*qeexo*), ➢2 chèvres au titre de l'indemnité d'apaisement (*bagi dooco*), soit une chèvre par personne impliquée dans le différend, ➢25 chèvres pour le préjudice porté à la pudeur et à l'intimité (*qawrat fako*), ➢120 chèvres en réparation du préjudice subi pour l'atteinte à la vulve,

	➢1 chèvre au titre de la clôture de responsabilité (*baddi-kalti*), due après guérison de la victime.
Buxxutô baxa	➢1 vache au titre du tort causé à autrui (*baatil*), ➢1 mouton destiné à être égorgée et consommée en bouillon (*fuuta, qeexo*) au profit de la victime, ➢12 chamelles au titre de l'acte impie (*kaafiiranna*), à savoir la mutilation du verge, ➢12 vaches en réparation du préjudice porté à la pudeur et à l'intimité (*qawrat fako*), ➢1 vache par mesure du bâtonnet phalangien (*caxxa*).
Debnek-Weeqima	➢1 chèvre versée en reconnaissance de l'acte et en engagement à le réparer (*booda*), ➢1 chèvre au titre de l'indemnité compensatoire pour le sang versé (*qabal-kaqalso*), ➢1 vache au titre du tort causé à autrui (*baatil*), ➢1 mouton versé au titre de remède coutumier (*qeexo*), ➢1 chèvre destinée à être égorgée et consommée en bouillon (*fuuta*) au profit de la victime, ➢5 chamelles en réparation du préjudice porté à la pudeur et à l'intimité (*qawrat fako*), ➢1 chamelle par mesure du bâtonnet phalangien (*caxxa*).

Article 146 : De l'atteinte à l'anus

1. En cas d'atteinte à l'anus, l'auteur du délit est tenu de réparer le préjudice subi, la réparation étant déterminée en fonction de la gravité des lésions (plaies, contusions, déchirures ou mutilations), ainsi qu'il suit :

Zone d'application des régimes	**Régimes de compensation, de réparation et de sanctions du *Madqa* selon la zone concernée**
Afkiqek-Maqad	➢ 1 chèvre versée en reconnaissance de l'acte et en engagement à le réparer (*booda*), ➢ 1 vache au titre du tort causé à autrui (*baatil*), ➢ 1 vache au titre de l'indemnité d'apaisement (*doroq*),

	➢ 1 mouton versé au titre de remède coutumier (*qeexo*), ➢ 12 vaches en réparation du préjudice subi pour l'atteinte à l'anus, ➢ 1 vache pour le préjudice porté à la pudeur et à l'intimité (*qawrat fako*), ➢ 1 vache au titre de la clôture de responsabilité (*baddi-kalti*), due après guérison de la victime.
Bodoytâ meela	➢ 1 vache au titre du tort causé à autrui (*baatil*), ➢ 1 mouton destiné à être égorgée et consommée en bouillon (*fuuta*) au profit de la victime, ➢ 12 vaches en réparation du préjudice subi pour l'atteinte à l'anus.
Burqili	➢ 12 chèvres au titre du tort causé à autrui (*baatil*), ➢ 1 chèvre au titre de l'indemnité compensatoire pour le sang versé (*maskin*), ➢ 1 chèvre destinée à être égorgée et consommée en bouillon (*fuuta*) au profit de la victime, ➢ 1 mouton versé au titre de remède coutumier (*qeexo*), ➢ 2 chèvres au titre de l'indemnité d'apaisement (*bagi dooco*), soit une chèvre par personne impliquée dans le différend, ➢ 25 chèvres pour le préjudice porté à la pudeur et à l'intimité (*qawrat fako*), ➢ 120 chèvres en réparation du préjudice subi pour l'atteinte à l'anus, ➢ 1 chèvre au titre de la clôture de responsabilité (*baddi-kalti*), due après guérison de la victime.
Buxxutô baxa	➢ 1 vache au titre du tort causé à autrui (*umaane*), ➢ 1 mouton destiné à être égorgée et consommée en bouillon (*fuuta*) au profit de la victime, ➢ 12 vaches pour l'acte impie (*kaafiiranna*), à savoir l'atteinte à l'anus, ➢ 12 vaches en réparation du préjudice porté à la pudeur et à l'intimité (*qawrat fako*), ➢ 1 vache par mesure du bâtonnet phalangien (*caxxa*),

Debnek-Weeqima	➢ 1 chèvre versée en reconnaissance de l'acte et en engagement à le réparer (*booda*), ➢ 1 chèvre au titre de l'indemnité compensatoire pour le sang versé (*qabal-kaqalso*), ➢ 1 vache au titre du tort causé à autrui (*baatil*), ➢ 1 mouton versé au titre de remède coutumier (*qeexo*), ➢ 1 chèvre destinée à être égorgée et consommée en bouillon (*fuuta*) au profit de la victime, ➢ 5 chamelles pour le préjudice porté à la pudeur et à l'intimité (*qawrat fako*), ➢ 1 chamelle par mesure du bâtonnet phalangien (*caxxa*).

Article 147 : De la mutilation d'un sein d'une femme

1. La mutilation d'un sein d'une femme, caractérisée par l'ablation, la section ou la destruction totale ou partielle de celui-ci, constitue une infraction grave au regard du *Madqa*.
2. L'auteur répare le préjudice corporel et le préjudice esthétique résultant de la perte définitive du sein, comme suit :

Zone d'application des régimes	**Régimes de compensation, de réparation et de sanctions du *Madqa* selon la zone concernée**
Afkiqek-Maqad	➢ 1 chèvre versée en reconnaissance de l'acte et en engagement à le réparer (*booda*), ➢ 1 vache au titre du tort causé à autrui (*baatil*), ➢ 1 vache au titre de l'indemnité d'apaisement (*doroq*), ➢ 1 mouton versé au titre de remède coutumier (*qeexo*), ➢ 25 vaches en réparation de la mutilation d'un sein, ➢ 1 vache au titre de la clôture de responsabilité (*baddi-kalti*), due après guérison de la victime.
Bodoytâ meela	➢ 1 vache au titre du tort causé à autrui (*baatil*), ➢ 1 mouton destiné à être égorgée et consommée en bouillon (*fuuta*) au profit de la victime, ➢ 12 vaches au titre de la mutilation d'un sein.

Burqili	➢ 12 chèvres au titre du tort causé à autrui (*baatil*), ➢ 1 chèvre au titre de l'indemnité compensatoire pour le sang versé (*maskin*), ➢ 1 chèvre, destinée à être égorgée et consommée en bouillon (*fuuta*) au profit de la victime, ➢ 1 mouton versé au titre de remède coutumier (*qeexo*), ➢ 2 chèvres au titre de l'indemnité d'apaisement (*bagi dooco*), soit une chèvre par personne impliquée dans le différend, ➢ 25 chèvres en réparation du préjudice porté à la pudeur et à l'intimité (*qawrat fako*), ➢ 40 chèvres en réparation de la mutilation d'un sein, ➢ 10 chèvres au titre de l'indemnité pour préjudice esthétique (*qaxbayis*) résultant de la mutilation du sein, ➢ 1 chèvre au titre de la clôture de responsabilité (*baddi-kalti*), due après guérison de la victime.
Buxxutô baxa	➢ 1 vache au titre du tort causé à autrui (*umaane*), ➢ 1 mouton destiné à être égorgée et consommée en bouillon (*fuuta*) au profit de la victime, ➢ 12 vaches pour le préjudice porté à la pudeur et à l'intimité (*qawrat fako*), ➢ 1 vache par mesure du bâtonnet phalangien (*caxxa*).
Debnek-Weeqima	➢ 1 chèvre versée en reconnaissance de l'acte et en engagement à le réparer (*booda*), ➢ 1 chèvre au titre de l'indemnité compensatoire pour le sang versé (*qabal-kaqalso*), ➢ 1 vache au titre du tort causé à autrui (*baatil*), ➢ 1 mouton versé au titre de remède coutumier (*qeexo*), ➢ 1 chèvre destinée à être égorgée et consommée en bouillon (*fuuta*) au profit de la victime, ➢ 5 chamelles en réparation du préjudice porté à la pudeur et à l'intimité (*qawrat fako*), ➢ 1 chamelle par mesure du bâtonnet phalangien (*caxxa*).

Article 148 : De la mutilation des deux seins d'une femme

1. La mutilation des deux seins d'une femme, caractérisée par l'ablation, la section ou la destruction totale ou partielle de ceux-ci, constitue une infraction grave au regard du *Madqa*.
2. L'auteur répare l'ensemble des préjudices subis par la victime, en tenant compte de la fonction essentielle des seins pour l'allaitement et la reproduction, comme suit :

Zone d'application des régimes	**Régimes de compensation, de réparation et de sanctions du *Madqa* selon la zone concernée**
Afkiqek-Maqad	➢ 1 chèvre versée en reconnaissance de l'acte et en engagement à le réparer (*booda*), ➢ 1 vache au titre du tort causé à autrui (*baatil*), ➢ 1 vache au titre de l'indemnité d'apaisement (*doroq*), ➢ 1 mouton versé au titre de remède coutumier (*qeexo*), ➢ 50 vaches en réparation de la mutilation des deux seins d'une femme, ➢ 1 vache au titre de la clôture de responsabilité (*baddi-kalti*), due après guérison de la victime.
Bodoytâ meela	➢ 1 vache au titre du tort causé à autrui (*baatil*), ➢ 1 mouton destiné à être égorgée et consommée en bouillon (*fuuta*), au profit de la victime, ➢ 50 vaches en réparation de la mutilation des deux seins d'une femme.
Burqili	➢ 12 chèvres au titre du tort causé à autrui (*baatil*), ➢ 1 chèvre au titre de l'indemnité compensatoire pour le sang versé (*maskin*), ➢ 1 chèvre destinée à être égorgée et consommée en bouillon (*fuuta*) au profit de la victime, ➢ 1 mouton versé au titre de remède coutumier (*qeexo*), ➢ 2 chèvres au titre de l'indemnité d'apaisement (*bagi dooco*), soit une chèvre par personne impliquée dans le différend, ➢ 25 chèvres en réparation du préjudice porté à la pudeur et à l'intimité (*qawrat fako*),

	➢ 2 000 chèvres en réparation de la mutilation des deux seins d'une femme, ➢ 10 chèvres au titre de l'indemnité pour préjudice esthétique (q*axbayis*) résultant de la mutilation des deux seins, ➢ 1 chèvre au titre de la clôture de responsabilité (*baddi-kalti*), due après guérison de la victime.
Buxxutô baxa	➢ 1 vache au titre du tort causé à autrui (*baatil*), ➢ 1 mouton destiné à être égorgée et consommée en bouillon (*fuuta, qeexo*) au profit de la victime, ➢ 12 vaches en réparation du préjudice porté à la pudeur et à l'intimité (*qawrat fako*), ➢ 25 chamelles en réparation de la mutilation des deux seins.
Debnek-Weeqima	➢ 1 chèvre versée en reconnaissance de l'acte et en engagement à le réparer (*booda*), ➢ 1 chèvre au titre de l'indemnité compensatoire pour le sang versé (*qabal-kaqalso*), ➢ 1 vache au titre du tort causé à autrui (baatil), ➢ 1 mouton versé au titre de remède coutumier (*qeexo*), ➢ 1 chèvre destinée à être égorgée et consommée en bouillon (*fuuta*) au profit de la victime, ➢ 5 chamelles pour le préjudice porté à la pudeur et à l'intimité (*qawrat fako*), ➢ 75 chameaux en réparation de la mutilation des deux seins d'une femme.

Article 149 : De la fracture dentaire

1. En cas de fracture dentaire sans arrachement les indemnités *doroq* et *baatil* sont dues dès la constatation de l'atteinte.
2. Si, à l'issue d'un délai d'observation de six mois, la pulpe est nécrosée (dent morte), la perte de la dent est constatée et donne lieu à la réparation prévue à l'article 150.
3. Les indemnités sont fixées comme suit :

Zone d'application des régimes	**Régimes de compensation, de réparation et de sanctions du *Madqa* selon la zone concernée**
Afkiqek-Maqad	➢ 1 vache au titre du tort causé à autrui (*baatil*),

	➢ 1 vache au titre de l'indemnité d'apaisement (*doroq*), ➢ 1 vache en réparation de l'atteinte à une dent.
Bodoytâ meela	➢ 1 vache au titre du tort causé à autrui (*baatil*), ➢ 6 vache en réparation de l'atteinte à une dent.
Burqili	➢ 12 chèvres au titre du tort causé à autrui(*baatil*).
Buxxutô baxa	➢ 1 vache au titre du tort causé à autrui (baatil), ➢ 1 mouton destiné à être égorgée et consommée en bouillon (*fuuta*) au profit de la victime, ➢ 1 chamelle en réparation de l'atteinte à une dent.
Debnek-Weeqima	➢ 1 chèvre versée lors de l'acte public de reconnaissance de la faute (*booda*), par lequel l'auteur s'engage solennellement à réparer intégralement le préjudice causé, ➢ 1 vache au titre du tort causé à autrui (baatil), ➢ 2 chameaux en réparation de l'atteinte à une dent.

Article 150 : De l'arrachement de dent

1. À la suite d'un coup ou d'un choc violent, si la dent est arrachée, l'auteur répare le préjudice comme suit :

Zone d'application des régimes	**Régimes de compensation, de réparation et de sanctions du *Madqa* selon la zone concernée**
Afkiqek-Maqad	➢ 1 chèvre versée en reconnaissance de l'acte et en engagement à le réparer (*booda*), ➢ 1 vache au titre du tort causé à autrui (*baatil*), ➢ 1 vache au titre de l'indemnité d'apaisement (*doroq*), ➢ 1 mouton versé au titre de remède coutumier (*qeexo*), ➢ 1 vache en réparation de l'arrachage d'une dent.
Bodoytâ meela	➢ 1 vache au titre du tort causé à autrui (*baatil*), ➢ 12 vaches en réparation de l'arrachage d'une dent.

Burqili	➢ 12 chèvres au titre du tort causé à autrui (*baatil*), ➢ 1 chèvre au titre de l'indemnité compensatoire pour le sang versé (*maskin*), ➢ 1 chèvre, destinée à être égorgée et consommée en bouillon (*fuuta*) au profit de la victime, ➢ 1 mouton versé au titre de remède coutumier (*qeexo*), ➢ 2 chèvres au titre de l'indemnité d'apaisement (*bagi dooco*), soit une chèvre par personne impliquée dans le différend, ➢ 40 chèvres en réparation de l'arrachage d'une dent, ➢ 1 chèvre au titre de la clôture de responsabilité (*baddi-kalti*), due après guérison de la victime.
Buxxutô baxa	➢ 1 vache au titre du tort causé à autrui (*baatil*), ➢ 1 mouton, destinée à être égorgée et consommée en bouillon (*fuuta*) au profit de la victime, ➢ 1 chamelle en réparation de l'arrachage d'une dent.
Debnek-Weeqima	➢ 1 chèvre versée en reconnaissance de l'acte et en engagement à le réparer (*booda*), ➢ 1 chèvre au titre de l'indemnité compensatoire pour le sang versé (*qabal-kaqalso*), ➢ 1 vache au titre du tort causé à autrui (*baatil*), ➢ 2 chamelles en réparation de l'arrachage d'une dent.

Article 151 : De l'arrachement d'une première incisive (*tasuuli*)

1. En cas d'arrachement d'une première incisive, supérieure ou inférieure, une indemnité complémentaire est due, en sus des réparations prévues pour l'atteinte dentaire, afin de compenser le préjudice esthétique (*qaxbayis*), comme suit :

Zone d'application des régimes	**Régimes de compensation, de réparation et de sanctions du *Madqa* selon la zone concernée**
Afkiqek-Maqad	➢1 vache au titre de l'indemnité pour préjudice esthétique (*qaxbayis*).

Bodoytâ meela	➢1 vache au titre de l'indemnité pour préjudice esthétique (*qaxbayis*).
Burqili	➢10 chèvres au titre de l'indemnité pour préjudice esthétique (*qaxbayis*).
Buxxutô baxa	➢12 vaches au titre de l'indemnité pour préjudice esthétique (*qaxbayis*).
Debnek-Weeqima	➢1 chamelle au titre de l'indemnité pour préjudice esthétique (*qaxbayis*).

Article 152 : De la prise en charge alimentaire supplémentaire (*madliino*)

1. Lorsqu'une atteinte corporelle entraîne une convalescence plus longue que le délai normalement attendu, l'auteur de l'atteinte est tenu d'assurer une prise en charge alimentaire supplémentaire (*madliino*) pour la victime.
2. Cette prise en charge s'ajoute à la poursuite des soins médicaux et consiste à fournir, selon les besoins de la victime, le bétail ou les denrées nécessaires pour soutenir sa récupération.
3. La nature, la quantité et la durée de la madliino sont déterminées selon les régimes applicables du *Madqa*, en tenant compte de :
a) la gravité de l'atteinte corporelle ;
b) la durée supplémentaire de la maladie.

Zone d'application des régimes	**Régimes de compensation, de réparation et de sanctions du *Madqa* selon la zone concernée**
Afkiqek-Maqad	➢un mouton égorgé tous les huit jours ; ➢après la consommation de trois moutons, une vache ; ➢puis une chamelle, dont l'égorgement met fin à la prise alimentaire de la victime.
Bodoytâ meela	➢une vache est égorgée, puis un chameau, ce dernier marquant la fin de la prise en charge.
Burqili	➢12 chèvres au maximum sont admises pour la prise en charge, ➢Au-delà, l'excédent est imputé sur les indemnités dues pour le préjudice physique.
Buxxutô baxa	➢12 moutons au maximum pour la prise en charge alimentaire, le douzième marquant son achèvement.

Debnek-Weeqima	➢6 chèvres au maximum pour la prise en charge, désignées « *dabi lacey* [37] », leur égorgement marquant la fin de la prise en charge.

Article 153 : De l'évanouissement (*qawul*) résultant d'un coup

1. Conformément au *Madqa*, l'évanouissement provoqué par un coup se distingue en trois catégories, chacune reflétant un degré de gravité de l'atteinte corporelle. Ces catégories servent de référence pour l'évaluation des préjudices et la détermination des indemnités correspondantes.

Article 154 : De la syncope traumatique (*qendeddero, dembebbero*)

1. La victime perd connaissance à la suite d'un coup ou d'un choc violent, résultant d'une perturbation temporaire de l'équilibre et de la circulation cérébrale, généralement précédée de vertiges ou d'étourdissements.
2. L'auteur répare le préjudice comme suit :

Zone d'application des régimes	**Régimes de compensation, de réparation et de sanctions du *Madqa* selon la zone concernée**
Afkiqek-Maqad	➢1 vache au titre du tort causé à autrui (*baatil*).
Bodoytâ meela	➢1 vache au titre du tort causé à autrui (*baatil*), ➢1 vache en réparation de la perturbation temporaire de l'équilibre et de la circulation cérébrale (*damay*).
Burqili	➢12 chèvres au titre du tort causé à autrui (*baatil*), ➢2 chèvres au titre de l'indemnité d'apaisement (*bagi dooco*), soit une chèvre par personne impliquée dans le différend, ➢60 chèvres en réparation de la perte temporaire de connaissance résultant d'une perturbation de l'équilibre et de la circulation cérébrale (*qendeddero*), ➢1 chèvre au titre de la clôture de responsabilité (*baddi-kalti*), due après guérison de la victime.

[37] « *Dabi lacey* » littéralement « les six (chèvres) de la hutte en pierres ». Il s'agit des six chèvres égorgées pour la victime installée dans la hutte en pierres (*dabu*), construite spécialement à cet effet.

Buxxutô baxa	➢1 vache au titre du tort causé à autrui (*baatil*), ➢1 vache en réparation de la perte temporaire de connaissance résultant d'une perturbation de l'équilibre et de la circulation cérébrale (*qendeddero*),
Debnek-Weeqima	➢2 vaches en réparation de la perte temporaire de connaissance résultant d'une perturbation de l'équilibre et de la circulation cérébrale (*qendeddero*).

Article 155 : Du pré-syncope ou évanouissement partiel (*siddar*)

1. L'individu victime perd partiellement connaissance, tout en conservant la capacité de percevoir les sons et les paroles autour de lui.
2. L'auteur répare le préjudice comme suit :

Zone d'application des régimes	**Régimes de compensation, de réparation et de sanctions du *Madqa* selon la zone concernée**
Afkiqek-Maqad	➢1 chèvre versée en reconnaissance de l'acte et en engagement à le réparer (*booda*), ➢1 vache au titre du tort causé à autrui (*baatil*), ➢1 vache au titre de l'indemnité d'apaisement (*doroq*), ➢1 vache en réparation du préjudice consécutif à une pré-syncope
Bodoytâ meela	➢1 vache au titre du tort causé à autrui (*umaane*), ➢1 vache en réparation du préjudice consécutif à une pré-syncope.
Burqili	➢12 chèvres au titre du tort causé à autrui (*baatil*), ➢2 chèvres au titre de l'indemnité d'apaisement (*bagi dooco*), soit une chèvre par personne impliquée dans le différend, ➢120 chèvres en réparation du préjudice consécutif à une pré-syncope, ➢1 chèvre au titre de la clôture de responsabilité (*baddi-kalti*), due après guérison de la victime.
Buxxutô baxa	➢1 vache au titre du tort causé à autrui (*baatil*), ➢1 vache au titre de l'indemnité d'apaisement (*doroq*),

	➢1 chèvre, au titre de l'indemnité due aux médiateurs (*fiddima*), ➢4 vaches en réparation du préjudice consécutif à une pré-syncope.
Debnek-Weeqima	➢1 chèvre versée en reconnaissance de l'acte et en engagement à le réparer (*booda*), ➢1 vache au titre du tort causé à autrui (*baatil*), ➢1 vache en réparation du préjudice consécutif à une pré-syncope.

Article 156 : De la syncope complète (*lubbil-gabali*)

1. Lorsqu'un individu subit un coup ou un choc violent entraînant une perte totale de connaissance, au cours de laquelle il ne perçoit ni bruits ni paroles, cet état est désigné sous le terme *lubbil-gabali* (litt. main sur le cœur pour vérifier le battement cardiaque).
2. L'auteur répare le préjudice comme suit :

Zone d'application des régimes	**Régimes de compensation, de réparation et de sanctions du *Madqa* selon la zone concernée**
Afkiqek-Maqad	➢ 1 chèvre versée en reconnaissance de l'acte et en engagement à le réparer (*booda*), ➢ 1 vache au titre du tort causé à autrui (*baatil*), ➢ 1 vache au titre de l'indemnité d'apaisement (*doroq*), ➢ 1 vache en réparation du préjudice consécutif à une syncope complète.
Bodoytâ meela	➢ 1 vache au titre du tort causé à autrui (*umaane*), ➢ 1 vache en réparation du préjudice consécutif à une syncope complète.
Burqili	➢ 12 chèvres au titre du tort causé à autrui (*baatil*), ➢ 2 chèvres au titre de l'indemnité d'apaisement (*bagi dooco*), soit une chèvre par personne impliquée dans le différend, ➢ 120 chèvres en réparation du préjudice résultant d'une syncope complète, ➢ 1 chèvre au titre de la clôture de responsabilité (*baddi-kalti*), due après guérison de la victime.

Buxxutô baxa	➢ 1 vache au titre du tort causé à autrui (*baatil*), ➢ 1 vache au titre de l'indemnité d'apaisement (*doroq*), ➢ 1 chèvre, au titre de l'indemnité due aux médiateurs (*fiddima*), ➢ 12 vaches en réparation du préjudice résultant d'une syncope complète.
Debnek-Weeqima	➢ 1 chèvre versée lors de l'acte public de reconnaissance de la faute (*booda*), par lequel l'auteur s'engage solennellement à réparer intégralement le préjudice causé, ➢ 1 vache au titre du tort causé à autrui (*baatil*), ➢ 1 vache au titre de l'indemnité destinée à apaiser le ressentiment (*doroq*), ➢ 5 chameaux en réparation du préjudice résultant d'une syncope complète (*lubbil-gabali*).

Article 157 : De la strangulation (*quxus, kotrooco*)

1. Lorsqu'un individu subit une strangulation, le préjudice causé à la victime est réparé comme suit :

Zone d'application des régimes	**Régimes de compensation, de réparation et de sanctions du *Madqa* selon la zone concernée**
Afkiqek-Maqad	➢1 chèvre versée en reconnaissance de l'acte et en engagement à le réparer (*booda*), ➢1 vache au titre du tort causé à autrui (*baatil*), ➢1 vache au titre de l'indemnité d'apaisement (*doroq*), ➢12 vaches dues au titre de la réparation du préjudice consécutif à une asphyxie par immersion [38] (*kumsa*).
Bodoytâ meela	➢1 vache au titre du tort causé à autrui (*baatil*), ➢6 vaches à verser en réparation du préjudice résultant d'une asphyxie (quxxus), indépendamment du moyen employé.
Burqili	➢12 chèvres au titre du tort causé à autrui (*baatil*),

[38] Selon le régime d'Afkiqek-Maqad, les formes d'asphyxie autres que l'immersion ne sont pas sanctionnées lorsque l'atteinte physique n'est pas visible.

	➢2 chèvres au titre de l'indemnité d'apaisement (*bagi dooco*), soit une chèvre par personne impliquée dans le différend.
Buxxutô baxa	➢1 vache au titre du tort causé à autrui (*baatil*), ➢1 vache au titre de l'indemnité d'apaisement (*doroq*), ➢1 chèvre au titre de l'indemnité due aux médiateurs (*fiddima*), ➢1 vache à verser en réparation du préjudice résultant d'une asphyxie (*quxxus*), indépendamment du moyen employé.
Debnek-Weeqima	➢1 chèvre versée en reconnaissance de l'acte et en engagement à le réparer (*booda*), ➢1 vache au titre du tort causé à autrui (*baatil*), ➢1 vache au titre de l'indemnité destinée à apaiser le ressentiment (*doroq*), ➢5 chameaux en réparation du préjudice résultant d'une asphyxie (*quxxus*), indépendamment du moyen employé.

Article 158 : De l'agression des personnes vulnérables

1. Toute agression dirigée contre une personne vulnérable entraîne, en plus de la réparation de l'atteinte corporelle, le paiement d'une indemnité spécifique reconnaissant la situation particulière de la victime.
2. Sont considérées comme personnes vulnérables :
a) la personne âgée (*wallaqaddi*) ;
b) la femme (*say numu*) ;
c) l'enfant (*awka*) ;
d) la personne souffrant de troubles mentaux (*cabuli*) ;
e) la personne handicapée (*erkellali*).
3. L'infraction visée au présent article est désignée sous les termes *fodda-mali* (litt. agression sans égal) ou *ceele-wayto* (acte réprouvé moralement et socialement).
4. L'auteur est soumis aux mesures prévues dans le tableau ci-après :

Zone d'application des régimes	**Régimes de compensation, de réparation et de sanctions du *Madqa* selon la zone concernée**
Afkiqek-Maqad	Si la victime est un malade mentale ou un handicapé : ➢ 12 vaches au titre de l'indemnité pour un acte réprouvé moralement et socialement (*ceele-wayto*). Si la victime est une femme, un enfant ou une personne âgée : ➢ 1 vaches au titre de l'indemnité pour un acte réprouvé moralement et socialement (*ceele-wayto*).
Bodoytâ meela	➢ 12 vaches au titre de l'indemnité pour un acte réprouvé moralement et socialement (*ceele-wayto*).
Burqili	➢ 120 chèvres au titre de l'indemnité pour un acte réprouvé moralement et socialement (*ceele-wayto*). Si la victime est un enfant : ➢ 12 chèvres au titre de l'indemnité pour un acte réprouvé moralement et socialement (*ceele-wayto*).
Buxxutô baxa	➢ 24 vaches au titre de l'indemnité pour un acte réprouvé moralement et socialement (*fodda-mali*).
Debnek-Weeqima	➢ 1 vache sur pied (*data saga*) au titre de l'indemnité pour un acte réprouvé moralement et socialement (*fodda-mali*).

Article 159 : De l'agression d'une personne investie d'une autorité traditionnelle

1. Toute agression physique commise à l'encontre d'une personne exerçant l'autorité coutumière, à savoir le juge (*Makaabantu*) ou le chef de l'organisation de solidarité et de discipline (*Fiqmat-abba*), entraîne le paiement d'une indemnité spécifique.

2. Cette indemnité s'ajoute à la réparation de l'atteinte corporelle. Elle est destinée à reconnaître le rôle social et l'autorité de la victime, conformément au tableau ci-après :

Zone d'application des régimes	**Régimes de compensation, de réparation et de sanctions du *Madqa* selon la zone concernée**
Afkiqek-Maqad	Si l'agression est commise à l'encontre du *Makaabantu*): ➢25 vaches au titre de l'indemnité pour un acte réprouvé moralement et socialement (*ceele-wayto*). Si l'agression est commise à l'encontre du chef du *Fiqma* (*fiqmat-abba*) : ➢12 chèvres abattues par l'organisation de solidarité et de discipline (*Fiqma*) au titre de l'indemnité expiatoire (*qeeranna*).
Bodoytâ meela	➢12 vaches au titre de l'indemnité pour un acte réprouvé moralement et socialement (*ceele-wayto*).
Burqili	➢120 chèvres au titre de l'indemnité pour un acte réprouvé moralement et socialement (*ceele-wayto*).
Buxxutô baxa	➢1 chameau au titre de l'indemnité pour un acte réprouvé moralement et socialement (*ceele-wayto*).
Debnek-Weeqima	➢2 vaches au titre de l'indemnité destinée à apaiser le ressentiment (*doroq* [39]), ➢1 vache au titre de l'indemnité pour un acte réprouvé moralement et socialement (*ceele-wayto*).

[39] En plus de l'indemnité prévue pour un acte réprouvé moralement et socialement (*ceele-wayto*), l'indemnité destinée à apaiser le ressentiment (*doroq*) est majorée de moitié lorsque la victime ou l'auteur de l'agression est une personne de l'autorité coutumière.

Article 160 : De l'agression commise à l'encontre d'une personne de l'autorité coutumière suprême

1. Toute agression physique commise à l'encontre d'une personne de l'autorité coutumière suprême, à savoir :
a) le *Dardar* ou *Amoyta* ;
b) le *Banoyta* (vizir du *Dardar*) ;
2. entraîne, en plus de la réparation de l'atteinte corporelle, le paiement des indemnités suivantes :

Zone d'application des régimes	Régimes de compensation, de réparation et de sanctions du *Madqa* selon la zone concernée
Afkiqek-Maqad	➢36 vaches au titre de l'indemnité pour un acte réprouvé moralement et socialement (*ceele-wayto*).
Bodoytâ meela	➢30 vaches au titre de l'indemnité pour un acte réprouvé moralement et socialement (*ceele-wayto*).
Burqili	➢120 chèvres au titre de l'indemnité pour un acte réprouvé moralement et socialement (*ceele-wayto*).
Buxxutô baxa	➢24 vache au titre de l'indemnité d'apaisement (*doroq*), ➢1 chameau au titre de l'indemnité pour un acte réprouvé moralement et socialement (*ceele-wayto*).
Debnek-Weeqima	➢15 chameaux au titre de l'indemnité d'apaisement (*doroq*), ➢1 vache au titre de l'indemnité pour un acte réprouvé moralement et socialement (*ceele-wayto*).

Chapitre V : De l'intention délictueuse et des menaces

Article 161 : De l'intention délictuelle manifestée

1. L'intention délictuelle manifestée désigne la volonté consciente de commettre un délit, observable par des paroles, gestes ou attitudes

révélant la détermination à nuire à autrui. Cette intention constitue une tentative punissable.

2. La manifestation de cette intention est soumise aux mesures prévues dans le tableau ci-après :

Zone d'application des régimes	**Régimes de compensation, de réparation et de sanctions du *Madqa* selon la zone concernée**
Afkiqek-Maqad	➢ 12 vaches sont dues au titre de l'indemnité pour l'intention délictuelle ou criminelle (*umaanê loowit*), ➢ 1 vache au titre de l'indemnité d'apaisement (*doroq*).
Bodoytâ meela	➢ 12 vaches au titre de l'indemnité pour un propos réprouvé moralement et socialement (*ceele-wayto*).
Burqili	➢ 12 chèvres au titre de l'indemnité d'apaisement (*maruuso*).
Buxxutô baxa	➢ 1 vache est due au titre de l'indemnité pour le déplacement (*kabella* [40]) matérialisant une intention délictuelle ou criminelle, même en l'absence d'acte.
Debnek-Weeqima	➢ La personne ayant commis l'infraction est sanctionnée par un avertissement (*maabitina*).

Article 162 : Des actes de menace

1. Constitue un acte de menace le fait d'utiliser, de brandir ou de diriger contre une personne l'un des instruments ou d'adopter l'un des comportements suivants:

a) un bâton ferré (*rucum le caxxa*) ;

b) un bâton vicié (*baaxô caxxa*), exposé aux intempéries et susceptible d'abriter des créatures venimeuses ;

c) un assaut caractérisé par :

- une ruée dirigée vers une personne (*dadho*) ;
- le lancer d'une lance (*qambo*) ;
- le dégainement d'une arme blanche, telle qu'un couteau (*gile*) ou un sabre (*seef, goraadi*) ;

[40] « *Kabella* » (chaussure) constitue un symbole du déplacement intentionnel, révélateur d'une volonté délictuelle ou criminelle, même en l'absence de passage à l'acte.

d) la mise en joue d'un fusil, qu'il soit chargé ou non

2. La réparation du préjudice est fixée comme suit :

Zone d'application des régimes	**Régimes de compensation, de réparation et de sanctions du *Madqa* selon la zone concernée**
Afkiqek-Maqad	Dans le cas de la mise en joue (*mascassa*) d'un fusil non chargé : ➢ 1 vache au titre du tort causé à autrui (*baatil*), ➢ 6 vaches pour la mise en joue d'un fusil non chargé. Dans le cas de la mise en joue d'un fusil chargé : ➢1 vache au titre du tort causé à autrui (*baatil*), ➢12 vaches au titre de la mise en joue d'un fusil non chargé. Dans le cas d'un assaut caractérisé par une ruée vers une personne (*dadho*), par le lancer d'une lance (*qambo*), ou par le dégainement (*siibo*) d'un couteau (*gile*) ou d'un sabre *(seef, goraadi*) : ➢1 vache au titre du tort causé à autrui (*baati*l), ➢1 vaches au titre de l'indemnité d'apaisement (*doroq*).
Bodoytâ meela	➢1 vache au titre du tort causé à autrui (*baatil*), ➢12 vaches au titre de la mise en joue d'un fusil chargé ou non.
Burqili	Dans le cas du tir d'une balle à la suite de la mise en joue d'un fusil : ➢12 chèvres au titre du tort causé à autrui (*baatil*), ➢60 chèvres pour le tir d'une balle, ➢2 chèvres au titre de l'indemnité d'apaisement (*bagi dooco*), soit une chèvre par personne impliquée dans le différend, Dans le cas la mise en joue d'un fusil chargé, sans qu'une balle soit tirée :

	➢12 chèvres au titre du tort causé à autrui (*baatil*), ➢120 chèvres au titre de la mise en joue d'un fusil chargé, sans qu'une balle soit tirée, ➢2 chèvres au titre de l'indemnité d'apaisement (*bagi dooco*), soit une chèvre par personne impliquée dans le différend. Dans le cas d'un assaut caractérisé par une ruée vers une personne (*dadho*), par le lancer d'une lance (*qambo*), par le dégainement (*siibo*) d'un couteau, d'un couteau (*gile*) ou d'un sabre *(seef, goraadi*) : ➢12 chèvres au titre du tort causé à autrui (*baatil*), ➢30 chèvres pour l'assaut caractérisé par une ruée vers une personne (*dadho*), ➢2 chèvres au titre de l'indemnité d'apaisement (*bagi dooco*), soit une chèvre par personne impliquée dans le différend.
Buxxutô baxa	➢1 vache au titre du tort causé à autrui (*baatil*), ➢12 vaches au titre de la mise en joue d'un fusil ou pour tout assaut caractérisé (*dadho, qambo, siibo*).
Debnek-Weeqima	➢1 vache au titre du tort causé à autrui (*baatil*), ➢5 chameaux au titre de la mise en joue d'un fusil ou pour tout assaut caractérisé (*dadho, qambo, siibo*).

Article 163 : Des coups portés avec une arme ou un objet dangereux

1. La gravité d'une blessure est évaluée conformément au *Madqa* selon la nature de l'arme ou de l'objet et son mode d'utilisation.
2. Toute agression commise avec l'un des moyens mentionnés ci-après, dans l'intention de frapper ou de blesser, constitue une atteinte grave.
3. Sont réputés constituer une atteinte grave les coups portés avec la pointe d'une arme en fer, à savoir un couteau (*gile*) ou un fer pointu (*damum le birta*).
4. Sont également réputés dangereux ou létaux les coups portés avec des bâtons issus d'espèces d'arbres traditionnellement reconnues par

les *Makaaban* comme présentant une dangerosité particulière en raison de la dureté, des épines ou du poids de leur bois [41].

5. Outre les réparations dues au titre de l'atteinte corporelle, tout coup porté à l'aide des moyens visés aux alinéas 2 et 3 ouvre droit à une indemnité spécifique, comme suit :

Zone d'application des régimes	**Régimes de compensation, de réparation et de sanctions du *Madqa* selon la zone concernée**
Afkiqek-Maqad	Dans le cas d'un coup porté à l'aide d'une arme à pointe en fer : ➢ 1 vache en réparation du coup porté avec la pointe d'une arme en fer. Dans le cas d'un coup porté à l'aide d'un bâton gravé : ➢ 12 vaches en réparation du coup porté avec un bâton gravé (*haxxa le caxxa*).
Bodoytâ meela	➢ Le coup porté à l'aide de l'une des armes mentionnées ci-dessus n'entraîne pas l'indemnité spécifique.
Burqili	➢ 10 chèvres en réparation du coup porté avec un bâton ferré, ➢ 10 chèvres en réparation du coup porté avec un bâton vicié (*baaxô caxxa*), dégradé par une longue exposition au sol et susceptible d'abriter des animaux venimeux.
Buxxutô baxa	➢ 12 vaches en réparation du coup porté avec une arme pointue ou un bâton à portée létale.
Debnek-Weeqima	➢ 5 chameaux en réparation du coup porté à l'aide d'une arme pointue ou un bâton à portée létale.

[41] Ces espèces d'arbres sont traditionnellement reconnues pour la dangerosité particulière de leur bois, dont la dureté, les épines ou le poids lui confèrent un caractère létal. Il s'agit du *Grewia bicolor* (*xawayto*), du *Mimusops degan* (*yoloqto*), du *Delonix elata* (*qamayto*), de l'olivier sauvage (*wagarto*), du *Grewia flavescens* (*qadcidayto*), du *Cordia gharaf* (*ginni maderto*), ainsi que des bâtons fabriqués à partir de la racine apparente (*caacay-yaaqubi*) d'*Acacia flava* (*makqanniyta*).

Article 164 : Du cas particulier de la lame à rasoir

1. Une coupure infligée par une lame de rasoir est considérée comme plus grave qu'une coupure causée par un couteau classique, en raison de sa finesse et de sa profondeur. L'utilisation d'une lame de rasoir donne lieu au paiement d'une indemnité spécifique, comme suit :

Zone d'application des régimes	**Régimes de compensation, de réparation et de sanctions du *Madqa* selon la zone concernée**
Afkiqek-Maqad	➢Le coup porté à l'aide d'une lame à rasoir n'entraîne pas l'indemnité spécifique.
Bodoytâ meela	➢Le coup porté à l'aide d'une lame à rasoir n'entraîne pas l'indemnité spécifique.
Burqili	➢120 [42] chèvres en réparation du coup porté avec une lame rasoir, qualifié d'acte impie (*kaafiiranna*).
Buxxutô baxa	➢12 vaches en réparation du coup porté avec une lame rasoir, qualifié d'acte impie (*kaafiiranna*).
Debnek-Weeqima	➢15 chameaux pour le coup porté avec une lame rasoir.

Article 165 : Du coup porté par une main dont un doigt est muni d'une bague

1. Lorsqu'une blessure est infligée par une main dont l'un des doigts porte une bague, l'auteur verse, en complément de la réparation du préjudice, une indemnité spécifique, comme suit :

Zone d'application des régimes	**Régimes de compensation, de réparation et de sanctions du *Madqa* selon la zone concernée**
Afkiqek-Maqad	➢1 vache en réparation du coup porté avec une main munie d'une bague (*kaatum*).
Bodoytâ meela	➢Lorsqu'une blessure est infligée par une main dont l'un des doigts porte une bague, le versement de l'indemnité spécifique n'est pas applicable.

[42] Selon les régimes de réparaion des préjudices de *Burqili, Buxxutô baxa* et *Debnek-Weeqima*, le coup porté avec une lame à rasoir est considéré comme un acte impie (*kaafiiranna*) ou d'acte réprouvé moralement et socialement (*ceele-wayto*), car il manifeste une intention excessive de nuire et fait l'objet d'une sanction sévère.

Burqili	➢10 chèvres en réparation du coup porté avec une main munie d'une bague (*kaatum)*.
Buxxutô baxa	➢3 vaches en réparation du coup porté avec une main munie d'une bague (*kaatum*).
Debnek-Weeqima	➢1 vache au titre de l'indemnité pour avoir frappé une personne avec le dos de la main, en utilisant la partie surélevée d'une bague.

Article 166 : De la projection d'une chaussure sur une personne

1. Le fait de lancer une chaussure (*kabellâ gasiyyo*) sur une personne dans le but de l'agresser entraîne pour l'auteur le paiement d'une indemnité spécifique, comme suit :

Zone d'application des régimes	Régimes de compensation, de réparation et de sanctions du *Madqa* selon la zone concernée
Afkiqek-Maqad	➢1 vache pour avoir projeté une chaussure sur la personne.
Bodoytâ meela	➢Le simple fait de lancer une chaussure (*kabellâ gasiyyo*) sur une personne donne lieu à une indemnité spécifique.
Burqili	➢10 chèvres pour avoir projeté une chaussure sur une personne.
Buxxutô baxa	➢1 vache en réparation de la projection d'une chaussure sur une personne.
Debnek-Weeqima	➢1 vache en réparation de la projection d'une chaussure (*kabellâ gasiyyo*) manifestant du mépris (*bura*) envers la victime.

Article 167: Du coup porté avec le pied

1. Le fait de porter un coup avec le pied donne lieu au paiement d'indemnités, comme suit :

Zone d'application des régimes	Régimes de compensation, de réparation et de sanctions du *Madqa* selon la zone concernée
Afkiqek-Maqad	➢1 vache en réparation du coup porté avec la plante du pied (*addaqasi*) sur une personne, ➢1 vache en réparation du coup porté avec le pied chaussé (*kabella le iba*).
Bodoytâ meela	➢1 vache au titre du tort causé à autrui (*baatil*).

Burqili	➢10 chèvres en réparation du coup avec la plante du pied ou avec le pied chaussé sur une personne.
Buxxutô baxa	➢1 vache en réparation du coup avec le pied chaussé sur une personne, qualifié de mépris manifeste (*bura*).
Debnek-Weeqima	➢1 vache en réparation du coup avec le pied chaussé sur une personne, qualifié de mépris manifeste (*bura*).

Article 168 : De l'évacuation sur civière (*wassaaka*)

1. Lorsqu'une atteinte corporelle nécessite l'évacuation de la victime sur une civière, l'auteur verse, en plus des réparations du préjudice, une indemnité spécifique appelée *affara koyta*, comme suit :

Zone d'application des régimes	**Régimes de compensation, de réparation et de sanctions du *Madqa* selon la zone concernée**
Afkiqek-Maqad	➢1 vache est due par barre de portage (*affara koyta*), c'est-à-dire un total de 4 vaches pour l'évacuation de la victime sur la civière.
Bodoytâ meela	➢1 vache est due par barre de portage (*affara koyta*), c'est-à-dire un total de 4 vaches pour l'évacuation de la victime sur la civière.
Burqili	➢10 chèvres sont dues par barre de portage (*affara koyta*), c'est-à-dire un total de 40 chèvres pour l'évacuation de la victime sur la civière.
Buxxutô baxa	➢1 vache est due par barre de portage (*affara koyta*), c'est-à-dire un total de 4 vaches pour l'évacuation de la victime sur la civière.
Debnek-Weeqima	➢10 chèvres sont dues par barre de portage (*affara koyta*), c'est-à-dire un total de 40 chèvres pour l'évacuation de la victime sur la civière.

TITRE VI : DES ATTEINTES À L'HONNEUR, AUX BIENS ET AUX DEVOIRS SOCIAUX

Chapitre I : Des atteintes à l'honneur et à la vérité

Article 169 : De la menace de mort

1. Constitue une infraction le fait de proférer une menace de mort (*koo-qideyyo*), par parole, geste ou comportement, quel que soit le statut ou la situation de la personne visée.
2. L'auteur répare le préjudice comme suit :

Zone d'application des régimes	Régimes de compensation, de réparation et de sanctions du *Madqa* selon la zone concernée
Afkiqek-Maqad	➤ 1 vache au titre de l'indemnité d'apaisement (*doroq*), ➤ 3 vaches en réparation de la menace de mort (*koo-qideyyo*).
Bodoytâ meela	➤ 1 vaches en réparation de la menace de mort (*koo-qideyyo*).
Burqili	➤ 12 chèvres au titre de l'indemnité d'apaisement (*maruuso*).
Buxxutô baxa	➤ 3 vaches au titre de l'indemnité d'apaisement (*doroq*).
Debnek-Weeqima	➤ 3 vaches au titre de l'indemnité d'apaisement (*doroq*).

Article 170 : Des propos offensants ou mensongers et des atteintes verbales (*Qangarah amcarta*)

1. Constitue une infraction le fait de tenir, en public, des propos injurieux ou offensants portant atteinte à l'honneur, à la dignité ou à la réputation d'une personne.
2. Lorsqu'ils sont mensongers, ces propos sont constitutifs du mensonge délibéré (*dirab*), de la fausse déclaration (*dirab maxxacca*) ou de l'allégation mensongère (*deedal* ou *hoomat*).
3. L'auteur répare le préjudice comme suit :

Zone d'application des régimes	**Régimes de compensation, de réparation et de sanctions du *Madqa* selon la zone concernée**
Afkiqek-Maqad	➢3 vaches[43] au titre de l'indemnité pour propos offensants et atteintes verbales (*amcarta* [44]).
Bodoytâ meela	➢1 vache au titre du tort causé à autrui (*baatil*).
Burqili	➢12 chèvres au titre de l'indemnité d'apaisement (*maruuso*).
Buxxutô baxa	➢3 vaches en réparation des propos offensants et atteintes verbales (*amcarta*).
Debnek-Weeqima	➢1 vache au titre de l'indemnité d'apaisement (*doroq*).

Article 171 : Des mensonges et allégations mensongères

1. Les propos mensongers, résultant d'un mensonge délibéré (*dirab*), d'une fausse déclaration (*dirab maxxacca*) ou d'une allégation mensongère (*deedal*, *hoomat*), proférés à l'encontre d'une personne normale (sans autorité coutumière et non vulnérable), constituent une atteinte à la vérité et à l'honneur.
2. L'auteur répare le préjudice comme suit :

Zone d'application des régimes	**Régimes de compensation, de réparation et de sanctions du *Madqa* selon la zone concernée**
Afkiqek-Maqad	➢1 vache au titre de l'indemnité d'apaisement (*doroq*), ➢1 vache due en réparation du préjudice moral et matériel résultant de la fausseté des propos.
Bodoytâ meela	➢1 vache au titre du tort causé à autrui (*baatil*).
Burqili	➢12 chèvres au titre de l'indemnité d'apaisement (*maruuso*),
Buxxutô baxa	➢12 vache en réparation du préjudice moral et matériel résultant de la fausseté des propos.
Debnek-Weeqima	➢6 chèvres au titre du tort causé à autrui (*baatil*) ; ➢1 vache en réparation du préjudice moral et matériel résultant de la fausseté des propos.

Article 172 : Refus de se conformer au *Qafarre*

1. Le refus de se conformer au *Qafarre*, tel que défini aux articles 190 à 194 du Code civil coutumier, constitue une infraction.

2. L'auteur répare le préjudice comme suit :

Zone d'application des régimes	**Régimes de compensation, de réparation et de sanctions du *Madqa* selon la zone concernée**
Afkiqek-Maqad	➢ 12 vaches sont dues pour la transgression des normes sociales et morales, qualifiée d'acte impie (*kaafiiranna*).
Bodoytâ meela	➢ 12 vaches pour refus de se conformer au *Qafarre* (*Qafarrê cina*).
Burqili	➢ 120 chèvres sont dues pour la transgression des normes sociales et morales, qualifiée d'acte impie (*kaafiiranna*).
Buxxutô baxa	➢ 12 vaches sont dues pour la transgression des normes sociales et morales, qualifiée d'acte impie (*kaafiiranna*).
Debnek-Weeqima	➢ 12 vaches au titre de l'indemnité pour un acte réprouvé moralement et socialement *(ceele-wayto*)

Article 173 : De la force obligatoire de la promesse (*xagana* ou *arti*)

1. Toute personne qui s'engage par une promesse contracte l'obligation morale de l'honorer.
2. La parole donnée engage l'honneur de celui qui la prononce. Le manquement à cet engagement constitue une atteinte à la dignité personnelle et à la confiance mutuelle, fondements de la cohésion sociale.
3. La tradition afar enseigne que la promesse, une fois énoncée, possède une force contraignante qui ne s'éteint pas par le seul écoulement du temps, comme le rappelle l'adage :
« Lubak intii kee hayte xagana cafî fanak koo wagitta » (Comme l'œil du lion à l'affût derrière le buisson, la promesse que tu as faite ne te perd jamais de vue).
4. Le manquement à une promesse (*xagani mako* ou *arti mako*) peut donner lieu à réparation du préjudice selon les circonstances et la nature

[43] L'indemnité de 3 vaches pour les paroles offensantes portant atteinte à l'honneur et à la dignité de la personne est illustrée par l'adage : « *Sidiica arrabak raddem sidiica laa le* » (Ce qui sort de la bouche se règle avec une amende de trois vaches).

[44] Le terme « *amcarta* » désigne les paroles offensantes portant atteinte à l'honneur et à la dignité de la personne.

de l'engagement, comme suit :

Zone d'application des régimes	Régimes de compensation, de réparation et de sanctions du *Madqa* selon la zone concernée
Afkiqek-Maqad	➢ 1 vache au titre de l'indemnité d'apaisement (*doroq*).
Bodoytâ meela	➢ 1 vache au titre de l'indemnité d'apaisement (*umaane*).
Burqili	➢ 12 chèvres au titre de l'indemnité d'apaisement (*maruuso*).
Buxxutô baxa	➢ 1 vache au titre de l'indemnité d'apaisement (*doroq*), ➢ 1 chèvre au titre de l'indemnité due aux médiateurs (*fiddima*).
Debnek-Weeqima	➢ 1 vache au titre de l'indemnité d'apaisement (*doroq*).

Article 174 : De la plainte malveillante ou de mauvaise foi

1. Toute personne exprimant un grief dans l'intention de nuire, de faire souffrir ou de causer un préjudice injustifié à autrui (*waytaka*) répare, dès que cette intention est constatée par les juges coutumiers, comme suit :

Zone d'application des régimes	Régimes de compensation, de réparation et de sanctions du *Madqa* selon la zone concernée
Afkiqek-Maqad	➢ 1 vache au titre de l'indemnité d'apaisement (*doroq*).
Bodoytâ meela	➢ 1 vache au titre du tort causé à autrui (*baatil*).
Burqili	➢ 12 chèvres au titre de l'indemnité d'apaisement (*maruuso*).
Buxxutô baxa	➢ 1 vache au titre de l'indemnité d'apaisement (*doroq*), ➢ 1 chèvre au titre de l'indemnité due aux médiateurs (*fiddima*).
Debnek-Weeqima	➢ 2 vaches au titre de l'indemnité d'apaisement (*doroq*), ➢ 1 chameau sur pied (*soola rakub*) en réparation du tort causé aux *Makaaban* mobilisés pour une affaire sans fondement.

Article 175 : De la litispendance frauduleuse

1. Constitue une infraction le fait de saisir simultanément deux *Makaaban* pour la même affaire en cachant sciemment l'existence de la première saisine. L'auteur répare le préjudice comme suit :

Zone d'application des régimes	**Régimes de compensation, de réparation et de sanctions du *Madqa* selon la zone concernée**
Afkiqek-Maqad	➢ 1 vache au titre de l'indemnité d'apaisement (*doroq*).
Bodoytâ meela	➢ 1 vache au titre du tort causé à autrui (*baatil*).
Burqili	➢ 12 chèvres au titre de l'indemnité d'apaisement (*maruuso*).
Buxxutô baxa	➢ 1 vache au titre de l'indemnité d'apaisement (*doroq*), ➢ 1 chèvre, au titre de l'indemnité due aux médiateurs (*fiddima*).
Debnek-Weeqima	➢ 2 vaches au titre de l'indemnité d'apaisement (*doroq*).

Article 176 : De la saisine irrégulière par le juge

1. Constituc unc infraction le fait, pour un juge, d'accepter de connaître d'une affaire alors qu'il sait qu'elle est déjà pendante devant un autre juge.
2. Le juge responsable répare le préjudice comme suit :

Zone d'application des régimes	**Régimes de compensation, de réparation et de sanctions du *Madqa* selon la zone concernée**
Afkiqek-Maqad	➢ 1 vache au titre de l'indemnité d'apaisement (*doroq*).
Bodoytâ meela	➢ 1 vache au titre de l'indemnité d'apaisement (*doroq*).
Burqili	➢ 12 chèvres au titre de l'indemnité d'apaisement (*maruuso*).
Buxxutô baxa	➢ 1 vache au titre de l'indemnité d'apaisement (*doroq*), ➢ 1 chèvre, au titre de l'indemnité due aux médiateurs (*fiddima*).

Debnek-Weeqima	➢1 vache au titre de l'indemnité d'apaisement (*doroq*).

Article 177 : Du recours injustifié devant l'autorité coutumière suprême

1. Lors de la troisième audience, le *Miglis* examine l'appel déposé par une partie.
2. Si la plainte est jugée non fondée, la partie est déboutée et répare le préjudice comme suit :

Zone d'application des régimes	**Régimes de compensation, de réparation et de sanctions du *Madqa* selon la zone concernée**
Afkiqek-Maqad	➢12 vaches sont dues en réparation pour atteinte à la réputation des juges coutumiers ayant examiné l'affaire, par le dépôt d'un appel non fondé auprès des juges coutumiers suprêmes.
Bodoytâ meela	➢12 vaches sont dues en réparation pour atteinte à la réputation des juges coutumiers ayant examiné l'affaire, par le dépôt d'un appel non fondé auprès des juges coutumiers suprêmes.
Burqili	➢120 chèvres sont dues en réparation pour atteinte à la réputation des juges coutumiers ayant examiné l'affaire, par le dépôt d'un appel non fondé auprès des juges coutumiers suprêmes.
Buxxutô baxa	➢12 vaches sont dues en réparation pour atteinte à la réputation des juges coutumiers ayant examiné l'affaire, par le dépôt d'un appel non fondé auprès des juges coutumiers suprêmes.
Debnek-Weeqima	➢5 chameaux sont dues en réparation pour atteinte à la réputation des juges coutumiers ayant examiné l'affaire, par le dépôt d'un appel non fondé auprès des juges coutumiers suprêmes.

Article 178 : De l'appel après clôture

1. Tout appel (*yoo-maxiqta*) formulé après la clôture officielle de l'affaire est recevable par souci de justice. Il constitue toutefois une infraction grave, ainsi que le souligne le proverbe :
« Alfen yab fakaanam waydal fakeenih gide. » (Ouvrir une affaire close revient à rouvrir une tombe.)

2. L'auteur de l'infraction est soumis aux mesures détaillées dans le tableau ci-après :

Zone d'application des régimes	**Régimes de compensation, de réparation et de sanctions du *Madqa* selon la zone concernée**
Afkiqek-Maqad	➢ 12 vaches en réparation de l'atteinte portée à la valeur de la clôture officielle (*faatica*), qualifiée de « rouverture de la tombe » (*waydal fako*).
Bodoytâ meela	➢ 12 vaches en réparaion de l'atteinte portée à la valeur de la clôture officielle (*faatica*).
Burqili	➢ 120 chèvres en réparation de l'atteinte portée à la valeur de la clôture officielle (*faatica*).
Buxxutô baxa	➢ 12 vaches en réparation de l'atteinte portée à la valeur de la clôture officielle (*faatica*).
Debnek-Weeqima	➢ 5 chameaux en réparation de l'atteinte portée à la valeur de la clôture officielle (*faatica*), qualifiée de « rouverture de la tombe » (*waydal fako*).

Article 179 : De l'altération de la vérité dans la procédure

1. Constitue une infraction le fait, pour toute personne partie à une procédure judiciaire coutumière :
a) d'atténuer volontairement la vérité, en omettant des faits essentiels ou en minimisant leur gravité ;
b) d'ajouter des allégations mensongères au soutien de sa cause ou de celle d'autrui.
2. Lorsque l'altération de la vérité est établie, la partie lésée a droit à une indemnité réparatrice, et l'auteur de l'infraction est sanctionné conformément aux régimes prévus à l'article 171.

Article 180 : De l'omission d'avertir *(assacakke wayti*) lors d'une infraction en cours

1. Constitue une infraction le fait, pour toute personne témoin d'un délit en cours, de ne pas avertir immédiatement l'auteur de ce délit lorsqu'elle constate sa commission, afin de l'en dissuader.
2. L'auteur de l'omission répare le préjudice comme suit :

Zone d'application des régimes	**Régimes de compensation, de réparation et de sanctions du *Madqa* selon la zone concernée**
Afkiqek-Maqad	➢ 1 vache au titre de l'indemnité d'apaisement (*doroq*).
Bodoytâ meela	➢ 1 vache au titre de l'indemnité d'apaisement (*doroq*).
Burqili	➢ 12 chèvres au titre de l'indemnité d'apaisement (*maruuso*).
Buxxutô baxa	➢ 1 vache au titre de l'indemnité d'apaisement (*doroq*), ➢ 1 chèvre, au titre de l'indemnité due aux médiateurs (*fiddima*).
Debnek-Weeqima	➢ 1 vache au titre de l'indemnité d'apaisement (*doroq*).

Article 181 : De l'incitation à la violence et au trouble social

1. Constitue une infraction le fait d'inciter à la violence.
2. Il est interdit de tenir des paroles, d'accomplir des gestes ou d'adopter tout comportement visant à inciter une ou plusieurs personnes à commettre un crime, à exercer des actes de violence (*aysommi*), ou à provoquer des troubles, des divisions ou des conflits (*fitna*) au sein d'une communauté.
3. L'auteur de l'infraction est soumis aux mesures détaillées dans le tableau ci-après :

Zone d'application des régimes	**Régimes de compensation, de réparation et de sanctions du *Madqa* selon la zone concernée**
Afkiqek-Maqad	➢ 1 vache au titre du tort causé à autrui (*baatil*), ➢ 1 vache au titre de l'indemnité d'apaisement (*doroq*), ➢ 3 vaches en réparation du trouble causé en dressant les gens les uns contre les autres (*aysommi*).
Bodoytâ meela	➢ 1 vache abattue par l'organisation de solidarité et de discipline (*Fiqma*) au titre de l'indemnité expiatoire (*qeeranna*).
Burqili	➢ 12 chèvres au titre de l'indemnité d'apaisement (*maruuso*).

Buxxutô baxa	➢ 1 vache au titre de l'indemnité d'apaisement (*doroq*), ➢ 1 chèvre au titre de l'indemnité due aux médiateurs (*fiddima*).
Debnek-Weeqima	➢ 1 vache au titre de l'indemnité d'apaisement (*doroq*).

Article 181-1 : Des délits sexuels commis contre les personnes vulnérables

1. Lorsque les infractions prévues au présent chapitre sont commises à l'encontre d'une personne vulnérable, l'indemnité pour acte réprouvé moralement et socialement (*ceele-wayto*) prévue à l'article 158 s'applique.
2. Cette indemnité s'ajoute aux réparations spécifiques prévues pour l'infraction considérée.

Chapitre II : Des délits sexuels

Article 182 : Du rapt d'une femme mariée (*kalta*)

1. Le rapt d'une femme mariée étant établi, le ravisseur répare le préjudice, que la femme retourne ou non auprès de son mari, comme suit :

Zone d'application des régimes	**Régimes de compensation, de réparation et de sanctions du *Madqa* selon la zone concernée**
Afkiqek-Maqad	➢ 1 vache au titre de l'indemnité d'apaisement (*doroq*), ➢ 12 vaches en réparation du rapt d'une femme mariée (*kalta*), ➢ 1 vache au titre de l'indemnité pour l'adultère (*aysinu*), ➢ 1 vache en réparation du préjudice, au titre de l'indemnité de clôture de responsabilité (*baddi-kalti*) vis-à-vis de la femme raptée. Lorsque la femme raptée est l'épouse d'un détenteur de l'autorité traditionnelle :

	➢1 vache au titre de l'indemnité d'apaisement (*doroq*), ➢24 vaches dues pour avoir rapté une famme mariée (*kalta*), ➢1 vache au titre de l'indemnité pour l'adultère (*aysinu*), ➢1 vache en réparation du préjudice, au titre de l'indemnité de clôture de responsabilité (*baddi-kalti*) vis-à-vis de la femme raptée.
Bodoytâ meela	➢1 vache au titre de l'indemnité pour avoir déplacé une femme mariée (*daqar tabi saga* [45]) hors de sa demeure, ➢6 vaches au titre de l'indemnité pour l'adultère (*aysinu*), ➢1 vache au titre de l'indemnité pour avoir dénudé la femme raptée (*sarô saga*). Lorsque la femme raptée est l'épouse d'un détenteur de l'autorité traditionnelle : ➢1 vache au titre de l'indemnité pour avoir déplacé une femme mariée (*daqar tabi saga*) hors de sa demeure, ➢12 vaches au titre de l'indemnité pour l'adultère (*aysinu*), ➢1 vache au titre de l'indemnité pour avoir dénudé la femme raptée (*sarô saga*).
Burqili	➢120 chèvres au titre de l'indemnité pour avoir rapté une femme mariée (*kalta*), acte qualifié d'impie (*kaafiiranna*).
Buxxutô baxa	➢24 vaches au titre de l'indemnité pour avoir rapté une femme mariée (*kalta*).
Debnek-Weeqima	Lorsque l'homme reconnu auteur de rapt n'est pas membre de l'association d'entraide et de discipline (*Fiqma*) : ➢10 chameaux sur pied (*soola gaala*) au titre de l'indemnité pour avoir rapté une femme mariée (*kalta*),

[45] « *Daqar tabi saga* » (litt. Vache pour la traversée d'une vallée) est un terme désignant le déplacement d'une femme mariée hors de sa demeure pour rapt (*kalta*).

	➢1 vache laitière ou porteuse abattue au titre de l'indemnité expiatoire (*qeeranna*) pour l'adultère (*aysinu*). Lorsque l'homme reconnu auteur de rapt est membre de l'association d'entraide et de discipline (*Fiqma*) : ➢10 chameaux sur pied (*soola gaala*) au titre de l'indemnité pour avoir rapté une femme mariée (*kalta*), ➢1 vache abattue au titre de l'indemnité pour l'adultère (*aysinu*), ➢1 vache au titre de l'indemnité pour acte vil (*afguuqa*), ➢1 vache abattue au titre de l'indemnité expiatoire (*qeeranna*), En sus de cette indemnité, il est soumis aux mesures suivantes : ➢ligotage (*axaw*), ➢versement sur lui du contenu de la panse d'une vache égorgée (*garba kaal caarisan*).

Article 183 : Du rapt d'une femme non mariée (*koofaxa*)

1. Toute personne coupable du rapt d'une femme non mariée, qu'elle soit fille, veuve ou divorcée, est tenue de réparer le préjudice subi.
2. Cette réparation est fixée comme suit :

Zone d'application des régimes	**Régimes de compensation, de réparation et de sanctions du *Madqa* selon la zone concernée**
Afkiqek-Maqad	➢ 1 vache en réparation du déplacement de la fille en vue du rapt (*daabâ koro*), ➢ 3 vaches en réparation de l'enlèvement de force de la fille de sa demeure (*rado*), ➢ 1 vache en réparation du préjudice, au titre de l'indemnité de clôture de responsabilité (*baddi-kalti*) vis-à-vis de la fille raptée.
Bodoytâ meela	➢ 12 vaches en réparation du rapt d'une fille non mariée (*koofaxa*), au profit de la tribu paternelle de la fille raptée,

	➢ 2 vaches dues pour le préjudice porté à la pudeur et à l'intimité (*qawrat fako*), à verser au père ou, à défaut, au tuteur légal, ➢ 12 vaches en réparation de la dissimulation (*uqra*) de la fille raptée, ➢ 12 vaches au titre de l'indemnité d'apaisement (*doroq*) subis par la tribu maternelle de la fille raptée.
Burqili	➢ 120 chèvres dues pour avoir rapté une fille non mariée (*koofaxa*).
Buxxutô baxa	➢ 1 vache au titre du tort causé à autrui (*baatil*), ➢ 3 vaches en réparation du rapt d'une fille non mariée (*koofaxa*), au profit de la tribu paternelle de la fille raptée (*kedo*), ➢ 12 vaches au titre de l'indemnité d'apaisement (*doroq*) à la tribu maternelle de la fille raptée.
Debnek-Weeqima	➢ 5 chameaux au titre de l'indemnité d'apaisement (*doroq*) à la tribu maternelle de la fille raptée (*abiino*) ; ➢ 5 chameaux au titre de l'indemnité d'apaisement (*doroq*) à la tribu paternelle de la fille raptée (*kedo*) ; ➢ 5 chameaux en réparation de la perte du droit d'épouser la fille (*sambô liga*[46]), versés à la tribu maternelle qui perd ce droit.

Article 184 : Du remboursement de la dot (*fayxi*) en cas de rapt d'une femme fiancée

1. Lorsque la femme raptée, qu'elle soit fille, veuve ou divorcée, était déjà fiancée, le ravisseur est tenu, en sus des amendes et indemnités prévues à l'article 183, de rembourser l'intégralité de la dot (*fayxi*) versée.
2. Le remboursement est effectué à la personne qui avait versé la dot pour épouser la femme.

[46] « *Sambô liga* » (litt. non-consommation du pubis) désigne le fait que la tribu maternelle d'une fille raptée, ou mariée par amour à un homme d'une autre tribu, perde son droit traditionnel de l'épouser.

Article 185 : Du refus par la famille du mariage de la femme raptée

1. Même si la femme raptée, qu'elle soit fille, veuve ou divorcée, ne peut être mariée au ravisseur en raison du refus de sa famille ou de ses proches, le ravisseur est tenu de réparer le préjudice subi.
2. Cette réparation est fixée comme suit :

Zone d'application des régimes	**Régimes de compensation, de réparation et de sanctions du *Madqa* selon la zone concernée**
Afkiqek-Maqad	➢ 1 vache en réparation du déplacement de la fille en vue du rapt (*daabâ koro*), ➢ 3 vaches en réparation de l'enlèvement de force de la fille de sa demeure (*rado*), ➢ 1 vache au titre de l'indemnité d'apaisement (*doroq*) pour la tribu maternelle (*abiino*) de la fille raptée, ➢ 1 vache au titre de l'indemnité, destinée à clore la responsabilité de l'auteur à l'égard de la fille raptée, après réparation de l'ensemble des préjudices (*baddi-kalti*).
Bodoytâ meela	➢ 12 vaches en réparation du rapt d'une fille non mariée (*koofaxa*), au profit de sa tribu paternelle, ➢ 1 vache en réparation de l'introduction de la fille raptée chez autrui (*qari culo*), ➢ 1 vache en réparation de la sortie de la fille raptée de chez autrui (*mayyuq*), ➢ 12 vaches en réparation de la dissimulation de la fille raptée (*uqra*), ➢ 12 vaches au titre de l'indemnité d'apaisement (*doroq*) versée par la tribu maternelle (qui conserve le droit d'épouser son *absumá*) à la tribu chez laquelle la fille a été dissimulée.
Burqili	➢ 120 chèvres en réparation du rapt d'une femme mariée (*kalta*), au profit de sa tribu paternelle.
Buxxutô baxa	➢ 6 vaches au titre de l'indemnité d'apaisement (doroq) à la tribu paternelle (*kedo*) de la fille raptée, ➢ 6 vaches au titre de l'indemnité d'apaisement (*doroq*) à la tribu maternelle (*abiino*) de la fille raptée.

Debnek-Weeqima	➢5 chameaux au titre de l'indemnité d'apaisement (*doroq*) à la tribu paternelle (*kedo*) de la fille raptée, ➢5 chameaux au titre de l'indemnité d'apaisement (*doroq*) à la tribu maternelle (*abiino*) de la fille raptée.

Article 186 : Du rapt par l'homme ayant déjà versé la dot (*fayxi*)

1. Lorsqu'un homme ayant déjà versé la dot pour une femme, qu'elle soit fille, veuve ou divorcée, la rapte, il est tenu de réparer le préjudice subi.
2. Cette réparation est fixée ainsi qu'il suit :

Zone d'application des régimes	**Régimes de compensation, de réparation et de sanctions du *Madqa* selon la zone concernée**
Afkiqek-Maqad	➢1 vache au titre de l'indemnité d'apaisement (*doroq*) à la tribu paternelle (*kedo*) de la fille raptée, ➢ 1 vache au titre de l'indemnité d'apaisement (*doroq*) à la famille (*buxâ mara*) de la fille raptée, ➢ 1 vache au titre de l'indemnité, destinée à clore la responsabilité (*baddi-kalti*) de l'auteur à l'égard de la femme raptée, après réparation du préjudice subi.
Bodoytâ meela	➢1 vache au titre de l'indemnité d'apaisement (*doroq*) au tuteur (*awla*) de la fille fiancée raptée, ➢ 12 vaches en réparation du préjudice subi par la famille (*buxâ mara*) de la fille fiancée raptée.
Burqili	➢40 chèvres au titre de l'indemnité pour un acte réprouvé moralement et socialement (*ceele-wayto*).
Buxxutô baxa	➢6 vaches au titre de l'indemnité pour un acte réprouvé moralement et socialement (*ceele-wayto*).
Debnek-Weeqima	➢2 chameaux au titre de l'indemnité pour acte vil (*afguuqa*) à la tribu paternelle.

Article 187 : De l'adultère d'une femme mariée hors contrainte

1. Toute personne reconnue coupable d'adultère, c'est-à-dire ayant eu des relations sexuelles avec une femme mariée hors contrainte (*rada*), répare le préjudice comme suit :

Zone d'application des régimes	**Régimes de compensation, de réparation et de sanctions du *Madqa* selon la zone concernée**
Afkiqek-Maqad	Lorsque l'homme reconnu auteur d'adultère n'est pas membre de l'association d'entraide et de discipline (*Fiqma*) : ➢ 12 chèvres en réparation de l'adultère (*aysinu*), ➢ 1 vache au titre de l'indemnité au marié, ➢ 1 vache au titre de l'indemnité pour l'atteinte à l'ordre moral et social de la communauté (*baaxô baysa*), Lorsque l'homme reconnu auteur d'adultère est membre de l'association d'entraide et de discipline (*Fiqma*) : ➢ 1 vache laitière (*ukwa saga*) ou porteuse (*idiqa saga*) abattue au titre de l'indemnité expiatoire (*qeeranna*), ➢ 12 chèvres dues au titre de l'indemnité pour l'adultère (*aysinu*), ➢ 1 vache au titre de l'indemnité au marié, ➢ 1 vache au titre de l'indemnité pour l'atteinte à l'ordre moral et social de la communauté (*baaxô baysa*). En sus de cette indemnité, il est soumis aux mesures suivantes : ➢ ligotage (*yaxeenih*) ➢ versement sur lui du contenu de la panse d'une vache égorgée (*garba kaal caarisan*)
Bodoytâ meela	➢ 6 vaches au titre de l'indemnité pour l'adultère (*aysinu*), 1 vache au titre de l'indemnité pour avoir dénudé la femme raptée (*sarô saga*).

	Lorsque la femme raptée est l'épouse d'un détenteur de l'autorité traditionnelle : ➢ 1 vache en réparation du déplacement d'une femme mariée (*daqar tabi saga*) hors de sa demeure, ➢ 12 vaches en réparation de l'adultère (*aysinu*), ➢ 1 vache en réparation du dénudement de la femme raptée (*sarô saga*).
Burqili	➢ 12 chèvres au titre de l'indemnité d'apaisement (*maruuso*), ➢ 6 chèvres en réparation de l'adultère (*aysinu*). En cas de rapt d'une nouvelle mariée (*qibna*), l'auteur est tenu de verser les indemnités suivantes : ➢ 10 chèvres en réparation du retrait du châle (*makalba*), ➢ 10 chèvres en réparation du retrait du pagne du bas (*tikyâ saro*), ➢ 10 chèvres en réparation du retrait du foulard de tête (*musaan*), ➢ 10 chèvres en réparation du démaquillage forcé (kucul bayis [47]).
Buxxutô baxa	Lorsque l'homme reconnu comme auteur d'un adultère n'est pas membre de l'association d'entraide et de discipline (*Fiqma*) : ➢ 6 vaches en réparation de l'adultère (*aysinu*), ➢ 1 vache en réparation du retrait du pagne du bas (*tikyâ saro*), ➢ 1 vache en réparation du retrait du foulard de tête (*musaan*). Lorsque l'homme reconnu comme auteur d'un adultère est membre de l'association d'entraide et de discipline (*Fiqma*) :

[47] « *Kucul bayis* » (litt. destruction du khôl) désigne le fait d'ôter le khôl, fard pour les yeux, de la nouvelle mariée (*qibna*) lors du viol (*caylisso*). La femme mariée garde la qualité de « *qibna* » pendant les deux mois suivant son mariage.

	➢ 2 vaches en réparation de l'adultère (*aysinu*), ➢ 1 vache en réparation du retrait du pagne du bas (*tikyâ saro*), ➢ 1 vache en réparation du retrait du foulard de tête (*musaan*). En sus de cette indemnité, il est soumis aux mesures suivantes : ➢ ligotage (*axaw*), ➢ versement sur lui du contenu de la panse d'une vache égorgée (*garba kaal caarisan*).
Debnek-Weeqima	Lorsque l'homme reconnu auteur de rapt n'est pas membre de l'association d'entraide et de discipline (*Fiqma*) : ➢ 10 chameaux sur pied (*soola gaala*) en réparation du viol d'une femme mariée (*caylisso*), ➢ 1 vache laitière ou porteuse abattue au titre de l'indemnité expiatoire (*qeeranna*) pour l'adultère (*aysinu*). Lorsque l'homme reconnu auteur de rapt est membre de l'association d'entraide et de discipline (*Fiqma*) : ➢ 1 vache en réparation de l'acte vil (*afguuqa*), ➢ 12 chèvres abattues au titre de l'indemnité expiatoire (*qeeranna*) En sus de ces indemnités, il est soumis au châtiment corporel : ➢ ligotage (*axaw*), ➢ versement sur lui du contenu de la panse d'une vache égorgée (*garba kaal caarisan*).

Article 188 : De la violation de l'opposition du mariage (*saddi)*

1. La célébration d'un mariage en méconnaissance de l'opposition *saddi* prévue à l'article 33 du Code civil coutumier constitue une infraction. L'auteur répare le préjudice de l'ex-époux comme suit :

Zone d'application des régimes	Régimes de compensation, de réparation et de sanctions du *Madqa* selon la zone concernée
Afkiqek-Maqad	➢ 12 vaches au titre de l'indemnité pour mariage célébré malgré opposition (*saddi*), ➢ 1 vache pour relation adultérine avec femme mariée (*sambo*).
Bodoytâ meela	➢ 24 vaches au titre de l'indemnité pour mariage célébré malgré opposition (*saddi*).
Burqili	➢ 1 chameau, accompagné de 30 chèvres, au titre de l'indemnité pour mariage célébré malgré opposition (*saddi*).
Buxxutô baxa	➢ 12 vaches au titre de l'indemnité pour mariage célébré malgré opposition (*saddi*) ➢ 12 vaches par naissance, lorsque le mariage a été célébré sans paiement préalable du *saddi.*
Debnek-Weeqima	➢ 12 vaches pour célébration d'un mariage en méconnaissance de l'opposition au mariage (*saddi*).

Article 189 : Du viol de l'épouse d'autrui (*gennaaqô barrah caylisso*)

1. Toute personne reconnue coupable de viol d'une femme mariée répare le préjudice comme suit :

Zone d'application des régimes	Régimes de compensation, de réparation et de sanctions du *Madqa* selon la zone concernée
Afkiqek-Maqad	➢ 12 vaches en réparation du viol (*caylisso*), ➢ 1 vache en réparation du retrait du pagne du bas (*tikyâ saro*), ➢ 1 vache en réparation du retrait du foulard de tête (*musaan*), ➢ 1 vache en réparation de la saisie par le poignet (*mogoy xibix*), ➢ 1 vache en réparation de la consommation des relations sexuelles lors du viol (*caylisso*), ➢ 1 vache au titre de l'indemnité de clôture de responsabilité (*baddi-kalti*) à l'égard de la femme violée.

	Lorsqu'un viol est commis sur une femme enceinte : ➢ 1 vache au titre de l'indemnité de clôture de responsabilité (baddi-kalti) à l'égard de la femme violée, après l'accouchement.
Bodoytâ meela	➢ 12 vaches en réparation du viol (*caylisso*).
Burqili	➢ 40 chèvres en réparation du viol (*caylisso*).
Buxxutô baxa	Lorsque l'homme reconnu comme auteur du viol n'est pas membre de l'association d'entraide et de discipline (*Fiqma*) : ➢ 4 vaches en réparation du viol (*caylisso*), ➢ 1 vache en réparation du préjudice porté à la pudeur et à l'intimité (*qawrat fako*), ➢ 1 vache au titre de l'indemnité d'apaisement (*doroq*), ➢ 1 chèvre au titre de l'indemnité due aux médiateurs (*fiddima*). Lorsque l'homme reconnu comme auteur du viol est membre de l'association d'entraide et de discipline (*Fiqma*) : ➢ 2 vaches en réparation du viol (*caylisso*), ➢ 1 vache en réparation du préjudice porté à la pudeur et à l'intimité (*qawrat fako*). En sus de cette indemnité, il est soumis aux mesures suivantes : ➢ ligotage (*axaw*), ➢ versement sur lui du contenu de la panse d'une vache égorgée (*garba kaal caarisan*).
Debnek-Weeqima	➢ 1 chameau au titre de l'indemnité d'apaisement (*doroq*), ➢ 1 vache laitière abattue au titre de l'indemnité expiatoire (*qeeranna*) pour l'adultère (*aysinu*), ➢ 4 chameaux en réparation du viol (*caylisso*). En sus de ces indemnités, l'auteur du viol est soumis au châtiment corporel : ➢ ligotage (*axaw*),

	➢ versement sur lui du contenu de la panse d'une vache égorgée (*garba kaal caarisan*).

Article 190 : Du viol d'une fille non mariée

1. Toute personne reconnue coupable du viol d'une fille non mariée répare le préjudice comme suit :

Zone d'application des régimes	**Régimes de compensation, de réparation et de sanctions du *Madqa* selon la zone concernée**
Afkiqek-Maqad	➢ 12 vaches en réparation du viol (*caylisso*), ➢ 1 vache au titre de l'indemnité d'apaisement (*doroq*), ➢ 1 vache au titre de l'indemnité pour un acte réprouvé moralement et socialement (*ceele-wayto*).
Bodoytâ meela	➢ 12 vaches en réparation du viol (*caylisso*), ➢ 12 vaches en réparation du préjudice subi par la famille (*buxâ mara*) de la fille violée.
Burqili	➢ 12 chèvres au titre du tort causé à autrui (*baatil*), ➢ 10 chèvres en réparation du retrait du pagne du bas (*tikyâ saro*), ➢ 10 chèvres en réparation du retrait du châle (*makalba*), ➢ 10 chèvres en réparation de la saisie par le poignet (*mogoy xibix*), ➢ 10 chèvres en réparation du retrait des bijoux du cou (*filli bila*), ➢ 10 chèvres en réparation du préjudice porté à la pudeur et à l'intimité (*qawrat fako*), ➢ 10 chèvres en réparation de la défloration (*bikir kalti*) lors de la consommation des relations sexuelles, ➢ 10 chèvres en réparation du déchaussement (*kabellâ kalti*).
Buxxutô baxa	➢ 6 vaches en réparation du viol (*caylisso*), ➢ 1 vache en réparation du préjudice porté à la pudeur et à l'intimité (*qawrat fako*),

	➢ 1 vache au titre de l'indemnité d'apaisement (*doroq*), ➢ 1 chèvre au titre de l'indemnité due aux médiateurs (fiddima), ➢ 1 vache au titre de l'indemnité de clôture de responsabilité (*baddi kalti*) à l'égard de la fille violée, versée trois mois après le viol afin de vérifier la grossesse.
Debnek-Weeqima	Lorsque l'homme reconnu comme auteur du viol n'est pas membre de l'association d'entraide et de discipline (*Fiqma*) : ➢ 5 chameaux en réparation du viol (*caylisso*), ➢ 12 vaches au titre de l'indemnité d'apaisement (*doroq*). Lorsque l'homme reconnu comme auteur du viol est membre de l'association d'entraide et de discipline (*Fiqma*) : ➢ 5 chameaux en réparation du viol (*caylisso*), ➢ 12 vaches au titre de l'indemnité d'apaisement (*doroq*). En sus de cette indemnité, il est soumis aux mesures suivantes : ➢ ligotage (*axaw*), ➢ versement sur lui du contenu de la panse d'une vache égorgée (*garba kaal caarisan*).

Article 191 : Des infractions sexuelles transgressant les normes sociales

1. Constitue une infraction le fait de commettre un acte sexuel interdit, constituant une transgression des normes sociales :
a) les relations sexuelles entre hommes ;
b) l'inceste ;
c) la bestialité, c'est-à-dire tout acte sexuel entre un être humain et un animal.
2. Ces infractions sont qualifiées de crimes exceptionnels au sens de l'article 83.
3. L'auteur encourt les mesures prévues dans le tableau ci-après :

Zone d'application des régimes	**Régimes de compensation, de réparation et de sanctions du *Madqa* selon la zone concernée**
Afkiqek-Maqad	Lorsque l'infraction sexuelle concerne deux hommes : ➢ 12 vaches en réparation de la transgression des normes coutumières, qualifiée d'acte impie (*kaafiiranna*), ➢ 12 vaches en réparation de la pénétration anale[48] (*salaf*) commise sur un homme, ➢ 1 vache en réparation d'un crime hors commun, qualifié de jamais vu (*maabbino*), ➢ 1 vache en réparation d'un crime hors commun, qualifié de jamais entendu (*maballino*). Lorsque l'infraction sexuelle concerne l'inceste [49] ou la bestialité : ➢ 12 vaches en réparation de la transgression des normes coutumières, qualifiée d'acte impie (*kaafiiranna*), ➢ 1 vache en réparation d'un crime hors commun, qualifié de jamais vu (*maabbino*), ➢ 1 vache en réparation d'un crime hors commun, qualifié de jamais entendu (*maballino*).
Bodoytâ meela	➢ 24 vaches en réparation d'un crime exceptionnel, hors norme, « jamais vu ni entendu » (*maabbinooy maballino)*.
Burqili	➢ 120 chèvres en réparation d'un crime hors commun, qualifié de jamais vu (*maballino*),

[48] La gravité de cet acte est illustrée par l'adage selon lequel :
« Labhayti salaf gumaytiiy wacarriyak yakme. » (Même le vautour, lorsqu'il s'attaque au derrière de l'homme, le fait avec honte).

[49] La qualification de « *maballinooy maabbino* » désigne littéralement un crime exceptionnel, hors norme, qualifié de « jamais vu et jamais entendu ». Dans le *Madqa*, elle s'applique à des infractions sexuelles ou à des actes inhumains jugés d'une gravité extrême, tels que le dépouillement d'un mort, la non-assistance à une personne ou à un animal en danger, ainsi que l'homosexualité, l'inceste et la bestialité. En raison de la forte réprobation sociale et morale attachée à ces comportements, ainsi que de la rareté de ce type d'actes, la langue afar ne comporte pas de termes spécifiques pour désigner l'homosexualité, l'inceste ou la bestialité.

	➢ 120 chèvres en réparation d'un crime hors commun, qualifié de jamais entendu (*maabbino*).
Buxxutô baxa	➢ 50 vaches en réparation d'un crime exceptionnel, qualifié de « jamais vu ni entendu » (*maballinooy maabbino*), ➢ 50 chèvres s'ajoutent aux 50 vaches, selon la règle d'une chèvre par vache.
Debnek-Weeqima	➢ 5 chameaux en réparation d'un crime hors commun, qualifié de jamais entendu (*maabbino*), ➢ 4 vaches en réparation d'un crime hors commun, qualifié de jamais vu (*maballino*), ➢ En sus des indemnités, toute personne condamnée pour homosexualité, inceste ou bestialité est frappée d'une incapacité perpétuelle de témoigner et de participer au règlement des litiges.

Article 192 : De l'engendrement illégitime (*idiqno*)

1. Toute personne reconnue coupable d'avoir mis enceinte une femme hors mariage, qu'elle soit fille non mariée (*baxuwwa*), femme divorcée (*cabtento*) ou veuve (*gubna*), est tenue de réparer le préjudice subi.
2. Cette réparation est fixée selon le régime du *Madqa* applicable dans la zone concernée, ainsi qu'il suit :

Zone d'application des régimes	**Régimes de compensation, de réparation et de sanctions du *Madqa* selon la zone concernée**
Afkiqek-Maqad	➢ 1 vache en réparation de l'atteinte à l'honneur de la famille (*migaq baysa*), en raison de la grossesse hors mariage, ➢ 1 vache au titre de l'indemnité d'apaisement (*doroq*), ➢ 1 vache au titre de l'indemnité de clôture de responsabilité (*baddi-kalti*) à l'égard de la femme mise enceinte.
Bodoytâ meela	➢ 12 vaches en réparation de l'atteinte à l'honneur de la famille (*migaq baysa*), en raison de la grossesse hors mariage,

	➢1 vache au titre de l'indemnité de clôture de responsabilité (*merri kalti*) à l'égard de la femme mise enceinte, ➢6 chèvres en réparation de la souillure corporelle subie pendant l'accouchement (*tabca*).
Burqili	En cas de grossesse de la jeune fille fiancée : ➢70 chèvres en réparation du préjudice subi par la personne ayant versé la dot de fiançailles (*fayxi*), ➢1 chèvre au titre de l'indemnité de clôture de responsabilité (*baddi-kalti*) à l'égard de la femme mise enceinte. Lorsque la jeune fille n'était pas fiancée, ou lorsqu'il s'agit d'une femme divorcée ou veuve : ➢12 chèvres au titre de l'indemnité d'apaisement (*maruuso*) à la tribu paternelle (*kedo*), ➢1 chèvre au titre de l'indemnité de clôture de responsabilité (*baddi-kalti*) à l'égard de la victime.
Buxxutô baxa	➢1 vache au titre du tort causé à autrui (*baatil*), ➢1 vache en réparation de l'atteinte à l'honneur de la famille (*migaq baysa*), en raison de la grossesse hors mariage, ➢1 vache au titre de l'indemnité de clôture de responsabilité (*baddi-kalti*) à l'égard de la femme mise enceinte.
Debnek-Weeqima	➢ 3 chèvres au titre de l'indemnité de clôture de responsabilité (*baddi kalti*) à l'égard de la femme mise enceinte, ➢1 vache au titre du tort causé à autrui (*baatil*), ➢1 vache en réparation de l'atteinte à l'honneur de la famille (*migaq baysa*), en raison de la grossesse hors mariage.

Article 193 : Du refus d'épouser la femme mise enceinte par l'auteur

1. Le refus de l'auteur d'épouser la femme qu'il a mise enceinte, qu'elle soit fille non mariée, divorcée ou veuve, entraîne, en sus de la réparation

du préjudice prévue à l'article 192, le versement d'indemnités spécifiques visant à compenser ce refus.

2. Ces indemnités spécifiques sont fixées selon le régime applicable, ainsi qu'il suit :

Zone d'application des régimes	**Régimes de compensation, de réparation et de sanctions du *Madqa* selon la zone concernée**
Afkiqek-Maqad	➢12 vaches en réparation du mépris manifesté (*uffa*) à l'égard de la femme.
Bodoytâ meela	➢1vache en réparation du mépris manifesté (*uffa*) à l'égard de la femme.
Burqili	➢Aucune indemnité n'est prévue pour le refus d'épouser la femme mise enceinte.
Buxxutô baxa	➢4 vaches en réparation du mépris manifesté (*uffa*), ➢4 vaches en réparation du refus d'épouser la femme mise enceinte (*rihim mali*).
Debnek-Weeqima	➢1 vache en réparation du mépris manifesté (*uffa*), à l'égard de la femme, ➢3 vaches en réparation du refus d'épouser la femme mise enceinte (*rihim mali*).

Article 194 : Des indemnités liées à l'accouchement en cas de refus d'épouser

1. Au moment de l'accouchement, en sus des indemnités prévues aux articles 192 et 193, l'auteur de la grossesse ayant refusé d'épouser la femme qu'il a mise enceinte est tenu de réparer le préjudice spécifique lié à l'accouchement.

2. Ces indemnités sont fixées comme suit :

Zone d'application des régimes	**Régimes de compensation, de réparation et de sanctions du *Madqa* selon la zone concernée**
Afkiqek-Maqad	➢ 1 chèvre pour le rite postnatal (*ullâ maskin*) de la mère, ➢ 1 mouton gras (*qeexô maruw*) pour le suif fondu donné à l'accouchée, ➢ 3 chèvres pour l'usage du petit couteau destiné à l'accouchement (*makkiita ou* b*alaade*),

	➢ 6 mètres d'un tissu blanc (*qado saro*) pour le lange du nouveau-né.
Bodoytâ meela	➢ Aucune indemnité liée à l'accouchement n'est due.
Burqili	➢ Aucune indemnité liée à l'accouchement n'est due.
Buxxutô baxa	➢ Aucune indemnité liée à l'accouchement n'est due.
Debnek-Weeqima	➢ 1 chèvre pour le rite postnatal (ullâ maskin) de la mère, ➢ 1 mouton gras (*qeexô maruw*) pour le suif fondu donné à l'accouchée, ➢ 3 chèvres pour l'usage du petit couteau destiné à l'accouchement (*makkiita, balaadé*), ➢ 3 chèvres pour le gémissement poussé lors de l'accouchement (*ruqde*), ➢ 6 chèvres pour la souillure corporelle subie pendant l'accouchement (*tabca*).

Article 195 : Des complications médicales et du décès

1. En cas d'incident ou de complications survenant pendant une grossesse hors mariage ou l'accouchement, l'auteur de la grossesse, lorsqu'il a refusé d'épouser la femme, est tenu d'assurer la prise en charge complète des soins nécessaires.
2. Lorsque la femme décède au cours d'une grossesse hors mariage, l'auteur de la grossesse, sa famille et sa tribu sont tenus au paiement du prix du sang (*diyat*), conformément à l'article 108.

Chapitre III : Des vols et autres infractions contre les biens animaux

Article 196 : Du vol d'un chameau

1. Lorsque le chameau volé est restitué vivant à son propriétaire, l'auteur du vol est tenu de s'acquitter des sanctions prévues.
2. Celles-ci sont fixées comme suit :

Zone d'application des régimes	**Régimes de compensation, de réparation et de sanctions du *Madqa* selon la zone concernée**
Afkiqek-Maqad	➢ 1 vache au titre du tort causé à autrui (*baatil*), ➢ 4 chèvres pour le déplacement d'un chameau en vue du vol (*raat*), ➢ 1 chèvre au titre de l'indemnité de clôture de responsabilité *(baddi-kalti)* à l'égard de l'animal victime, ➢ 1 vache due en cas de saisie d'un chameau volé au marché.
Bodoytâ meela	➢ 8 chèvres pour le déplacement d'un chameau en vue du vol (*raat*), ➢ 1 chèvre au titre de l'indemnité de clôture de responsabilité (*merrê-kalti*[50]) à l'égard de l'animal victime du vol.
Burqili	➢ 12 chèvres au titre du tort causé à autrui (*baatil*), ➢ 10 chèvres en réparation du déplacement d'un chameau en vue du vol (*ibbot*).
Buxxutô baxa	➢ 3 vaches en réparation du déplacement d'un chameau en vue du vol (*ibbot*), ➢ 1 vache en réparation du chargement du chameau volé (*erer*), ➢ 1 vache au titre de l'indemnité d'apaisement (*doroq*), ➢ 1 chèvre au titre de l'indemnité due aux médiateurs (*fiddima*).
Debnek-Weeqima	➢ 3 vaches en réparation du déplacement d'un chameau en vue du vol (*daabâ koro*), ➢ 3 vaches en réparation de l'entrave du chameau (*deber*), ➢ 3 vaches en réparation du chargement du chameau (*erer*), ➢ 1 vache au titre de l'indemnité d'apaisement (*doroq*).

[50] « *Merrê-kalti* » est synonyme de « *baddi-kalti* », indemnité versée pour clore la responsabilité de l'auteur envers la victime, après rétablissement ou restitution.

Article 197 : Du dressage illicite d'un chameau volé

1. Lorsqu'un chameau non dressé est soustrait illicitement puis fait l'objet d'un dressage par l'auteur du vol, dans le but d'en tirer profit ou de le rendre exploitable, celui-ci est tenu de s'acquitter d'une amende compensatoire spécifique au titre du dressage illicite.
2. Cette amende est distincte et complémentaire des indemnités dues pour le vol. Elle est fixée comme suit :

Zone d'application des régimes	**Régimes de compensation, de réparation et de sanctions du *Madqa* selon la zone concernée**
Afkiqek-Maqad	➢ 1 vache au titre du tort causé à autrui (*baatil*), ➢1 vache au titre de l'indemnité d'apaisement (*doroq*), ➢1 chèvre au titre de l'indemnité due aux médiateurs (*fiddima*), ➢1 vache en réparation du dressage frauduleux d'un animal.
Bodoytâ meela	➢1 vache au titre du tort causé à autrui (*baatil*), ➢8 chèvres en réparation du dressage frauduleux d'un animal, ➢1 chèvre au titre de l'indemnité de clôture de responsabilité (*merrê-kalti*) à l'égard de l'animal.
Burqili	➢12 chèvres au titre du tort causé à autrui (*baatil*), ➢10 chèvres en réparation de la courroie de poitrail retenant le bât (*farooda*), ➢10 chèvres en réparation de la sous-ventrière (*iqiyto*), ➢10 chèvres en réparation de la corde à bouche (*afiito*), ➢10 chèvres en réparation de la corde d'entrave (*deber*), ➢10 chèvres en réparation de la croupière (*geeraytuli*), ➢10 chèvres en réparation du bât (*raraytu*).
Buxxutô baxa	➢1 vache au titre du tort causé à autrui (*baatil*), ➢6 vaches pour dressage frauduleux d'un animal.
Debnek-Weeqima	➢1 vache au titre du tort causé à autrui (*baatil*),

	➢3 vaches en réparation du dressage frauduleux d'un animal.

Article 198 : D'un chameau volé, abattu ou introuvable

1. Lorsqu'un chameau volé est abattu ou demeure introuvable, l'auteur est tenu aux amendes et indemnités suivantes :

Zone d'application des régimes	**Régimes de compensation, de réparation et de sanctions du *Madqa* selon la zone concernée**
Afkiqek-Maqad	➢ 1 vache au titre du tort causé à autrui (*baatil*), ➢ 1 vache au titre de l'indemnité d'apaisement (*doroq*), ➢ 4 chèvres au titre de l'indemnité due à l'assemblée des *Makaaban* (*seefa*), ➢ 12 vaches à titre de compensation *(gidiy)* pour le chameau abattu ou rendu introuvable.
Bodoytâ meela	➢ 1 vache au titre du tort causé à autrui (*baatil*), ➢ 12 vaches à titre de compensation (*gidiy*) pour le chameau abattu ou rendu introuvable.
Burqili	➢ 12 chèvres au titre du tort causé à autrui (*baatil*), ➢ 30 chèvres en réparation de l'atteinte à la vie du chameau (*rooci*), ➢ 30 chèvres en réparation du prélèvement des muscles d'un chameau égorgé (*ixu*), ➢ 30 chèvres en réparation du dépouillement des os d'un chameau égorgé ou rendu introuvable (*lafa*), ➢ 6 chèvres au titre de l'indemnité due à l'assemblée des *Makaaban* (*seefa*).
Buxxutô baxa	➢ 1 vache au titre du tort causé à autrui (*baatil*), ➢ 2 chameaux et 10 chèvres à titre de compensation (*gidiy*) pour le chameau abattu ou rendu introuvable, ➢ 6 chèvres au titre de l'indemnité due à l'assemblée des *Makaaban* (*seefa*).

Debnek-Weeqima	➢ 1 vache au titre de l'indemnité d'apaisement (*doroq*), ➢ 3 vaches en réparation du déplacement illicite de l'animal (*daabâ koro*), ➢ 3 vaches en réparation de l'entrave de l'animal en vue de sa mise à mort (*bixax*). ➢ 3 vaches en réparation de la soustraction de l'animal par abattage ou dissimulation en vue de sa consommation, ➢ 4 chamelles à titre de compensation (*gidiy*) pour le chameau abattu ou rendu introuvable.

Article 199 : D'un étalon (*moynob*) volé, abattu ou introuvable

1. L'abattage ou la disparition d'un étalon (*moynob*) volé constitue un préjudice particulier portant sur la reproduction et la vitalité du troupeau.
2. L'auteur de l'acte est tenu de s'acquitter des amendes et indemnités prévues, conformément aux régimes du *Madqa* selon la zone concernée, selon les modalités suivantes :

Zone d'application des régimes	**Régimes de compensation, de réparation et de sanctions du *Madqa* selon la zone concernée**
Afkiqek-Maqad	➢ 1 vache au titre du tort causé à autrui (*baatil*), ➢ 1 vache au titre de l'indemnité d'apaisement (*doroq*), ➢ 4 chèvres au titre de l'indemnité due à l'assemblée des *Makaaban* (*seefa*), ➢ 1 vache en réparation du préjudice résultant de la privation de la reproduction (*can qaddos*), ➢ 12 vaches à titre de compensaţion (*gidiy*) pour le chameau reproducteur abattu ou rendu introuvable.
Bodoytâ meela	➢ 1 vache au titre du tort causé à autrui (*baatil*), ➢ 12 vaches à titre de compensation (*gidiy*) pour le chameau reproducteur (*moynob*) abattu ou rendu introuvable.

Burqili	➢ 12 chèvres au titre du tort causé à autrui (*baatil*), ➢ 30 chèvres en réparation de l'atteinte à la vie du chameau ou de sa disparition (*rooci*), ➢ 30 chèvres en réparation du prélèvement des muscles d'un chameau égorgé (*ixu*), ➢ 30 chèvres en réparation du dépouillement des os d'un chameau égorgé (*lafa*), ➢ 6 chèvres au titre de l'indemnité due à l'assemblée des *Makaaban* (*seefa*), ➢ 10 chèvres en réparation du préjudice résultant de la privation de la reproduction (*can qaddos*).
Buxxutô baxa	➢ 1 vache au titre du tort causé à autrui (*baatil*), ➢ 2 chameaux et 10 chèvres à titre de compensation (*gidiy*) pour le chameau abattu ou rendu introuvable. » ➢ 6 chèvres au titre de l'indemnité due à l'assemblée des *Makaaban* (*seefa*), ➢ 10 chèvres en réparation du préjudice résultant de la privation de la reproduction (*moynobta*).
Debnek-Weeqima	➢ 1 vache au titre de l'indemnité d'apaisement (*doroq*), ➢ 3 vaches en réparation du déplacement illicite de l'animal (*daabâ koro*), ➢ 3 vaches en réparation de l'entrave de l'animal en vue de sa mise à mort (*bixax*), ➢ 3 vaches en réparation de la soustraction de l'animal par abattage ou dissimulation en vue de sa consommation, ➢ 1 vache en réparation du préjudice résultant de la privation de la reproduction (*can qaddos*), ➢ 4 chamelles à titre de compensation (*gidiy*) pour le chameau abattu ou rendu introuvable.

Article 200 : D'une chamelle porteuse (*guddali*) volée, abattue ou introuvable

1. Lorsque la chamelle volée est porteuse et qu'elle est abattue ou demeure introuvable, l'auteur est tenu aux amendes et indemnités suivantes :

Zone d'application des régimes	**Régimes de compensation, de réparation et de sanctions du *Madqa* selon la zone concernée**
Afkiqek-Maqad	➢ 1 vache au titre du tort causé à autrui (*baatil*), ➢ 1 vache au titre de l'indemnité d'apaisement (*doroq*), ➢ 4 chèvres au titre de l'indemnité due à l'assemblée des *Makaaban* (*seefa*), ➢ 12 vaches à titre de compensation (*gidiy*) pour la chamelle porteuse (*guddali*) abattue ou rendue introuvable.
Bodoytâ meela	➢ 1 vache au titre du tort causé à autrui (*baatil*), ➢ 12 vaches à titre de compensation (*gidiy*) pour la chamelle porteuse (*guddali*) abattue ou rendue introuvable.
Burqili	➢ 12 chèvres au titre du tort causé à autrui (*baatil*), ➢ 30 chèvres en réparation de l'atteinte à la vie de la chamelle (*rooci*), ➢ 30 chèvres en réparation du prélèvement des muscles d'un chameau égorgé ou rendu introuvable (*ixu*), ➢ 30 chèvres en réparation du dépouillement des os d'une chamelle égorgée ou rendue introuvable (*lafa*), ➢ 6 chèvres au titre de l'indemnité due à l'assemblée des *Makaaban* (*seefa*).
Buxxutô baxa	➢ 1 vache au titre du tort causé à autrui (*baatil*), ➢ 1 chamelle en chaleur pour la première fois (*rakub-faxa*) et 1 chameau de 3 ans (*soddomta*) à titre de compensation (*gidiy*) pour la chamelle porteuse (*guddali*) abattue ou rendue introuvable, ➢ 6 chèvres au titre de l'indemnité due à l'assemblée des *Makaaban* (*seefa*).

Debnek-Weeqima	➢1 vache au titre de l'indemnité d'apaisement (*doroq*), ➢3 vaches en réparation du déplacement illicite de l'animal (*daabâ koro*), ➢3 vaches en réparation de l'entrave du chameau en vue de sa mise à mort ou de sa disparition (*bixax*), ➢3 vaches en réparation de la soustraction de l'animal par abattage ou dissimulation en vue de sa consommation, ➢4 chameaux à titre de compensation (*gidiy*) pour la chamelle abattue ou rendue introuvable, ➢2 chameaux supplémentaires à titre de compensation pour la portée de la chamelle (*bagut yan baxih gidiy*).

Article 201 : D'une chamelle laitière (*ukwa ala*) volée, abattue ou introuvable

1. Lorsqu'une chamelle laitière est volée puis abattue ou reste introuvable, l'auteur est tenu aux amendes et indemnités suivantes :

Zone d'application des régimes	**Régimes de compensation, de réparation et de sanctions du *Madqa* selon la zone concernée**
Afkiqek-Maqad	➢1 vache au titre du tort causé à autrui (*baatil*), ➢1 vache au titre de l'indemnité d'apaisement (*doroq*), ➢4 chèvres au titre de l'indemnité due à l'assemblée des *Makaaban* (*seefa*), ➢12 vaches à titre de compensation (*gidiy*) pour la chamelle laitière (*ukwa ala*) abattue ou rendue introuvable, ➢1 vache en réparation du préjudice résultant de l'assèchement du récipient à lait (*aynî liga*) consécutif à l'abattage ou à la disparition d'une chamelle laitière.
Bodoytâ meela	➢ 1 vache au titre du tort causé à autrui (*baatil*),

	➢ 12 vaches à titre de compensation (*gidiy*) pour la chamelle laitière (*ukwa ala*) abattue ou rendue introuvable, ➢ 2 vaches en réparation du préjudice résultant de la privation du petit de lait.
Burqili	➢ 12 chèvres au titre du tort causé à autrui (*baatil*), ➢ 12 chèvres au titre de l'indemnité due à l'assemblée des *Makaaban* (*seefa*), ➢ 180 chèvres à titre de compensation (*gidiy*) pour l'abattage ou la disparition de la chamelle laitière (*ukwa ala*), constituant un préjudice d'une particulière gravité (*qeebile*).
Buxxutô baxa	➢ 1 vache au titre du tort causé à autrui (*baatil*), ➢ 1 chamelle en chaleur pour la première fois (*rakub-faxa*) et 1 chameau de 3 ans (*soddomta*) à titre de compensation (*gidiy*) pour la chamelle laitière (*ukwa ala*) abattue ou rendue introuvable, ➢ 6 chèvres au titre de l'indemnité due à l'assemblée des *Makaaban* (*seefa*), ➢ 10 vaches en réparation du préjudice résultant de l'assèchement du récipient à lait (*qamur liga*) consécutif à l'abattage ou à la disparition de la chamelle laitière (*ukwa ala*). ➢ 2 vaches en réparation du préjudice résultant de la privation du petit de lait *(xaliyti liga*).
Debnek-Weeqima	➢ 1 vache au titre de l'indemnité d'apaisement (*doroq*), ➢ 3 vaches en réparation du déplacement illicite de l'animal (*daabâ koro*), ➢ 3 vaches en réparation de l'entrave de la chamelle en vue de sa mise à mort (*bixax*), ➢ 3 vaches en réparation de l'utilisation d'un lieu de dissimulation destiné à l'abattage et à la consommation, ➢ 4 chameaux à titre de compensation (*gidiy*) pour la chamelle laitière abattue ou rendue introuvable, ➢ 6 chèvres porteuses (*idqa wadar*) et 6 chèvres laitières (*ukwa wadar*) à titre de compensation

	pour la privation du lait (*cancerris*).

Article 202 : De la blessure subie par un chameau du fait des charges portées (*ille*) lors du vol

1. Lorsqu'un chameau volé, restitué vivant, a subi une blessure résultant des charges portées lors du vol, l'auteur est tenu au paiement des indemnités prévues au présent article, en sus de celles prévues à l'article 196.
2. Ces indemnités sont fixées comme suit :

Zone d'application des régimes	**Régimes de compensation, de réparation et de sanctions du *Madqa* selon la zone concernée**
Afkiqek-Maqad	➢ 1 chèvre au titre de l'indemnité de clôture de responsabilité (*baddi-kalti*) à l'égard de l'animal, ➢ 1 vache en réparation de l'atteinte subie par le chameau du fait des charges.
Bodoytâ meela	➢ 1 chèvre au titre de l'indemnité de clôture de responsabilité (*merrê-kalti*) à l'égard de la victime après guérison, ➢ 1 vache en réparation de l'atteinte subie par le chameau du fait des charges.
Burqili	➢ 40 chèvres en réparation du préjudice physique subi par le chameau.
Buxxutô baxa	➢ 10 chèvres en réparation de l'atteinte subie par le chameau du fait des charges.
Debnek-Weeqima	➢ 1 chameau en réparation du préjudice physique subi par le chameau.

Article 203 : Du préjudice physique subi par un chameau ou une chamelle restitué(e) vivant(e)

1. Toute personne qui inflige, volontairement ou par négligence, un dommage corporel à un chameau ou à une chamelle est tenue de réparer le préjudice subi.
2. Sont exclues du présent article les blessures résultant des charges portées lors du vol, qui relèvent de l'article 202.
3. La réparation due au titre du présent article s'ajoute aux amendes et indemnités prévues à l'article 196 pour le vol.
4. Elle est fixée ainsi qu'il suit :

Zone d'application des régimes	Régimes de compensation, de réparation et de sanctions du *Madqa* selon la zone concernée
Afkiqek-Maqad	➢ 120 vaches en réparation de la mutilation d'un membre inférieur, ➢ 7 vaches en réparation de tout autre préjudice physique subi par l'animal, ➢ 1 chèvre au titre de l'indemnité de clôture de responsabilité (*baddi-kalti*) à l'égard de l'animal.
Bodoytâ meela	➢ 12 vaches en réparation de tout préjudice physique subi par le chameau, ➢ 1 chèvre au titre de l'indemnité de clôture de responsabilité (*merrê-kalti*) à l'égard du chameau.
Burqili	➢ 40 chèvres en réparation de tout préjudice physique subi par le chameau, ➢ 1 chèvre au titre de l'indemnité de clôture de responsabilité (*baddi-kalti*) à l'égard de l'animal.
Buxxutô baxa	➢ 3 vaches en réparation de tout préjudice physique subi par le chameau.
Debnek-Weeqima	➢ 3 vaches en réparation de tout préjudice physique subi par le chameau (*qellantu*).

Article 204 : Du vol d'une vache restituée vivante

1. Lorsqu'une vache volée est restituée vivante à son propriétaire, l'auteur est tenu aux amendes et indemnités suivantes :

Zone d'application des régimes	Régimes de compensation, de réparation et de sanctions du *Madqa* selon la zone concernée
Afkiqek-Maqad	➢ 1 chèvre au titre de l'indemnité de clôture de responsabilité (*baddi-kalti*) à l'égard de l'animal, après réparation du préjudice subi, ➢ 1 vache au titre de l'indemnité d'apaisement (*doroq*), ➢ 8 chèvres en réparation du déplacement d'une vache en vue du vol (*raat*).
Bodoytâ meela	➢ 1 vache au titre du tort causé à autrui (*baatil*), ➢ 10 chèvres en réparation du déplacement d'une vache en vue du vol (*raat*).

Burqili	➢ 12 chèvres au titre du tort causé à autrui (baatil), ➢ 10 chèvres en réparation du déplacement d'une vache pour vol (*ibbot*).
Buxxutô baxa	➢ 1 vache au titre du tort causé à autrui (*baatil*), ➢ 1 vache au titre de l'indemnité d'apaisement (*doroq*), ➢ 1 chèvre au titre de l'indemnité due aux médiateurs (*fiddima*), ➢ 6 chèvres en réparation du déplacement d'un chameau en vue du vol (*ibbot*).
Debnek-Weeqima	➢ 3 vaches en réparation du fait d'avoir fait se lever une vache (*nookimak ugus*), ➢ 1vache en réparation de l'utilisation de la baguette de conduite laissant des marques (*sirdod*) sur la vache, ➢ 1 vache en réparation du déplacement d'une vache en vue du vol (*xayxaku*), ➢ 1 vache au titre de l'indemnité d'apaisement (*doroq*).

Article 205 : D'une vache volée, abattue ou introuvable

1. Lorsqu'une vache volée est abattue ou demeure introuvable, l'auteur est tenu aux amendes et indemnités suivantes :

Zone d'application des régimes	**Régimes de compensation, de réparation et de sanctions du *Madqa* selon la zone concernée**
Afkiqek-Maqad	➢1 vache au titre du tort causé à autrui (*baatil*), ➢1 vache au titre de l'indemnité d'apaisement (*doroq*), ➢4 chèvres au titre de l'indemnité due à l'assemblée des *Makaaban* (*seefa*), ➢3 vaches au titre de compensation (*gidiy*) pour une vache abattue ou rendue introuvable.
Bodoytâ meela	➢1 vache au titre du tort causé à autrui (*baatil*), ➢7 vaches au titre de compensation (*gidiy*) pour une vache abattue ou rendue introuvable,

	Lorsque le vol et l'abattage concernent une génisse de quatre à cinq ans (*sooyta*) ou un taureau de trois ans (*fiicali*) : ➢2 vaches sont dues au titre de la compensation (*gidiy*).
Burqili	➢12 chèvres au titre du tort causé à autrui (*baatil*), ➢4 chèvres au titre de l'indemnité due à l'assemblée des *Makaaban* (*seefa*), ➢30 chèvres au titre de compensation (*gidiy*) pour une vache abattue ou rendue introuvable.
Buxxutô baxa	➢1 vache au titre du tort causé à autrui (*baatil*), ➢1 vache au titre de l'indemnité d'apaisement (*doroq*), ➢1 chèvre au titre de l'indemnité due aux médiateurs (*fiddima*), ➢3 génisses adultes (*sooytá*) au titre de compensation (*gidiy*) pour une vache abattue ou rendue introuvable.
Debnek-Weeqima	➢1 vache au titre de l'indemnité d'apaisement (*doroq*), ➢ 4 vaches de compensation (*gidiy*) pour une vache abattue ou rendue introuvable.

Article 206 : D'une vache laitière (*ukwa saga*) volée, abattue ou introuvable

1. Lorsqu'une vache laitière est volée puis abattue ou rendue introuvable, l'auteur est tenu aux amendes et indemnités suivantes :

Zone d'application des régimes	Régimes de compensation, de réparation et de sanctions du *Madqa* selon la zone concernée
Afkiqek-Maqad	➢ 1 vache au titre du tort causé à autrui (*baatil*), ➢1 vache au titre de l'indemnité d'apaisement (*doroq*), ➢4 chèvres au titre de l'indemnité due à l'assemblée des *Makaaban* (*seefa*),

	➢ 1 vache au titre du préjudice résultant de l'assèchement du récipient à lait (*aynî liga*) consécutif à l'abattage d'une vache laitière (*ukwa saga*), ➢ 3 vaches au titre de compensation (*gidiy*) pour une vache laitière abattue ou rendue introuvable.
Bodoytâ meela	➢ 1 vache au titre du tort causé à autrui (*baatil*), ➢ 7 vaches au titre de compensation (*gidiy*) pour une vache laitière (*ukwa saga*) abattue ou rendue introuvable.
Burqili	➢ 12 chèvres au titre du tort causé à autrui (*baatil*), ➢ 6 chèvres au titre de l'indemnité due à l'assemblée des *Makaaban* (*seefa*), ➢ 70 chèvres au titre de compensation (*gidiy*) pour une vache laitière (*ukwa ala*) abattue ou rendue introuvable, préjudice d'une particulière gravité (*qeebile*).
Buxxutô baxa	➢ 1 vache au titre du tort causé à autrui (*baatil*), ➢ 1 vache au titre de l'indemnité d'apaisement (*doroq*), ➢ 1 chèvre au titre de l'indemnité due aux médiateurs (*fiddima*), ➢ 3 génisses adultes (*sooyta*) au titre de compensation (*gidiy*) pour une vache laitière abattue ou rendue introuvable, ➢ 10 chèvres en réparation de l'usage d'une corde (*caluki*) destinée à attacher les pattes arrière d'une vache lors de la traite.
Debnek-Weeqima	➢ 1 vache au titre de l'indemnité d'apaisement (*doroq*), ➢ 4 vaches au titre de compensation (*gidiy*) pour une vache abattue ou rendue introuvable, ➢ 6 chèvres porteuses (*idqa wadar*) et 6 chèvres laitières (*ukwa wadar*) en réparation de la privation du lait (*can cerris*).

Article 207 : D'une vache porteuse (*idqa saga*) volée, abattue ou introuvable

1. Lorsque la vache volée est porteuse et qu'elle est abattue ou rendue introuvable, l'auteur du délit est tenu de s'acquitter des amendes et indemnités prévues comme suit :

Zone d'application des régimes	**Régimes de compensation, de réparation et de sanctions du *Madqa* selon la zone concernée**
Afkiqek-Maqad	➢1 vache au titre du tort causé à autrui (*baatil*), ➢1 vache au titre de l'indemnité d'apaisement (*doroq*), ➢4 chèvres au titre de l'indemnité due à l'assemblée des *Makaaban* (*seefa*), ➢3 vaches au titre de compensation (*gidiy*) pour une vache abattue ou rendue introuvable.
Bodoytâ meela	➢1 vache au titre du tort causé à autrui (*baatil*), ➢7 vaches au titre de compensation (*gidiy*) pour une vache porteuse (*idqa saga*) abattue ou rendue introuvable.
Burqili	➢12 chèvres au titre du tort causé à autrui (*baatil*), ➢3 chèvres au titre de l'indemnité due à l'assemblée des *Makaaban* (*seefa*), ➢30 chèvres au titre de compensation (*gidiy*) pour une vache porteuse (idqa saga) abattue ou rendue introuvable.
Buxxutô baxa	➢1 vache au titre du tort causé à autrui (*baatil*), ➢1 vache au titre de l'indemnité d'apaisement (*doroq*), ➢1 chèvre au titre de l'indemnité due aux médiateurs (*fiddima*), ➢3 génisses adultes (*sooyta*) au titre de compensation (*gidiy*) pour une vache laitière abattue ou rendue introuvable.
Debnek-Weeqima	➢1 vache au titre de l'indemnité d'apaisement (*doroq*), ➢4 vaches au titre de compensation (*gidiy*) pour une vache porteuse abattue ou rendue introuvable,

	➢2 vaches supplémentaires au titre de l'indemnité compensatoire correspondant à la portée d'une vache (*bagut yan baxih gidiy*).

Article 208 : D'un taureau reproducteur (*moynob*) ou d'un bœuf de labour (*caras*) volé, abattu ou introuvable

1. Lorsqu'un taureau reproducteur ou un bœuf de labour est volé puis abattu ou rendu introuvable, l'auteur est tenu aux amendes et indemnités suivantes :

Zone d'application des régimes	**Régimes de compensation, de réparation et de sanctions du *Madqa* selon la zone concernée**
Afkiqek-Maqad	➢1 vache au titre du tort causé à autrui (*baatil*), ➢1 vache au titre de l'indemnité d'apaisement (*doroq*), ➢4 chèvres au titre de l'indemnité due à l'assemblée des *Makaaban* (*seefa*), ➢2 vaches au titre du préjudice matériel subi en cas d'abattage d'un taureau reproducteur (*moynob*). ➢4 vaches au titre du préjudice matériel subi en cas d'abattage d'un bœuf de labour [51] (*caras*).
Budoytâ meela	➢1 vache au titre du tort causé à autrui (*baatil*), ➢7 vaches au titre de compensation (*gidiy*) pour un taureau reproducteur (*moynob*) abattu ou rendu introuvable.
Burqili	➢12 chèvres au titre du tort causé à autrui (*baatil*), ➢3 chèvres au titre de l'indemnité due à l'assemblée des *Makaaban* (*seefa*), ➢30 chèvres au titre de compensation (*gidiy*) pour un taureau reproducteur (*moynob*) abattu,

[51] La compensation spécifique du bœuf de labour (*caras, makawwanaytu*) est propre au régime d'Afkiqek-Maqad. Cette particularité s'explique par l'ancrage ancien et continu des pratiques agricoles dans la région de Kalo, irriguée par le fleuve Awash, contrairement aux autres régions afars où prédomine traditionnellement un mode de vie pastoral fondé sur l'élevage du bétail, sans travaux agricoles organisés.

	➢10 chèvres au titre du préjudice résultant de la privation de la reproduction (*can qaddos*).
Buxxutô baxa	➢1 vache au titre du tort causé à autrui (*baatil*), ➢1 vache au titre de l'indemnité d'apaisement (*doroq*), ➢1 chèvre au titre de l'indemnité due aux médiateurs (*fiddima*), ➢3 vaches au titre de compensation (*gidiy*) pour un taureau reproducteur (*moynob*) abattu, ➢5 chèvres au titre du préjudice résultant de la privation de la reproduction (*can qaddos*).
Debnek-Weeqima	➢1 vache au titre de l'indemnité d'apaisement (*doroq*), ➢4 vaches au titre de compensation (*gidiy*) pour un taureau reproducteur (*moynob*) abattu, ➢1 vache au titre du préjudice résultant de la privation de la reproduction (*can qaddos*).

Article 209 : Du vol d'une chèvre restituée vivante

1. Lorsque la chèvre volée est restituée vivante à son propriétaire, l'auteur est tenu aux amendes et indemnités suivantes :

Zone d'application des régimes	**Régimes de compensation, de réparation et de sanctions du *Madqa* selon la zone concernée**
Afkiqek-Maqad	➢1 vache au titre du tort causé à autrui (*baatil*), ➢1 vache au titre de l'indemnité d'apaisement (*doroq*), ➢1 vache au titre de la saisie d'une chèvre volée lorsqu'elle est retrouvée vivante au marché.
Bodoytâ meela	➢1 vache au titre du tort causé à autrui (*baatil*).
Burqili	➢12 chèvres au titre de l'indemnité d'apaisement (*maruuso*).
Buxxutô baxa	➢1 vache au titre de l'indemnité d'apaisement (*doroq*), ➢1 chèvre au titre de l'indemnité due aux médiateurs (*fiddima*).
Debnek-Weeqima	➢6 chèvres au titre du tort causé à autrui (*baatil*), ➢6 chèvres au titre de l'indemnité d'apaisement (*doroq*).

Article 210 : D'une chèvre volée, abattue ou introuvable

1. Lorsque la chèvre volée a été abattue ou est introuvable, l'auteur est tenu de réparer le préjudice subi dans les conditions suivantes :

Zone d'application des régimes	**Régimes de compensation, de réparation et de sanctions du *Madqa* selon la zone concernée**
Afkiqek-Maqad	➢ 1 vache au titre du tort causé à autrui (*baatil*), ➢ 1 vache au titre de l'indemnité d'apaisement (*doroq*), ➢ 3 chèvres au titre de compensation (*gidiy*) pour une chèvre abattue ou rendue introuvable.
Bodoytâ meela	➢ 1 vache au titre du tort causé à autrui (*baatil*), ➢ 7 chèvres au titre de compensation (*gidiy*) pour une chèvre abattue ou rendue introuvable.
Burqili	➢ 12 chèvres au titre du tort causé à autrui (*baatil*), ➢ 12 chèvres au titre de l'indemnité d'apaisement (*maruuso*), ➢ 3 chèvres au titre de compensation (*gidiy*) pour une chèvre abattue ou rendue introuvable.
Buxxutô baxa	➢ 1 vache au titre de l'indemnité d'apaisement (*doroq*), ➢ 1 chèvre au titre de l'indemnité due aux médiateurs (*fiddima*), ➢ 3 chèvres au titre de compensation (*gidiy*) pour une chèvre abattue ou rendue introuvable.
Debnek-Weeqima	➢ 6 chèvres au titre de l'indemnité d'apaisement (*doroq*), ➢ 4 chèvres au titre de compensation (*gidiy*) pour une chèvre abattue ou rendue introuvable.

Article 211 : D''une chèvre porteuse (*idqa reyta*) volée, abattue ou introuvable

1. Lorsqu'une chèvre porteuse est volée puis abattue ou demeure introuvable, l'auteur est tenu aux réparations suivantes :

Zone d'application des régimes	Régimes de compensation, de réparation et de sanctions du *Madqa* selon la zone concernée
Afkiqek-Maqad	➢ 1 vache au titre du tort causé à autrui (*baatil*), ➢ 1 vache au titre de l'indemnité d'apaisement (*doroq*), ➢ 3 chèvres au titre de compensation (*gidiy*) pour une chèvre porteuse abattue ou rendue introuvable.
Bodoytâ meela	➢ 1 vache au titre du tort causé à autrui (*baatil*), ➢ 7 chèvres au titre de compensation (*gidiy*) pour une chèvre porteuse abattue ou rendue introuvable.
Burqili	➢ 12 chèvres au titre du tort causé à autrui (*baatil*), ➢ 12 chèvres au titre de l'indemnité d'apaisement (*maruuso*), ➢ 3 chèvres au titre de compensation (*gidiy*) pour une chèvre porteuse abattue ou rendue introuvable.
Buxxutô baxa	➢ 1 vache au titre de l'indemnité d'apaisement (*doroq*), ➢ 1 chèvre au titre de l'indemnité due aux médiateurs (*fiddima*), ➢ 3 chèvres au titre de compensation (*gidiy*) pour une chèvre porteuse abattue ou rendue introuvable, ➢ 1 chèvre supplémentaire au titre de l'indemnité compensatoire correspondant à la portée d'une chèvre (*bagut yan baxih gidiy*).
Debnek-Weeqima	➢ 6 chèvres au titre de l'indemnité d'apaisement (*doroq*), ➢ 4 chèvres au titre de compensation (*gidiy*) pour une chèvre porteuse abattue ou rendue introuvable, ➢ 1 chèvre supplémentaire au titre de l'indemnité compensatoire correspondant à la portée (*bagut yan baxih gidiy*).

Article 212 : D'une chèvre laitière (*ukwa reyta*) volée, abattue ou introuvable

1. Lorsque la chèvre laitière est abattue ou introuvable, les indemnités dues sont les suivantes :

Zone d'application des régimes	Régimes de compensation, de réparation et de sanctions du *Madqa* selon la zone concernée
Afkiqek-Maqad	➢ 1 vache au titre du tort causé à autrui (*baatil*), ➢ 1 vache au titre de l'indemnité d'apaisement (*doroq*), ➢ 3 chèvres au titre de compensation (*gidiy*) pour une chèvre laitière abattue ou rendue introuvable.
Bodoytâ meela	➢ 1 vache au titre du tort causé à autrui (*baatil*), ➢ 7 chèvres au titre de compensation (*gidiy*) pour une chèvre laitière abattue ou rendue introuvable.
Burqili	➢ 12 chèvres au titre du tort causé à autrui (*baatil*), ➢ 12 chèvres au titre de l'indemnité d'apaisement (*maruuso*), ➢ 3 chèvres au titre de compensation (*gidiy*) pour une chèvre laitière abattue ou rendue introuvable.
Buxxutô baxa	➢ 1 vache au titre de l'indemnité d'apaisement (*doroq*), ➢ 1 chèvre au titre de l'indemnité due aux médiateurs (*fiddima*), ➢ 3 chèvres au titre de compensation (*gidiy*) pour une chèvre laitière abattue ou rendue introuvable.
Debnek-Weeqima	➢ 6 chèvres au titre de l'indemnité d'apaisement (*doroq*), ➢ 4 chèvres au titre de compensation (*gidiy*) pour une chèvre laitière abattue ou rendue introuvable.

Article 213 : D'un bouc reproducteur (*moynob*) volé, abattu ou introuvable

1. Lorsqu'un bouc reproducteur est volé puis abattu ou demeure introuvable, l'auteur est tenu aux réparations suivantes :

Zone d'application des régimes	**Régimes de compensation, de réparation et de sanctions du *Madqa* selon la zone concernée**
Afkiqek-Maqad	➢1 vache au titre du tort causé à autrui (*baatil*), ➢1 vache au titre de l'indemnité d'apaisement (*doroq*), ➢3 chèvres au titre de compensation *(gidiy)* pour un bouc reproducteur abattu ou rendu introuvable.
Bodoytâ meela	➢1 vache au titre du tort causé à autrui (*baatil*), ➢7 chèvres au titre de compensation (*gidiy*) pour un bouc reproducteur abattu.
Burqili	➢12 chèvres au titre du tort causé à autrui (*baatil*), ➢12 chèvres au titre de l'indemnité d'apaisement (*maruuso*), ➢3 chèvres au titre de compensation (*gidiy*) pour un bouc reproducteur abattu ou rendu introuvable, ➢1 chèvre au titre du préjudice résultant de la privation de la reproduction (*can qaddos*).
Buxxutô baxa	➢1 vache au titre de l'indemnité d'apaisement (*doroq*), ➢1 chèvre au titre de l'indemnité due aux médiateurs (*fiddima*), ➢3 chèvres au titre de compensation (*gidiy*) pour un bouc reproducteur abattu ou rendu introuvable.
Debnek-Weeqima	➢6 chèvres au titre de l'indemnité d'apaisement (*doroq*), ➢8 chèvres au titre de compensation (*gidiy*) pour un bouc reproducteur abattu ou rendu introuvable.

Article 214 : D'un bouc castré (*sanga*) volé, abattu ou introuvable

1. Lorsque le bouc castré volé est abattu ou rendu introuvable, l'auteur est tenu aux amendes et indemnités suivantes :

Zone d'application des régimes	**Régimes de compensation, de réparation et de sanctions du *Madqa* selon la zone concernée**
Afkiqek-Maqad	➢ 1 vache au titre du tort causé à autrui (*baatil*), ➢ 1 vache au titre de l'indemnité d'apaisement (*doroq*),

	➢ 3 chèvres au titre de compensation (*gidiy*) pour un bouc castré abattu ou rendu introuvable.
Bodoytâ meela	➢ 1 vache au titre du tort causé à autrui (*baatil*), ➢ 7 chèvres au titre de compensation (*gidiy*) pour un bouc castré abattu.
Burqili	➢ 12 chèvres au titre du tort causé à autrui (*baatil*), ➢ 12 chèvres au titre de l'indemnité d'apaisement (*maruuso*), ➢ 3 chèvres au titre de compensation (*gidiy*) pour un bouc castré (*sanga*) abattu ou rendu introuvable, ➢ 1 chevreau en sevrage partiel (*namma maaqoli* [52]) pour avoir égorgé ou rendu introuvable un bouc castré.
Buxxutô baxa	➢ 1 vache au titre de l'indemnité d'apaisement (*doroq*), ➢ 1 chèvre au titre de l'indemnité due aux médiateurs (*fiddima*), ➢ 3 chèvres au titre de compensation (*gidiy*) pour un bouc castré abattu ou rendu introuvable.
Debnek-Weeqima	➢ 6 chèvres au titre de l'indemnité d'apaisement (*doroq*), ➢ 8 chèvres au titre de compensation (*gidiy*) pour un bouc castré abattu ou rendu introuvable.

Article 215 : Du vol d'un mouton (brebis ou bélier) restitué vivant

1. Lorsque le mouton volé (brebis ou bélier) est restitué vivant à son propriétaire, la réparation est fixée comme suit :

Zone d'application des régimes	**Régimes de compensation, de réparation et de sanctions du *Madqa* selon la zone concernée**
Afkiqek-Maqad	➢ 1 vache au titre du tort causé à autrui (*baatil*), ➢ 1 vache au titre de l'indemnité d'apaisement (*doroq*),

[52] « *Namma maaqoli* » (litt. celui qui a deux nourritures) désigne un chevreau en sevrage partiel, c'est-à-dire un jeune animal qui se nourrit à la fois du lait maternel et d'herbes.

	➢ 1 vache au titre de la saisie d'un bouc volé lorsqu'il est retrouvé vivant au marché.
Bodoytâ meela	➢ 1 vache au titre du tort causé à autrui (*baatil*), ➢ 1 vache au titre de la saisie d'un bouc volé lorsqu'il est retrouvé vivant au marché.
Burqili	➢ 12 chèvres au titre du tort causé à autrui (*baatil*), ➢ 12 chèvres au titre de l'indemnité d'apaisement (*maruuso*).
Buxxutô baxa	➢ 1 vache au titre de l'indemnité d'apaisement (*doroq*), ➢ 1 chèvre au titre de l'indemnité due aux médiateurs (*fiddima*).
Debnek-Weeqima	➢ 6 chèvres au titre de l'indemnité d'apaisement (*doroq*).

Article 216 : D'une brebis volée, abattue ou introuvable

1. Lorsque la brebis volée est abattue ou introuvable, les réparations suivantes sont dues :

Zone d'application des régimes	**Régimes de compensation, de réparation et de sanctions du *Madqa* selon la zone concernée**
Afkiqek-Maqad	➢ 1 vache au titre du tort causé à autrui (*baatil*), ➢ 1 vache au titre de l'indemnité d'apaisement (*doroq*), ➢ 4 chèvres au titre de compensation (*gidiy*) pour une brebis abattue ou rendue introuvable.
Bodoytâ meela	➢ 1 vache au titre du tort causé à autrui (*baatil*), ➢ 7 chèvres au titre de compensation (*gidiy*) pour une brebis abattue ou rendue introuvable.
Burqili	➢ 1 vache au titre du tort causé à autrui (*baatil*), ➢ 1 vache au titre de l'indemnité d'apaisement (*maruuso*), ➢ 3 chèvres au titre de compensation (*gidiy*) pour une brebis abattue ou rendue introuvable.
Buxxutô baxa	➢ 1 vache au titre de l'indemnité d'apaisement (*doroq*), ➢ 1 chèvre au titre de l'indemnité due aux médiateurs (*fiddima*),

	➢4 brebis au titre de compensation (*gidiy*) pour une brebis abattue ou rendue introuvable.
Debnek-Weeqima	➢6 chèvres au titre de l'indemnité d'apaisement (*doroq*), ➢6 chèvres ou 4 brebis au titre de compensation (*gidiy*) pour une brebis abattue ou rendue introuvable.

Article 217 : D'une brebis porteuse (*idqa ida*) volée, abattue ou introuvable

1. Lorsque la brebis porteuse est volée puis abattue ou introuvable, l'auteur répare le préjudice comme suit :

Zone d'application des régimes	Régimes de compensation, de réparation et de sanctions du *Madqa* selon la zone concernée
Afkiqek-Maqad	➢ 1 vache au titre du tort causé à autrui (*baatil*), ➢1 vache au titre de l'indemnité d'apaisement (*doroq*), ➢ 4 chèvres au titre de compensation (*gidiy*) pour une brebis porteuse abattue ou rendue introuvable.
Bodoytâ meela	➢ 1 vache au titre du tort causé à autrui (*baatil*), ➢ 7 chèvres au titre de compensation (*gidiy*) pour une brebis porteuse abattue ou rendue introuvable.
Burqili	➢12 chèvres au titre du tort causé à autrui (*baatil*), ➢ 12 chèvres au titre de l'indemnité d'apaisement (*maruuso*), ➢3 chèvres au titre de compensation (*gidiy*) pour une brebis porteuse abattue ou rendue introuvable.
Buxxutô baxa	➢1 vache au titre de l'indemnité d'apaisement (*doroq*), ➢1 chèvre au titre de l'indemnité due aux médiateurs (*fiddima*), ➢ 4 brebis au titre de compensation (*gidiy*) pour une brebis porteuse abattue ou rendue introuvable,

	➢ 1 brebis supplémentaire au titre de l'indemnité compensatoire correspondant à la portée d'une brebis (*bagut yan baxih gidiy*).
Debnek-Weeqima	➢ 6 chèvres au titre de l'indemnité d'apaisement (*doroq*), ➢ 6 chèvres ou 4 brebis au titre de compensation (*gidiy*) pour une brebis porteuse abattue ou rendue introuvable, ➢ 1 brebis supplémentaire au titre de l'indemnité compensatoire correspondant à la portée (*bagut yan baxih gidiy*).

Article 218 : D'une brebis laitière (*ukwa ida*) volée, abattue ou introuvable

1. Lorsque la brebis laitière est volée puis abattue ou introuvable, l'auteur répare le préjudice comme suit :

Zone d'application des régimes	**Régimes de compensation, de réparation et de sanctions du *Madqa* selon la zone concernée**
Afkiqek-Maqad	➢ 1 vache au titre du tort causé à autrui (*baatil*), ➢ 1 vache au titre de l'indemnité d'apaisement (*doroq*), ➢ 4 chèvres au titre de compensation (*gidiy*) pour une brebis laitière abattue ou rendue introuvable.
Bodoytâ meela	➢ 1 vache au titre du tort causé à autrui (*baatil*), ➢ 7 chèvres au titre de compensation (*gidiy*) pour une brebis laitière abattue ou rendue introuvable.
Burqili	➢ 12 chèvres au titre du tort causé à autrui (*baatil*), ➢ 12 chèvres au titre de l'indemnité d'apaisement (*maruuso*), ➢ 3 chèvres au titre de compensation (*gidiy*) pour une brebis laitière abattue ou rendue introuvable, ➢ 1 chèvre laitière en réparation de la privation de lait consécutive à l'abattage d'une brebis.
Buxxutô baxa	➢ 1 vache au titre de l'indemnité d'apaisement (*doroq*), ➢ 1 chèvre au titre de l'indemnité due aux médiateurs (*fiddima*),

	➢ 4 brebis au titre de compensation (*gidiy*) pour une brebis laitière abattue ou rendue introuvable.
Debnek-Weeqima	➢ 6 chèvres au titre de l'indemnité d'apaisement (*doroq*), ➢ 6 chèvres ou 4 brebis au titre de compensation (*gidiy*) pour une brebis laitière abattue ou rendue introuvable, ➢ 6 chèvres en réparation de la privation de lait (*can cerris*) consécutive à l'abattage ou la disparition d'une brebis.

Article 219 : D'un bélier reproducteur (*moynob*) volé, abattu ou introuvable

1. Lorsque le bélier reproducteur volé est abattu ou demeure introuvable, les réparations suivantes sont dues :

Zone d'application des régimes	**Régimes de compensation, de réparation et de sanctions du *Madqa* selon la zone concernée**
Afkiqek-Maqad	➢ 1 vache au titre du tort causé à autrui (*baatil*), ➢ 1 vache au titre de l'indemnité d'apaisement (*doroq*), ➢ 4 chèvres au titre de compensation (*gidiy*) pour un bélier abattu ou rendu introuvable.
Bodoytâ meela	➢ 1 vache au titre du tort causé à autrui (*baatil*), ➢ 7 chèvres au titre de compensation (*gidiy*) pour un bélier abattu ou rendu introuvable.
Burqili	➢ 12 chèvres au titre du tort causé à autrui (*baatil*), ➢ 12 chèvres au titre de l'indemnité d'apaisement (*maruuso*), ➢ 3 chèvres au titre de compensation (*gidiy*) pour un bélier reproducteur abattu ou rendu introuvable, ➢ 1 chèvre au titre du préjudice résultant de la privation de la reproduction (*can qaddos*).
Buxxutô baxa	➢ 1 vache au titre de l'indemnité d'apaisement (*doroq*), ➢ 1 chèvre au titre de l'indemnité due aux médiateurs (*fiddima*),

	➢ 4 béliers au titre de compensation (*gidiy*) pour un bélier reproducteur abattu ou rendu introuvable.
Debnek-Weeqima	➢ 6 chèvres au titre de l'indemnité d'apaisement (*doroq*), ➢ 6 chèvres ou 4 brebis au titre de compensation (*gidiy*) pour un bélier reproducteur abattu ou rendu introuvable, ➢ 1 brebis au titre du préjudice résultant de la privation de la reproduction (*can qaddos*).

Article 220 : D'un bélier castré (*sanga*) volé, abattu ou introuvable

1. Lorsque le bélier castré est volé puis abattu ou introuvable, l'auteur répare le préjudice comme suit :

Zone d'application des régimes	**Régimes de compensation, de réparation et de sanctions du *Madqa* selon la zone concernée**
Afkiqek-Maqad	➢ 1 vache au titre du tort causé à autrui (*baatil*), ➢ 1 vache au titre de l'indemnité d'apaisement (*doroq*), ➢ 4 chèvres au titre de compensation (*gidiy*) pour un bélier castré abattu ou rendu introuvable.
Bodoytâ meela	➢ 1 vache au titre du tort causé à autrui (*baatil*), ➢ 7 chèvres au titre de compensation (*gidiy*) pour un bélier castré abattu ou rendu introuvable.
Burqili	➢ 12 chèvres au titre du tort causé à autrui (*baatil*), ➢ 12 chèvres au titre de l'indemnité d'apaisement (*maruuso*), ➢ 3 chèvres au titre de compensation (*gidiy*) pour un bélier castré abattu ou rendu introuvable.
Buxxutô baxa	➢ 1 vache au titre de l'indemnité d'apaisement (*doroq*), ➢ 1 chèvre au titre de l'indemnité due aux médiateurs (*fiddima*), ➢ 4 béliers au titre de compensation (*gidiy*) pour un bélier castré abattu ou rendu introuvable.
Debnek-Weeqima	➢ 6 chèvres au titre de l'indemnité d'apaisement (*doroq*),

	➢ 8 chèvres ou 4 brebis au titre de compensation (*gidiy*) pour un bélier castré abattu ou rendu introuvable.

Article 221 : D'un âne volé, restitué vivant

1. Lorsque l'âne ou l'ânesse volé(e) est restitué(e) vivant(e) à son propriétaire, l'auteur est tenu à réparation comme suit :

Zone d'application des régimes	**Régimes de compensation, de réparation et de sanctions du *Madqa* selon la zone concernée**
Afkiqek-Maqad	➢ 1 vache au titre du tort causé à autrui (*baatil*), ➢ 1 vache au titre de l'indemnité d'apaisement (*doroq*).
Bodoytâ meela	➢ 1 vache au titre du tort causé à autrui (*baatil*).
Burqili	➢ 12 chèvres au titre du tort causé à autrui (*baatil*), ➢ 12 chèvres au titre de l'indemnité d'apaisement (*maruuso*), ➢ 10 chèvres en réparation du déplacement d'un âne en vue du vol (*ibbot*).
Buxxutô baxa	➢ 1 vache au titre du tort causé à autrui (*baatil*), ➢ 1 vache au titre de l'indemnité d'apaisement (*doroq*), ➢ 1 chèvre au titre de l'indemnité due aux médiateurs (*fiddima*).
Debnek-Weeqima	➢ 6 chèvres au titre de l'indemnité d'apaisement (*doroq*), ➢ 3 chèvres en réparation du déplacement d'un âne en vue du vol (*daabâ koro*).

Article 222 : D'un âne volé, abattu ou introuvable

1. Lorsque l'âne volé est abattu ou introuvable, l'auteur répare le préjudice comme suit :

Zone d'application des régimes	**Régimes de compensation, de réparation et de sanctions du *Madqa* selon la zone concernée**
Afkiqek-Maqad	➢ 1 vache au titre du tort causé à autrui (*baatil*), ➢ 1 vache au titre de l'indemnité d'apaisement (*doroq*),

	➢ 1 vache au titre de compensation (*gidiy*) pour un âne abattu ou rendu introuvable.
Bodoytâ meela	➢ 1 vache au titre du tort causé à autrui (*baatil*), ➢ 2 vaches au titre de compensation (*gidiy*) pour un âne abattu ou rendu introuvable.
Burqili	➢ 12 chèvres au titre du tort causé à autrui (*baatil*), ➢ 12 chèvres au titre de l'indemnité d'apaisement (*maruuso*), ➢ 30 chèvres au titre de compensation (*gidiy*) pour un âne abattu ou rendu introuvable, ➢ 3 chèvres au titre de l'indemnité due à l'assemblée des *Makaaban* (*seefa*).
Buxxutô baxa	➢ 1 vache au titre du tort causé à autrui (*baatil*), ➢ 1 vache au titre de l'indemnité d'apaisement (*doroq*), ➢ 1 chèvre au titre de l'indemnité due aux médiateurs (*fiddima*), ➢ 30 chèvres au titre de compensation (*gidiy*) pour un âne abattu ou rendu introuvable.
Debnek-Weeqima	➢ 1 vache au titre de l'indemnité d'apaisement (*doroq*), ➢ 12 vaches au titre de compensation (*gidiy*) pour un âne abattu ou rendu introuvable.

Article 223 : D'une ânesse porteuse (*idqa oklo*) volée, abattue ou introuvable

1. Lorsque l'ânesse porteuse volée est abattue ou introuvable, la réparation due est fixée ainsi qu'il suit :

Zone d'application des régimes	**Régimes de compensation, de réparation et de sanctions du *Madqa* selon la zone concernée**
Afkiqek-Maqad	➢ 1 vache au titre du tort causé à autrui (*baatil*), ➢ 1 vache au titre de l'indemnité d'apaisement (*doroq*), ➢ 1 vache au titre de compensation (*gidiy*) pour une ânesse porteuse abattue ou rendue introuvable.
Bodoytâ meela	➢ 1 vache au titre du tort causé à autrui (*baatil*),

	➢ 2 vaches au titre de compensation (*gidiy*) pour une ânesse porteuse abattue ou rendue introuvable.
Burqili	➢ 12 chèvres au titre du tort causé à autrui (*baatil*), ➢ 12 chèvres au titre de l'indemnité d'apaisement (*maruuso*), ➢ 30 chèvres au titre de compensation (*gidiy*) pour une ânesse porteuse abattue ou rendue introuvable, ➢ 3 chèvres au titre de l'indemnité due à l'assemblée des *Makaaban* (*seefa*).
Buxxutô baxa	➢ 1 vache au titre du tort causé à autrui (*baatil*), ➢ 1 vache au titre de l'indemnité d'apaisement (*doroq*), ➢ 1 chèvre au titre de l'indemnité due aux médiateurs (*fiddima*), ➢ 30 chèvres au titre de compensation (*gidiy*) pour une ânesse porteuse abattue ou rendue introuvable.
Debnek-Weeqima	➢ 6 chèvres au titre de l'indemnité d'apaisement (*doroq*), ➢ 1 vaches au titre de compensation (*gidiy*) pour une ânesse porteuse abattue ou rendue introuvable, ➢ 6 chèvres supplémentaires au titre de l'indemnité compensatoire correspondant à la portée (*bagut yan baxih gidiy*).

Article 224 : Du dressage frauduleux d'un âne volé

1. Lorsqu'un âne volé est dressé frauduleusement, la réparation due est fixée ainsi qu'il suit :

Zone d'application des régimes	**Régimes de compensation, de réparation et de sanctions du *Madqa* selon la zone concernée**
Afkiqek-Maqad	➢ 1 vache au titre du tort causé à autrui (*baatil*), ➢ 1 vache au titre de l'indemnité d'apaisement (*doroq*).
Bodoytâ meela	➢ 1 vache au titre du tort causé à autrui (umaane).

Burqili	➢Aucune indemnité n'est prévue pour le marquage frauduleux d'un âne.
Buxxutô baxa	➢1 vache au titre du tort causé à autrui (*baatil*), ➢1 vache au titre de l'indemnité d'apaisement (*doroq*).
Debnek-Weeqima	➢6 chèvres au titre du tort causé à autrui (*baatil*), ➢1 vache au titre de l'indemnité d'apaisement (*doroq*).

Article 225 : D'un cheval ou d'une mule volé(e) et restitué(e) vivant(e)

1. Lorsque le cheval ou la mule volé(e) est restitué(e) en vie à son propriétaire, l'auteur répare le préjudice comme suit :

Zone d'application des régimes	**Régimes de compensation, de réparation et de sanctions du *Madqa* selon la zone concernée**
Afkiqek-Maqad	➢1 vache au titre du tort causé à autrui (*baatil*), ➢1 vache au titre de l'indemnité d'apaisement (*doroq*), ➢4 chèvres en réparation du déplacement d'un cheval ou d'une mule en vue du vol (*ibbot*).
Bodoytâ meela	➢1 vache au titre du tort causé à autrui (*baatil*), ➢1 vache au titre de l'indemnité d'apaisement (*doroq*), ➢4 chèvres en réparation du déplacement d'un cheval ou d'une mule en vue du vol (*ibbot*).
Burqili	➢12 chèvres au titre du tort causé à autrui (*baatil*), ➢12 chèvres au titre de l'indemnité d'apaisement (*maruuso*), ➢10 chèvres en réparation du déplacement d'un cheval ou d'une mule en vue du vol (*ibbot*).
Buxxutô baxa	➢1 vache au titre du tort causé à autrui (*baatil*), ➢1 vache au titre de l'indemnité d'apaisement (*doroq*), ➢1 chèvre au titre de l'indemnité due aux médiateurs (*fiddima*), ➢1 vache en réparation du déplacement d'un cheval ou d'une mule en vue du vol (*ibbot*),

	➢12 vaches au titre de l'indemnité compensatoire pour la privation de monture (*arqô kalti*).
Debnek-Weeqima	➢6 chèvres au titre de l'indemnité d'apaisement (*doroq*), ➢3 chèvres en réparation du déplacement d'un cheval ou d'une mule en vue du vol (*daabâ koro*), ➢1 vache au titre de l'indemnité compensatoire pour privation de monture (*arqô kalti*).

Article 226 : D'un cheval ou d'une mule volé(e), abattu(e) ou introuvable

1. Dans le cas où le cheval ou la mule volé(e) est abattu(e) ou introuvable, l'auteur est tenu à réparation comme suit :

Zone d'application des régimes	**Régimes de compensation, de réparation et de sanctions du *Madqa* selon la zone concernée**
Afkiqek-Maqad	➢ 1 vache au titre du tort causé à autrui (*baatil*), ➢ 1 vache au titre de l'indemnité d'apaisement (*doroq*), ➢ 6 vaches au titre de compensation (*gidiy*) pour un cheval ou une mule abattu(e) ou rendu(e) introuvable.
Bodoytâ meela	➢ 1 vache au titre du tort causé à autrui (*baatil*), ➢ 6 vaches au titre de compensation (*gidiy*) pour un cheval ou une mule abattu(e) ou rendu(e) introuvable.
Burqili	➢ 12 chèvres au titre du tort causé à autrui (*baatil*), ➢ 12 chèvres au titre de l'indemnité d'apaisement (*maruuso*), ➢ 30 chèvres en réparation du sellage d'un cheval ou d'une mule (*koori*), ➢ 10 chèvres en réparation du passage d'un mors (*cakkam*) à un cheval, ➢ 10 chèvres en réparation de l'entrave (*deber*) posée sur un cheval ou une mule volé(e), ➢ 70 chèvres au titre de compensation (*gidiy*) pour un cheval ou une jument abattu(e) ou rendu(e) introuvable,

	➢ 6 chèvres au titre de l'indemnité due à l'assemblée des chefs (*seefa*).
Buxxutô baxa	➢ 1 vache au titre du tort causé à autrui (*baatil*), ➢ 1 vache au titre de l'indemnité d'apaisement (*doroq*), ➢ 1 chèvre au titre de l'indemnité due aux médiateurs (*fiddima*), ➢ 3 vaches au titre de compensation (*gidiy*) pour un cheval ou une mule abattu(e) ou rendu(e) introuvable.
Debnek-Weeqima	➢ 1 vache au titre de l'indemnité d'apaisement (*doroq*), ➢ 1 vache au titre de compensation (*gidiy*) pour un cheval ou une mule abattu(e) ou rendu(e) introuvable.

Article 227 : D'une jument pleine volée, abattue ou introuvable

1. Si la jument pleine volée est abattue ou introuvable, la réparation due est fixée ainsi qu'il suit :

Zone d'application des régimes	**Régimes de compensation, de réparation et de sanctions du *Madqa* selon la zone concernée**
Afkiqek-Maqad	➢1 vache au titre du tort causé à autrui (*baatil*), ➢1 vache au titre de l'indemnité d'apaisement (*doroq*), ➢6 vaches au titre de compensation (*gidiy*) pour une jument pleine abattue ou rendue introuvable.
Bodoytâ meela	➢1 vache au titre du tort causé à autrui (*baatil*), ➢6 vaches au titre de compensation (*gidiy*) pour une jument pleine abattue ou rendue introuvable.
Burqili	➢12 chèvres au titre du tort causé à autrui (*baatil*), ➢12 chèvres au titre de l'indemnité d'apaisement (*maruuso*), ➢30 chèvres en réparation du sellage d'un cheval (*koori*), ➢10 chèvres en réparation du passage d'un mors (*cakkam*) à un cheval,

	➢10 chèvres en réparation de l'entrave (*deber*) posée sur un cheval, ➢70 chèvres au titre de compensation (*gidiy*) pour une jument pleine abattue ou rendue introuvable, ➢6 chèvres au titre de l'indemnité due à l'assemblée des *Makaaban* (*seefa*).
Buxxutô baxa	➢1 vache au titre du tort causé à autrui (*baatil*), ➢1 vache au titre de l'indemnité d'apaisement (*doroq*), ➢1 chèvre au titre de l'indemnité due aux médiateurs (*fiddima*), ➢3 vaches au titre de compensation (*gidiy*) pour une jument pleine abattue ou rendue introuvable.
Debnek-Weeqima	➢1 vache au titre de l'indemnité d'apaisement (*doroq*), ➢3 vaches au titre de compensation (*gidiy*) pour une jument pleine abattue ou rendue introuvable.

Article 228 : Du dressage frauduleux d'un cheval ou d'une mule volé(e)

1. Lorsqu'un cheval ou une mule est volé(e) puis dressé(e) frauduleusement, l'auteur est tenu à réparation comme suit :

Zone d'application des régimes	**Régimes de compensation, de réparation et de sanctions du *Madqa* selon la zone concernée**
Afkiqek-Maqad	➢1 vache au titre du tort causé à autrui (*baatil*), ➢1 vache au titre de l'indemnité d'apaisement (*doroq*).
Bodoytâ meela	➢1 vache au titre du tort causé à autrui (*baatil*).
Burqili	➢Aucune indemnité n'est due en cas de dressage frauduleux d'un cheval ou d'une mule.
Buxxutô baxa	➢1 vache au titre du tort causé à autrui (*baatil*), ➢1 vache au titre de l'indemnité d'apaisement (*doroq*), ➢1 chèvre au titre de l'indemnité due aux médiateurs (*fiddima*), ➢6 vaches en réparation du dressage frauduleux (*caylisso*).

Debnek-Weeqima	➢ 1 vache au titre de l'indemnité d'apaisement (*doroq*), ➢ 3 vaches en réparation du dressage frauduleux (*caylisso*).

Article 229 : D'un chien volé et restitué vivant

1. Si le chien de berger volé est restitué vivant à son propriétaire, la réparation due est fixée ainsi qu'il suit :

Zone d'application des régimes	**Régimes de compensation, de réparation et de sanctions du *Madqa* selon la zone concernée**
Afkiqek-Maqad	➢ 1 vache au titre du tort causé à autrui (*baatil*), ➢ 1 vache au titre de l'indemnité d'apaisement (*doroq*).
Bodoytâ meela	➢ 1 vache au titre du tort causé à autrui (*baatil*).
Burqili	➢ 12 chèvres au titre du tort causé à autrui (*baatil*), ➢ 12 chèvres au titre de l'indemnité d'apaisement (*maruuso*).
Buxxutô baxa	➢ 1 vache au titre du tort causé à autrui (*baatil*), ➢ 1 vache au titre de l'indemnité d'apaisement (*doroq*), ➢ 1 chèvre au titre de l'indemnité due aux médiateurs (*fiddima*), ➢ 3 vaches en réparation de l'abandon du troupeau sans surveillance (*buxâ bayti*).
Debnek-Weeqima	➢ 6 chèvres au titre de l'indemnité d'apaisement (*doroq*).

Article 230 : D'un chien volé, abattu ou introuvable

1. Lorsque le chien de berger volé est abattu ou reste introuvable, les réparations sont déterminées conformément au *Madqa*, comme suit :

Zone d'application des régimes	**Régimes de compensation, de réparation et de sanctions du *Madqa* selon la zone concernée**
Afkiqek-Maqad	➢ 1 vache au titre du tort causé à autrui (*baatil*), ➢ 1 vache au titre de l'indemnité d'apaisement (*doroq*),

	➢ 1 chèvre au titre de compensation (*gidiy*) pour un chien abattu ou rendu introuvable.
Bodoytâ meela	➢ 1 vache au titre du tort causé à autrui (*baatil*), ➢ 2 vaches au titre de compensation (*gidiy*) pour un chien abattu ou rendu introuvable.
Burqili	➢ 12 chèvres au titre du tort causé à autrui (*baatil*), ➢ *12* chèvres au titre de l'indemnité d'apaisement (*maruuso*), ➢ 1 chèvre au titre de compensation (*gidiy*) pour un chien abattu ou rendu introuvable.
Buxxutô baxa	➢ 1 vache au titre du tort causé à autrui (*baatil*), ➢ 1 vache au titre de l'indemnité d'apaisement (*doroq*), ➢ 1 chèvre au titre de l'indemnité due aux médiateurs (*fiddima*), ➢ 3 vaches pour avoir abandonné le troupeau sans surveillance (*buxâ bayti*).
Debnek-Weeqima	➢ 6 chèvres au titre de l'indemnité d'apaisement (*doroq*), ➢ 1 chèvre au titre de compensation (*gidiy*) pour un chien abattu ou rendu introuvable.

Article 231 : Du vol d'un animal par un voisin ou un proche (*ubcusle*)

1. Le fait de voler un animal d'un proche ou d'un voisin pour le consommer constitue l'infraction d'*ubcusle*.
2. Le régime applicable à l'infraction est fixé conformément aux articles 198 à 201, 204 à 208, 210 à 214 et 216 à 220, relatifs aux animaux domestiques abattus ou rendus introuvables. Il est tenu compte de la nature, de l'état et de la fonction de l'animal concerné.
3. En plus du régime mentionné à l'alinéa 2, l'auteur doit une indemnité supplémentaire, déterminée comme suit :

Zone d'application des régimes	**Régimes de compensation, de réparation et de sanctions du *Madqa* selon la zone concernée**
Afkiqek-Maqad	➢ 1 vache pour abus de lien familial ou communautaire (*ceele-wayto*).

Bodoytâ meela	➢ 1 vaches pour abus de lien familial ou communautaire (ceele-*wayto*).
Burqili	➢ 12 chèvres pour abus de lien familial ou communautaire (*ceele-wayto*).
Buxxutô baxa	➢ 1 vache pour abus de lien familial ou communautaire (*ceele-wayto*).
Debnek-Weeqima	➢ 1 vache pour abus de lien familial ou communautaire (*afguuqa*).

Article 232 : De la consommation d'une bête d'autrui en cas de nécessité (*golqa*)

1. Constitue une situation de « *golqa* » le fait, pour une personne confrontée à une faim extrême, de se saisir d'une bête appartenant à autrui afin de se nourrir.
2. Pour que l'acte soit reconnu comme non délictueux, l'auteur doit :
a) établir la réalité de la situation de nécessité ;
b) informer le propriétaire de la bête, dès que les circonstances le permettent ;
c) remplacer la bête dans un délai convenu avec le propriétaire.
3. Lorsque les trois conditions prévues à l'alinéa 2 sont remplies, l'acte de « *golqa* » n'est pas constitutif d'une infraction au regard du *Madqa*.

Article 233 : De la mort causée par un animal domestique à un autre

1. Les réparations pour mort d'un animal domestique causée par un autre animal domestique sont déterminées ainsi qu'il suit :

Zone d'application des régimes	**Régimes de compensation, de réparation et de sanctions du *Madqa* selon la zone concernée**
Afkiqek-Maqad	➢ Indemnité due uniquement si le propriétaire était averti du danger de son animal
Bodoytâ meela	➢ Le propriétaire de l'animal responsable (*abeyna*) doit le donner à la famille du défunt.
Burqili	➢ Le propriétaire d'un animal domestique qui tue un autre animal doit 10 chèvres au propriétaire de l'animal tué.
Buxxutô baxa	➢ Lorsqu'un animal en tue un autre, le propriétaire de l'animal responsable (*abeyna*) doit le donner au propriétaire de l'animal tué.

Debnek-Weeqima	En cas de mort d'une chamelle laitière par un chameau : ➢ 6 chèvres au titre de la compensation pour privation de lait (*dibô lacey*), destinées aux enfants ; ➢ 6 chèvres au titre de la compensation pour le petit privé de la tétée maternelle (*lacti lacey*). ➢ Aucune indemnité pour les autres animaux domestiques.

Article 234 : Du marquage frauduleux d'un chameau

1. En cas de marquage frauduleux d'un chameau, la réparation due est fixée ainsi qu'il suit :

Zone d'application des régimes	Régimes de compensation, de réparation et de sanctions du *Madqa* selon la zone concernée
Afkiqek-Maqad	➢ 1 vache au titre du tort causé à autrui (*baatil*), ➢ 1 vache au titre de l'indemnité d'apaisement (*doroq*), ➢ 1 vache au titre de l'indemnité pour marquage frauduleux (*siibu*) d'un chameau.
Bodoytâ meela	➢ 1 vache au titre du tort causé à autrui (*baatil*), ➢ 2 vaches au titre de l'indemnité pour marquage frauduleux (*siibu*) d'un chameau.
Burqili	➢ 12 chèvres au titre du tort causé à autrui (*baatil*), ➢ 12 chèvres au titre de l'indemnité d'apaisement (*maruuso*), ➢ 40 chèvres au titre de l'indemnité pour marquage frauduleux (*siibu*) d'un chameau.
Buxxutô baxa	➢ 1 vache au titre du tort causé à autrui (*baatil*), ➢ 1 vache au titre de l'indemnité d'apaisement (*doroq*), ➢ 1 chèvre au titre de l'indemnité due aux médiateurs (*fiddima*), ➢ 1 vache au titre de l'indemnité pour marquage frauduleux (*siibu*) d'un chameau,

	➢ 1 vache au titre de l'indemnité pour préjudice esthétique (*qaxbayis*) lorsque le marquage concerne l'ablation d'une oreille.
Debnek-Weeqima	➢ 6 chèvres pour avoir infligé le tort à autrui (*baatil*), ➢ 6 chèvres au titre de l'indemnité d'apaisement (*doroq*), ➢ 3 vaches au titre de l'indemnité pour marquage frauduleux (*falma* [53]).

Article 235 : Du contremarquage d'un chameau

1. Lorsqu'un chameau déjà marqué reçoit un nouveau marquage, l'auteur répare le préjudice comme suit :

Zone d'application des régimes	Régimes de compensation, de réparation et de sanctions du *Madqa* selon la zone concernée
Afkiqek-Maqad	➢ 1 vache au titre du tort causé à autrui (*baatil*), ➢ 1 vache au titre de l'indemnité d'apaisement (*doroq*), ➢ 2 vaches au titre de l'indemnité pour contremarquage frauduleux (*bedu bayis*).
Bodoytâ meela	➢ 1 vache au titre du tort causé à autrui (*baatil*), ➢ 2 vaches au titre de l'indemnité pour contremarquage frauduleux (*bedu bayis*).
Burqili	➢ 12 chèvres au titre du tort causé à autrui (*baatil*), ➢ 12 chèvres au titre de l'indemnité d'apaisement (*maruuso*), ➢ 40 chèvres pour contremarquage frauduleux (*bedu bayis*).
Buxxutô baxa	➢ 1 vache au titre du tort causé à autrui (*baatil*), ➢ 1 vache au titre de l'indemnité d'apaisement (*doroq*), ➢ 1 chèvre au titre de l'indemnité due aux médiateurs (*fiddima*),

[53] Le terme « *falma* » désigne l'acte par lequel une personne revendique un bien appartenant à autrui, soit avec l'intention de se l'approprier frauduleusement, soit par erreur, en croyant de bonne foi qu'il s'agit de son propre bien.

	➢3 vaches au titre de l'indemnité pour contremarquage d'un chameau, qualifié d'« expédition guerrière » (*gaadu*) en raison de sa portée provocatrice.
Debnek-Weeqima	➢6 chèvres pour avoir infligé le tort à autrui (*baatil*), ➢1 vache au titre de l'indemnité d'apaisement (*doroq*), ➢1 chameau au titre de l'indemnité pour contremarquage d'un chameau, qualifié d'« expédition guerrière » (*gaadu*) en raison de sa portée provocatrice.

Article 236 : Du marquage frauduleux d'une vache

1. En cas de marquage frauduleux d'une vache, l'auteur est tenu à réparation comme suit :

Zone d'application des régimes	**Régimes de compensation, de réparation et de sanctions du *Madqa* selon la zone concernée**
Afkiqek-Maqad	➢ 1 vache au titre du tort causé à autrui (*baatil*), ➢ 1 vache au titre de l'indemnité d'apaisement (*doroq*), ➢ 1 vache au titre de l'indemnité pour marquage frauduleux (*siibu*) d'une vache.
Bodoytâ meela	➢ 1 vache au titre du tort causé à autrui (*baatil*), ➢ 2 vaches au titre de l'indemnité pour marquage frauduleux (*siibu*) d'une vache.
Burqili	➢12 chèvres au titre du tort causé à autrui (*baatil*), ➢12 chèvres au titre de l'indemnité d'apaisement (*maruuso*).
Buxxutô baxa	➢ 1 vache au titre du tort causé à autrui (*baatil*), ➢1 vache au titre de l'indemnité d'apaisement (*doroq*), ➢1 chèvre au titre de l'indemnité due aux médiateurs (*fiddima*), ➢ 1 vache au titre de l'indemnité pour marquage frauduleux (*siibu*) d'une vache.

Debnek-Weeqima	➢ 6 chèvres pour avoir infligé le tort à autrui (*baatil*), ➢ 1 vache au titre de l'indemnité d'apaisement (*doroq*), ➢ 6 chèvres au titre de l'indemnité pour marquage frauduleux (*falma*).

Article 237 : Du contremarquage d'une vache

1. Le contremarquage d'une vache est réparé comme suit :

Zone d'application des régimes	**Régimes de compensation, de réparation et de sanctions du *Madqa* selon la zone concernée**
Afkiqek-Maqad	➢ 1 vache au titre du tort causé à autrui (*baatil*), ➢ 1 vache au titre de l'indemnité d'apaisement (*doroq*), ➢ 2 vaches au titre de l'indemnité pour contremarquage frauduleux (*bedu bayis*) d'une vache.
Bodoytâ meela	➢ 1 vache au titre du tort causé à autrui (*baatil*), ➢ 2 vaches au titre de l'indemnité pour contremarquage frauduleux (*bedu bayis*) d'une vache.
Burqili	➢ 12 chèvres au titre du tort causé à autrui (*baatil*), ➢ 12 chèvres au titre de l'indemnité d'apaisement (*maruuso*).
Buxxutô baxa	➢ 1 vache au titre du tort causé à autrui (*baatil*), ➢ 1 vache au titre de l'indemnité d'apaisement (*doroq*), ➢ 1 chèvre au titre de l'indemnité due aux médiateurs (*fiddima*), ➢ 3 vaches au titre de l'indemnité pour contremarquage d'une vache, qualifié d'« expédition guerrière » (*gaadu*) en raison de sa portée provocatrice.
Debnek-Weeqima	➢ 6 chèvres pour avoir infligé le tort à autrui (*baatil*), ➢ 1 vache au titre de l'indemnité d'apaisement (*doroq*),

	➢ 3 vaches au titre de l'indemnité pour contremarquage d'une vache, qualifié d'« expédition guerrière » (*gaadu*) en raison de sa portée provocatrice.

Article 238 : Du marquage frauduleux d'une chèvre

1. En cas de marquage frauduleux d'une chèvre, la réparation due est fixée ainsi qu'il suit :

Zone d'application des régimes	**Régimes de compensation, de réparation et de sanctions du *Madqa* selon la zone concernée**
Afkiqek-Maqad	➢1 vache au titre du tort causé à autrui (*baatil*), ➢1 vache au titre de l'indemnité d'apaisement (*doroq*), ➢1 chèvre au titre de l'indemnité pour marquage frauduleux (*siibu*) d'une chèvre.
Bodoytâ meela	➢1 vache au titre du tort causé à autrui (*baatil*), ➢1 vache au titre de l'indemnité pour marquage frauduleux (*siibu*) d'une chèvre.
Burqili	➢12 chèvres au titre du tort causé à autrui (*baatil*), ➢12 chèvres au titre de l'indemnité d'apaisement (*maruuso*).
Buxxutô baxa	➢12 chèvres au titre du tort causé à autrui (*baatil*), ➢12 chèvres au titre de l'indemnité d'apaisement (*maruuso*), ➢1 vache au titre de l'indemnité pour marquage frauduleux (*siibu*) d'une chèvre.
Debnek-Weeqima	➢1 vache au titre de l'indemnité d'apaisement (*doroq*), ➢1 chèvre au titre de l'indemnité pour marquage frauduleux (*siibu*) d'une chèvre.

Article 239 : Du contremarquage d'une chèvre

1. Dans le cas où une chèvre déjà marquée est contremarquée, l'auteur répare le préjudice comme suit :

Zone d'application des régimes	**Régimes de compensation, de réparation et de sanctions du *Madqa* selon la zone concernée**
Afkiqek-Maqad	➢ 1 vache au titre du tort causé à autrui (*baatil*), ➢ 1 vache au titre de l'indemnité d'apaisement (*doroq*), ➢ 1 chèvre au titre de l'indemnité pour contremarquage frauduleux (*bedu bayis*) d'une chèvre.
Bodoytâ meela	➢ 1 vache au titre du tort causé à autrui (*baatil*), ➢ 2 vaches au titre de l'indemnité pour contremarquage frauduleux (*bedu bayis*) d'une chèvre.
Burqili	➢ 12 chèvres au titre du tort causé à autrui (*baatil*), ➢ 12 chèvres au titre de l'indemnité d'apaisement (*maruuso*), ➢ 1 chèvre au titre de l'indemnité pour contremarquage frauduleux (*bedu bayis*) d'une chèvre.
Buxxutô baxa	➢ 1 vache au titre du tort causé à autrui (*baatil*), ➢ 1 vache au titre de l'indemnité d'apaisement (*doroq*), ➢ 1 chèvre au titre de l'indemnité due aux médiateurs (*fiddima*), ➢ 1 vache au titre de l'indemnité pour contremarquage frauduleux (*bedu bayis*) d'une chèvre.
Debnek-Weeqima	➢ 6 chèvres pour avoir infligé le tort à autrui (*baatil*), ➢ 1 vache au titre de l'indemnité d'apaisement (*doroq*), ➢ 3 chèvres au titre de l'indemnité pour contremarquage frauduleux (*bedu bayis*) d'une chèvre.

Article 240 : Du marquage frauduleux d'un âne

1. Le marquage frauduleux d'un âne est réparé comme suit :

Zone d'application des régimes	Régimes de compensation, de réparation et de sanctions du *Madqa* selon la zone concernée
Afkiqek-Maqad	➢ 1 vache au titre du tort causé à autrui (*baatil*), ➢ 1 vache au titre de l'indemnité d'apaisement (*doroq*), ➢ 1 vache au titre de l'indemnité pour marquage frauduleux (*siibu*) d'un âne.
Bodoytâ meela	➢ 1 vache au titre du tort causé à autrui (*baatil*), ➢ 2 vaches au titre de l'indemnité pour marquage frauduleux (*siibu*) d'un âne.
Burqili	➢ 12 chèvres au titre du tort causé à autrui (*baatil*), ➢ 12 chèvres au titre de l'indemnité d'apaisement (*maruuso*), ➢ 12 chèvres au titre de l'indemnité pour marquage frauduleux (*siibu*) d'un âne.
Buxxutô baxa	➢ 1 vache au titre du tort causé à autrui (*baatil*), ➢ 1 vache au titre de l'indemnité d'apaisement (*doroq*), ➢ 1 chèvre au titre de l'indemnité due aux médiateurs (*fiddima*), ➢ 12 vaches au titre de l'indemnité pour préjudice esthétique (*qaxbayis*) lorsque le marquage concerne l'ablation d'une oreille.
Debnek-Weeqima	➢ 6 chèvres pour avoir infligé le tort à autrui (*baatil*), ➢ 1 vache au titre de l'indemnité d'apaisement (*doroq*), ➢ 6 chèvres au titre de l'indemnité pour contremarquage frauduleux (*siibu*) d'un âne.

Article 241 : Du contremarquage d'un âne

1. Quand un âne déjà marqué subit un contremarquage, l'auteur est tenu à réparation ainsi qu'il suit :

Zone d'application des régimes	Régimes de compensation, de réparation et de sanctions du *Madqa* selon la zone concernée
Afkiqek-Maqad	➢ 1 vache au titre du tort causé à autrui (*baatil*),

	➢ 1 vache au titre de l'indemnité d'apaisement (*doroq*), ➢ 2 vaches au titre de l'indemnité pour contremarquage frauduleux (*bedu bayis*) d'un âne.
Bodoytâ meela	➢ 1 vache au titre du tort causé à autrui (*baatil*), ➢ 2 vaches au titre de l'indemnité pour contremarquage frauduleux (*bedu bayis*) d'un âne.
Burqili	➢ 12 chèvres au titre du tort causé à autrui (*baatil*), ➢ 12 chèvres au titre de l'indemnité d'apaisement (*maruuso*), ➢ 12 chèvres au titre de l'indemnité pour contremarquage frauduleux (*siibu*) d'un âne.
Buxxutô baxa	➢ 1 vache au titre du tort causé à autrui (*baatil*), ➢ 1 vache au titre de l'indemnité d'apaisement (*doroq*), ➢ 1 chèvre au titre de l'indemnité due aux médiateurs (*fiddima*), ➢ 12 vaches au titre de l'indemnité pour préjudice esthétique (*qaxbayis*) lorsque le marquage concerne l'ablation d'une oreille.
Debnek-Weeqima	➢ 6 chèvres pour avoir infligé le tort à autrui (*baatil*), ➢ 1 vache au titre de l'indemnité d'apaisement (*doroq*), ➢ 1 vache au titre de l'indemnité pour contremarquage d'un âne, qualifié d'« expédition guerrière » (*gaadu*) en raison de sa portée provocatrice.

Article 242 : De la mort d'un animal de somme pris avec l'autorisation du propriétaire

1. Lorsque tout animal de somme (chameau, cheval, mule ou âne) est pris avec l'autorisation préalable de son propriétaire et qu'il décède de mort naturelle, aucune indemnité n'est due, la perte étant entièrement supportée par le propriétaire.

2. Toutefois, en cas de négligence grave ou de maltraitance ayant causé la mort de l'animal, l'emprunteur est tenu à une compensation selon les régimes applicables du *Madqa*.

Article 243 : De la mort d'un chameau pris sans l'autorisation du propriétaire

1. Si un chameau est pris sans l'accord du propriétaire et qu'il décède (mort naturelle ou maltraitance), l'auteur répare le préjudice comme suit :

Zone d'application des régimes	**Régimes de compensation, de réparation et de sanctions du *Madqa* selon la zone concernée**
Afkiqek-Maqad	➢ 1 vache au titre du tort causé à autrui (*baatil*), ➢ 1 vache au titre de l'indemnité d'apaisement (*doroq*), ➢ 6 vaches en compensation (*gidiy*) d'un chameau pris sans autorisation du propriétaire (*wanna*), ➢ 4 chèvres au titre de l'indemnité due à l'assemblée des *Makaaban* (*seefa*).
Bodoytâ meela	➢ 1 vache au titre du tort causé à autrui (*baatil*), ➢ 12 vaches au titre de compensation (*gidiy*) d'un chameau pris sans autorisation du propriétaire (*wanna*) et décédé.
Burqili	➢ 12 chèvres au titre du tort causé à autrui (*baatil*), ➢ 12 chèvres au titre de l'indemnité d'apaisement (*maruuso*), ➢ 40 chèvres au titre de compensation (*gidiy*) d'un chameau pris sans autorisation du propriétaire (*wanna*) et décédé, ➢ 1 chèvre pour la corde à bouche (*afiito*).
Buxxutô baxa	➢ 1 vache au titre du tort causé à autrui (*baatil*), ➢ 1 vache au titre de l'indemnité d'apaisement (*doroq*), ➢ 1 chèvre au titre de l'indemnité due aux médiateurs (*fiddima*), ➢ 1 chameau au titre de compensation (*gidiy*) d'un chameau pris sans autorisation du propriétaire (*wanna*) et décédé.

Debnek-Weeqima	➢ 6 chèvres au titre du tort causé à autrui (baatil), ➢ 1 vache au titre de l'indemnité d'apaisement (*doroq*), ➢ 1 chameau au titre de compensation (*gidiy*) d'un chameau pris sans autorisation du propriétaire (*wanna*) et décédé.

Article 244 : De la mort d'un cheval ou d'une mule pris(e) sans l'autorisation du propriétaire

1. Lorsqu'un cheval ou une mule est pris(e) sans autorisation et décède (mort naturelle ou mauvais traitements), les réparations suivantes sont dues :

Zone d'application des régimes	Régimes de compensation, de réparation et de sanctions du *Madqa* selon la zone concernée
Afkiqek-Maqad	➢ 1 vache au titre du tort causé à autrui (*baatil*), ➢ 1 vache au titre de l'indemnité d'apaisement (*doroq*), ➢ 3 vaches au titre de compensation (*gidiy*) pour un cheval ou une mule pris(e) sans autorisation du propriétaire (*wanna*) et décédé(e).
Bodoytâ meela	➢ 1 vache au titre du tort causé à autrui (*baatil*), ➢ 3 vaches au titre de compensation (*gidiy*) pour un cheval ou une mule pris(e) sans autorisation du propriétaire (*wanna*) et décédé(e).
Burqili	➢ 12 chèvres au titre du tort causé à autrui (*baatil*), ➢ 12 chèvres au titre de l'indemnité d'apaisement (*maruuso*), ➢ 30 chèvres au titre de compensation (*gidiy*) pour un cheval ou une mule pris sans autorisation du propriétaire (*wanna*) et décédé.
Buxxutô baxa	➢ 1 vache au titre du tort causé à autrui (*baatil*), ➢ 1 vache au titre de l'indemnité d'apaisement (*doroq*), ➢ 1 chèvre au titre de l'indemnité due aux médiateurs (*fiddima*),

	➢ 10 chèvres au titre de compensation (*gidiy*) pour un cheval ou une mule pris sans autorisation du propriétaire (*wanna*) et décédé.
Debnek-Weeqima	➢ 6 chèvres pour avoir infligé le tort à autrui (*baatil*), ➢ 1vache au titre de l'indemnité d'apaisement (*doroq*), ➢ 1 cheval au titre de compensation (gidiy) pour un cheval ou une mule pris sans autorisation du propriétaire (*wanna*) et décédé

Article 245 : De la mort d'un âne pris sans l'autorisation du propriétaire

1. Si un âne est pris sans l'accord du propriétaire et qu'il meurt naturellement ou par maltraitance, l'auteur répare le préjudice comme suit :

Zone d'application des régimes	**Régimes de compensation, de réparation et de sanctions du *Madqa* selon la zone concernée**
Afkiqek-Maqad	➢ 1 vache au titre du tort causé à autrui (*baatil*), ➢ 1 vache au titre de l'indemnité d'apaisement (*doroq*), ➢ 1 vache au titre de compensation (*gidiy*) d'un âne pris sans autorisation du propriétaire (*wanna*) et décédé.
Bodoytâ meela	➢ 1 vache au titre du tort causé à autrui (*baatil*), ➢ 2 vaches au titre de compensation (*gidiy*) d'un âne pris sans autorisation du propriétaire (*wanna*) et décédé.
Burqili	➢ 12 chèvres au titre du tort causé à autrui (*baatil*), ➢ 12 chèvres au titre de l'indemnité d'apaisement (*maruuso*), ➢ 30 chèvres ou 1 âne au titre de compensation (*gidiy*) d'un âne pris sans autorisation du propriétaire (*wanna*) et décédé.
Buxxutô baxa	➢ 1 vache au titre du tort causé à autrui (*baatil*), ➢ 1 vache au titre de l'indemnité d'apaisement (*doroq*),

	➤ 1 chèvre au titre de l'indemnité due aux médiateurs (*fiddima*), ➤ 10 chèvres au titre de compensation (*gidiy*) d'un âne pris sans autorisation du propriétaire (*wanna*) et décédé.
Debnek-Weeqima	➤ 6 chèvres pour avoir infligé le tort à autrui (*baatil*), ➤ 1 vache au titre de l'indemnité d'apaisement (*doroq*), ➤ 1 chèvre au titre de l'indemnité due aux médiateurs (*fiddima*), ➤ 1 âne ou 12 chèvres au titre de compensation (*gidiy*) d'un âne pris sans autorisation du propriétaire (*wanna*) et décédé.

Article 246 : Du razzia du troupeau (*bukko*)

1. La razzia de troupeaux, commise par une ou plusieurs personnes agissant de concert ou isolément, constitue une infraction grave portant atteinte à la sécurité, à la paix sociale et aux moyens de subsistance de la communauté.
2. Les réparations suivantes sont dues, selon le régime applicable :

Zone d'application des régimes	**Régimes de compensation, de réparation et de sanctions du *Madqa* selon la zone concernée**
Afkiqek-Maqad	➤1 vache au titre du tort causé à autrui (*baatil*), ➤1 vache au titre de l'indemnité d'apaisement (*doroq*), ➤12 vaches au titre de l'indemnité pour le razzia subi par le troupeau.
Bodoytâ meela	➤1 vache au titre du tort causé à autrui (*baatil*), ➤12 vaches au titre de l'indemnité pour le razzia (*bukko*) subi par le troupeau.
Burqili	➤12 chèvres au titre du tort causé à autrui (*baatil*), ➤12 chèvres au titre de l'indemnité d'apaisement (*maruuso*), ➤120 chèvres au titre de l'indemnité pour le razzia (*bukko*) subi par le troupeau.

Buxxutô baxa	➢1 vache au titre du tort causé à autrui (*baatil*), ➢1 vache au titre de l'indemnité d'apaisement (*doroq*), ➢1 chèvre au titre de l'indemnité due aux médiateurs (*fiddima*), ➢24 vaches au titre de l'indemnité pour le razzia subi par le troupeau, qualifié d'acte impie (*kaafiiranna*).
Debnek-Weeqima	➢6 chèvres pour avoir infligé le tort à autrui (*baatil*), ➢5 chameaux au titre de l'indemnité d'apaisement (*doroq*), ➢5 chameaux au titre de l'indemnité pour atteinte aux moyens de subsistance de la famille (*buxâ bayti*), ➢5 chameaux au titre de l'attaque organisée (*warar*).

Article 247 : De la compensation en cas de restitution partielle du troupeau razzié

1. Pour chaque tête de bétail non restituée après une razzia, l'auteur ou les auteurs doivent une indemnité compensatoire (*gidiy*) fixée selon sa catégorie comme suit [54] :

Zone d'application des régimes	**Régimes de compensation, de réparation et de sanctions du *Madqa* selon la zone concernée**
Afkiqek-Maqad	➢12 vaches au titre de compensation (*gidiy*) pour l'abattage d'une chamelle lors du razzia, ➢3 vaches au titre de compensation (*gidiy*) pour l'abattage d'une vache lors du razzia, ➢4 vaches au titre de compensation (*gidiy*) pour l'abattage d'une brebis lors du razzia, ➢3 chèvres au titre de compensation (*gidiy*) pour l'abattage d'une chèvre lors du razzia.
Bodoytâ meela	➢12 vaches au titre de compensation (*gidiy*) pour l'abattage d'une chamelle lors du razzia,

[54] Selon certains régimes, la compensation due pour une tête de bétail razzié diffère de celle due pour une tête de bétail volé et abattu.

	➢7 vaches au titre de compensation (*gidiy*) pour l'abattage d'une vache lors du razzia, ➢7 chèvres au titre de compensation (*gidiy*) pour l'abattage d'une brebis lors du razzia, ➢5 chèvres au titre de compensation (*gidiy*) pour l'abattage d'une chèvre lors du razzia.
Burqili	➢180 chèvres au titre de compensation (*gidiy*) pour l'abattage d'une chamelle lors du razzia, constituant un préjudice d'une particulière gravité (*qeebile*), ➢70 chèvres au titre de compensation (*gidiy*) pour l'abattage d'une vache lors du razzia, constituant un préjudice d'une particulière gravité (*qeebile*), ➢6 chèvres au titre de compensation (*gidiy*) pour l'abattage d'une brebis lors du razzia, constituant un préjudice d'une particulière gravité (*qeebile*), ➢6 chèvres au titre de compensation (*gidiy*) pour l'abattage d'une chèvre lors du razzia, constituant un préjudice d'une particulière gravité (*qeebile*).
Buxxutô baxa	➢9 chèvres au titre de compensation (*gidiy*) pour l'abattage d'une chamelle lors du razzia, ➢3 vaches au titre de compensation (*gidiy*) pour l'abattage d'une vache lors du razzia, ➢4 brebis au titre de compensation (*gidiy*) pour l'abattage d'une brebis lors du razzia, ➢6 chèvres au titre de compensation (*gidiy*) pour l'abattage d'une chèvre lors du razzia.
Debnek-Weeqima	➢6 vaches au titre de compensation (*gidiy*) pour l'abattage d'une chamelle lors durazzia, ➢12 vaches au titre de compensation (*gidiy*) pour l'abattage d'une vache lors du razzia, ➢12 brebis au titre de compensation (*gidiy*) pour l'abattage d'une brebis lors du razzia, ➢5 chèvres au titre de compensation (*gidiy*) pour l'abattage d'une chèvre lors du razzia.

Chapitre IV : Des vols, destructions, détournements et garde d'animaux confiés

Les actes consistant à soustraire des armes ou des objets usuels appartenant à autrui, à les détériorer ou à les rendre irrécupérables, ainsi que le détournement de biens confiés à titre de dépôt, de gestion ou de fiducie (*fidei commis*), constituent des infractions au regard du *Madqa*.

Article 248 : Du vol d'un fusil (*bandug*) restitué ou non

1. Le vol d'un fusil est réparé comme suit, qu'il soit restitué, introuvable ou détruit ; à défaut de restitution, une compensation (gidiy) égale à sa valeur est due en sus :

Zone d'application des régimes	**Régimes de compensation, de réparation et de sanctions du *Madqa* selon la zone concernée**
Afkiqek-Maqad	Indemnités pour vol en cas de restitution d'un fusil : ➢ 1 vache au titre de l'effraction ou de la violation d'un lieu de dépôt *(rado)*, ➢ 1 vache au titre du vol (*garqiino*). Indemnités pour vol en cas de non-restitution d'un fusil : ➢ 12 vaches au titre du vol d'une arme à son propriétaire, ➢ À défaut de restitution, paiement de sa valeur au titre de compensation (*gidiy*).
Bodoytâ meela	➢ 12 vaches au titre du vol d'une arme, acte grave assimilé au dépouillement (*seelabu*), en raison de l'atteinte portée à la protection personnelle et à l'honneur, ➢ 12 vaches au titre de l'indemnité d'apaisement (*doroq*), ➢ À défaut de restitution, paiement de sa valeur au titre de compensation (*gidiy*).
Burqili	➢ 120 chèvres au titre du vol d'un fusil à son propriétaire, ➢ À défaut de restitution, paiement de sa valeur au titre de compensation (*gidiy*).

Buxxutô baxa	➢ 12 vaches au titre du vol d'une arme, acte grave assimilé au dépouillement (*seelabu*), en raison de l'atteinte portée à la protection personnelle et à l'honneur, ➢ À défaut de restitution, paiement de sa valeur au titre de compensation (*gidiy*).
Debnek-Weeqima	➢ 1 vache pour avoir infligé le tort à autrui (*baatil*), ➢ 1 vache au titre de l'indemnité d'apaisement (*doroq*), ➢ À défaut de restitution, paiement de sa valeur au titre de compensation (*gidiy*).

Article 249 : Du vol d'une cartouchière (*dinnaar*) restituée ou non

1. Le vol d'une cartouchière est réparé comme suit, qu'elle soit restituée, introuvable ou détruite ; à défaut de restitution, une compensation (gidiy) égale à sa valeur est due en sus :

Zone d'application des régimes	**Régimes de compensation, de réparation et de sanctions du *Madqa* selon la zone concernée**
Afkiqek-Maqad	Indemnités pour vol en cas de restitution d'une cartouchière : ➢ 1 vache au titre de l'effraction ou de la violation d'un lieu de dépôt (*rado*), ➢ 1 vache au titre du vol (*garqiino*). Indemnités pour vol en cas de non-restitution d'une cartouchière : ➢ 12 vaches au titre du vol (*garqiino*) d'une cartouchière à son propriétaire, ➢ À défaut de restitution, paiement de sa valeur au titre de compensation (*gidiy*).
Bodoytâ meela	➢ 12 vaches au titre du vol d'un accessoire vital lié à l'arme à feu, acte grave assimilé au dépouillement (*seelabu*), en raison de l'atteinte portée à la protection personnelle et à l'honneur, ➢ 12 vaches au titre de l'indemnité d'apaisement (*doroq*),

	➢ À défaut de restitution, paiement de sa valeur au titre de compensation (*gidiy*).
Burqili	➢ 120 chèvres au titre du vol d'une cartouchière à son propriétaire, ➢ À défaut de restitution, paiement de sa valeur au titre de compensation (*gidiy*).
Buxxutô baxa	➢ 12 vaches pour le vol d'un accessoire vital lié à l'arme à feu, acte grave assimilé au dépouillement (*seelabu*), en raison de l'atteinte portée à la protection personnelle et à l'honneur, ➢ À défaut de restitution, paiement de sa valeur au titre de compensation (*gidiy*).
Debnek-Weeqima	➢ 1 vache pour avoir infligé le tort à autrui (*baatil*), ➢ 1 vache au titre de l'indemnité d'apaisement (*doroq*), ➢ À défaut de restitution, paiement de sa valeur au titre de compensation (*gidiy*).

Article 250 : Du vol d'un bouclier (*gob*) restitué ou non

1. Si le bouclier volé est restitué, introuvable ou détruit, l'auteur répare le préjudice comme suit :

Zone d'application des régimes	**Régimes de compensation, de réparation et de sanctions du *Madqa* selon la zone concernée**
Afkiqek-Maqad	Indemnités pour vol en cas de restitution d'un bouclier : ➢ 1 vache pour l'effraction ou la violation d'un lieu de dépôt (*rado*), ➢ 1 vache au titre du vol (*garqiino*). Indemnités pour vol en cas de non-restitution d'un bouclier : ➢ 12 vaches au titre du vol (*garqiino*) d'une arme à son propriétaire, ➢ À défaut de restitution, paiement de sa valeur au titre de compensation (*gidiy*).
Bodoytâ meela	➢ 12 vaches au titre du vol d'un bouclier, acte grave assimilé au dépouillement (*seelabu*), en

	raison de l'atteinte portée à la protection personnelle et à l'honneur, ➢ 12 vaches au titre de l'indemnité d'apaisement (*doroq*), ➢ À défaut de restitution, paiement de sa valeur au titre de compensation (*gidiy*).
Burqili	➢ 120 chèvres pour le vol d'un bouclier, ➢ À défaut de restitution, paiement de sa valeur au titre de compensation (*gidiy*).
Buxxutô baxa	➢ 12 vaches au titre du vol d'un bouclier, acte grave assimilé au dépouillement (*seelabu*), en raison de l'atteinte portée à la protection personnelle et à l'honneur, ➢ À défaut de restitution, paiement de sa valeur au titre de compensation (*gidiy*).
Debnek-Weeqima	➢ 1 vache pour avoir infligé le tort à autrui (*baatil*), ➢ 1 vache au titre de l'indemnité d'apaisement (*doroq*), ➢ À défaut de restitution, paiement de sa valeur au titre de compensation (*gidiy*).

Article 251 : Du vol d'une lance (*macaxu*) restituée ou non

1. Le vol d'une lance suivi de sa restitution, de sa perte ou de sa destruction est réparé comme suit :

Zone d'application des régimes	**Régimes de compensation, de réparation et de sanctions du *Madqa* selon la zone concernée**
Afkiqek-Maqad	Indemnités pour vol en cas de restitution d'une lance : ➢ 1 vache au titre de l'effraction ou de la violation d'un lieu de dépôt (*rado*), ➢ 1 vache au titre du vol (*garqiino*). Indemnités pour vol en cas de non-restitution d'une lance : ➢ 12 vaches au titre du vol (*garqiino*) d'une arme à son propriétaire, ➢ À défaut de restitution, paiement de sa valeur au titre de compensation (*gidiy*).

Bodoytâ meela	➢ 12 vaches au titre du vol d'une lance, acte grave assimilé au dépouillement (*seelabu*), en raison de l'atteinte portée à la protection personnelle et à l'honneur, ➢ 12 vaches au titre de l'indemnité d'apaisement (*doroq*), ➢ À défaut de restitution, paiement de sa valeur au titre de compensation (*gidiy*).
Burqili	➢ 120 chèvres au titre du vol (*garqiino*) d'une lance à son propriétaire, ➢ À défaut de restitution, paiement de sa valeur au titre de compensation (*gidiy*).
Buxxutô baxa	➢ 12 vaches au titre du vol d'une arme, acte grave assimilé au dépouillement (*seelabu*), en raison de l'atteinte portée à la protection personnelle et à l'honneur, ➢ À défaut de restitution, paiement de sa valeur au titre de compensation (*gidiy*).
Debnek-Weeqima	➢ 1 vache au titre du tort causé à autrui (*baatil*), ➢ 1 vache au titre de l'indemnité d'apaisement (*doroq*), ➢ À défaut de restitution, paiement de sa valeur au titre de compensation (*gidiy*).

Article 252 : Du vol d'un poignard à dard argenté (*lakqô gile*) restitué ou non

1. Le vol du poignard à dard argenté, insigne de l'autorité coutumière décrit à l'article 175 du Code civil, est réparé comme suit, qu'il soit restitué, introuvable ou détruit ; à défaut de restitution, une compensation (gidiy) égale à sa valeur est due en sus :

Zone d'application des régimes	**Régimes de compensation, de réparation et de sanctions du *Madqa* selon la zone concernée**
Afkiqek-Maqad	Indemnités pour vol en cas de restitution d'un poignard à dard argenté : ➢ 12 vaches au titre de l'effraction ou de la violation d'un lieu de dépôt (*rado*), ➢ 1 vache au titre du vol (*garqiino*).

	Indemnités pour vol en cas de non-restitution d'un poignard à dard argenté : ➢ 12 vaches au titre du vol (*garqiino*) d'une arme à son propriétaire, ➢ À défaut de restitution, paiement de sa valeur au titre de compensation (*gidiy*).
Bodoytâ meela	➢ 12 vaches au titre du vol d'un poignard, acte grave assimilé au dépouillement (*seelabu*), en raison de l'atteinte portée à la protection personnelle et à l'honneur, ➢ 12 vaches au titre de l'indemnité d'apaisement (*doroq*), ➢ À défaut de restitution, paiement de sa valeur au titre de compensation (*gidiy*).
Burqili	➢ 120 chèvres au titre du vol (*garqiino*) d'une arme à son propriétaire, ➢ À défaut de restitution, paiement de sa valeur au titre de compensation (*gidiy*).
Buxxutô baxa	➢ 12 vaches au titre du vol (*garqiino*) d'un poignard à dard argenté, acte grave qualifié de dépouillement (*seelabu*) en raison de l'atteinte portée à la protection personnelle et à l'honneur, ➢ À défaut de restitution, paiement de sa valeur au titre de compensation (*gidiy*).
Debnek-Weeqima	➢ 2 vaches au titre du tort causé à autrui (*baatil*), ➢ 2 vaches au titre de l'indemnité d'apaisement (*doroq*), ➢ À défaut de restitution, paiement de sa valeur au titre de compensation (*gidiy*).

Article 253 : Du vol d'un poignard à dard en cuivre (*unxulli*) restitué ou non

1. Le vol du poignard à dard en cuivre est réparé comme suit, qu'il soit restitué, introuvable ou détruit ; à défaut de restitution, une compensation (*gidiy*) égale à sa valeur est due en sus :

Zone d'application des régimes	**Régimes de compensation, de réparation et de sanctions du *Madqa* selon la zone concernée**
Afkiqek-Maqad	Indemnités pour vol en cas de restitution d'un poignard à dard en cuivre : ➢ 1 vache au titre de l'effraction ou de la violation d'un lieu de dépôt (*rado*), ➢ 1 vache au titre du vol (*garqiino*). Indemnités pour vol en cas de non-restitution d'un poignard à dard en cuivre : ➢ 12 vaches au titre du vol (*garqiino*) d'une arme à son propriétaire, ➢ À défaut de restitution, paiement de sa valeur au titre de compensation *(gidiy)*.
Bodoytâ meela	➢ 12 vaches au titre du vol (*garqiino*) d'un poignard, acte grave assimilé au dépouillement (*seelabu*), en raison de l'atteinte portée à la protection personnelle et à l'honneur, ➢ 12 vaches au titre de l'indemnité d'apaisement (*doroq*), ➢ À défaut de restitution, paiement de sa valeur au titre de compensation (*gidiy*).
Burqili	➢ 120 chèvres au titre du vol (*garqiino*) d'une arme à son propriétaire, ➢ À défaut de restitution, paiement de sa valeur au titre de compensation (*gidiy*).
Buxxutô baxa	➢ 12 vaches au titre du vol (*garqiino*) d'un poignard à dard en cuivre, acte grave assimilé au dépouillement (*seelabu*), en raison de l'atteinte portée à la protection personnelle et à l'honneur, ➢ À défaut de restitution, paiement de sa valeur au titre de compensation (*gidiy*).
Debnek-Weeqima	➢ 1 vache au titre du tort causé à autrui (*baatil*), ➢ 1 vache au titre de l'indemnité d'apaisement (*doroq*), ➢ À défaut de restitution, paiement de sa valeur au titre de compensation (*gidiy*).

Article 254 : Du vol des récipients usuels d'eau, de beurre et de miel restitués ou non

1. Les récipients protégés par le présent article sont :
a) les petites et grandes outres à eau (*kuxi, afleyta, saar*) ;
b) la gourde (*sanni*) et le bidon (*birasso*) pour l'eau ;
c) les outres à beurre ou à miel (*qokkas*).
2. L'auteur du vol est tenu de réparer le préjudice, que ces objets soient restitués ou, à défaut de restitution, demeurent introuvables ou détruits.
3. La réparation est effectuée comme suit :

Zone d'application des régimes	**Régimes de compensation, de réparation et de sanctions du *Madqa* selon la zone concernée**
Afkiqek-Maqad	➢ 1 vache au titre du tort causé à autrui (*baatil*), en cas de vol d'une outre, qu'elle soit restituée ou non, ➢ 1 vache au titre de l'indemnité d'apaisement (*doroq*), en cas de vol d'une outre, qu'elle soit restituée ou non, ➢ 1 vache au titre de l'indemnité pour l'effraction, lorsque le vol porte sur une outre à beurre ou à miel (*qokkas*), ➢ 1 vache au titre de compensation (*gidiy*) pour une outre à eau, de beurre ou de miel volée et non restituée.
Bodoytâ meela	➢ 1 vache au titre de l'indemnité d'apaisement (*doroq*), en cas de vol d'une outre à eau, qu'elle soit restituée ou non.
Burqili	➢ 12 chèvres au titre de l'indemnité d'apaisement (*maruuso*), en cas de vol d'une outre, qu'elle soit restituée ou non, ➢ 40 chèvres au titre de compensation (*gidiy*) pour le vol d'une outre à eau non restituée, ➢ 70 chèvres au titre de compensation (*gidiy*) lorsque le vol porte sur une outre à beurre ou à miel (*qokkas*) non restituée.

Buxxutô baxa	➢ 1 vache au titre de l'indemnité d'apaisement (*doroq*), en cas de vol d'une outre, qu'elle soit restituée ou non, ➢ 1 chèvre au titre de l'indemnité due aux médiateurs (*fiddima*), en cas de vol d'une outre, qu'elle soit restituée ou non, ➢ 12 vaches au titre de compensation (*gidiy*) pour une outre volée et non restituée, qu'elle contienne de l'eau (*lee*), du beurre (*subac*) ou du miel (*malab*), ou qu'elle soit vide, constituant un acte privant la famille d'une ressource vitale.
Debnek-Weeqima	➢ 6 chèvres au titre du tort causé à autrui (*baatil*), en cas de vol d'une outre, qu'elle soit restituée ou non, ➢ 5 chameaux au titre de l'indemnité d'apaisement (*doroq*), en cas de vol d'une outre à eau, de beurre, de miel ou tout autre, qu'elle soit restituée ou non.

Article 255 : Du vol d'une tabatière (*uluqta* [55]) restituée ou non

1. Le vol d'une tabatière (*uluqta*) est réparé comme suit, qu'elle soit restituée, introuvable ou détruite :

Zone d'application des régimes	**Régimes de compensation, de réparation et de sanctions du *Madqa* selon la zone concernée**
Afkiqek-Maqad	➢ 1 vache au titre du tort causé à autrui (*baatil*), en cas de vol d'une tabatière, qu'elle soit restituée ou non, ➢ 1 vache au titre de l'indemnité d'apaisement (*doroq*), en cas de vol d'une tabatière, qu'elle soit restituée ou non.
Bodoytâ meela	➢ 12 chèvres au titre de l'indemnité d'apaisement (*umaane*), en cas de vol d'une tabatière, qu'elle soit restituée ou non.
Burqili	➢ 12 chèvres au titre de l'indemnité d'apaisement (*maruuso*), en cas de vol d'une tabatière, qu'elle soit restituée ou non.

[55] Le terme « *uluqta* » désigne une tabatière fabriquée à partir du boyau rectal d'un chameau (*waraahenta*) séché et tannée, destinée à contenir le tabac à priser.

Buxxutô baxa	➢ 1 vache au titre de l'indemnité d'apaisement (*doroq*), en cas de vol d'une tabatière, qu'elle soit restituée ou non, ➢ 1 chèvre au titre de l'indemnité due aux médiateurs (*fiddima*), en cas de vol d'une tabatière, qu'elle soit restituée ou non, ➢ 3 vaches au titre de compensation (*gidiy*) pour une tabatière volée et non restituée.
Debnek-Weeqima	➢ 6 chèvres au titre du tort causé à autrui (*baatil*), en cas de vol d'une tabatière, qu'elle soit restituée ou non, ➢ 1 vache au titre de l'indemnité d'apaisement (*doroq*), en cas de vol d'une tabatière, qu'elle soit restituée ou non.

Article 256 : Du vol des récipients à lait (*uwwa*) restitués ou non

1. Le vol de tout ustensile ou récipient traditionnellement utilisé pour la traite, la conservation ou le barattage du lait, notamment le *qamur* (récipient destiné à traire les chamelles), l'*ayqiseyna* (récipient servant à conserver le lait), l'*uwwa* et autres récipients de ce type, est réparé comme suit, qu'il soit restitué, introuvable ou détruit.

Zone d'application des régimes	**Régimes de compensation, de réparation et de sanctions du *Madqa* selon la zone concernée**
Afkiqek-Maqad	➢ 1 vache au titre du tort causé à autrui (*baatil*), en cas de vol d'un récipient à lait, qu'il soit restitué ou non, ➢ 1 vache au titre de l'indemnité d'apaisement (*doroq*), en cas de vol d'un récipient à lait, qu'il soit restitué ou non, ➢ 1 vache au titre de l'indemnité pour l'impossibilité de traire le troupeau faute de récipient, privant ainsi la famille de sa subsistance (*buxâ liga*).
Bodoytâ meela	➢ 1 vache au titre du tort causé à autrui (*baatil*), en cas de vol d'un récipient à lait, qu'il soit restitué ou non,

	➢ 2 vaches au titre de compensation (*gidiy*), en cas de vol d'un récipient à lait, qu'il soit restitué ou non, en cas de vol d'un récipient à lait, qu'il soit restitué ou non, lorsque le vol porte sur un *qamur* ou un *ayqiseyna*.
Burqili	➢ 12 chèvres au titre de l'indemnité d'apaisement (*maruuso*), en cas de vol d'un récipient à lait, qu'il soit restitué ou non, ➢ 20 chèvres au titre de l'indemnité pour l'impossibilité de traire le troupeau faute de récipient (*can cerris*), en cas de vol d'un récipient à lait, qu'il soit restitué ou non.
Buxxutô baxa	➢ 1 vache au titre de l'indemnité d'apaisement (*doroq*), en cas de vol d'un récipient à lait, qu'il soit restitué ou non, ➢ 1 chèvre au titre de l'indemnité due aux médiateurs (*fiddima*), en cas de vol d'un récipient à lait, qu'il soit restitué ou non, ➢ 12 vaches au titre de l'indemnité pour l'impossibilité de traire le troupeau faute de récipient (*can cerris*), en cas de vol d'un récipient à lait, qu'il soit restitué ou non.
Debnek-Weeqima	➢ 6 chèvres au titre du tort causé à autrui (*baatil*), en cas de vol, qu'il soit restitué ou non, ➢ 5 chameaux au titre de l'indemnité d'apaisement (*doroq*), en cas de vol, qu'il soit restitué ou non.

Article 257 : Du vol des petits récipients à lait (*missiq, kaaqunta*) et outres à baratter (*koxaaxi*) restitués ou non

1. Le vol des récipients à lait non visés à l'article 256 est réparé comme suit, qu'ils soient restitués, introuvables ou détruits :

Zone d'application des régimes	Régimes de compensation, de réparation et de sanctions du *Madqa* selon la zone concernée
Afkiqek-Maqad	➢ 1 vache au titre du tort causé à autrui (*baatil*), en cas de vol, que le récipient soit restitué ou non, ➢ 1 vache au titre de l'indemnité d'apaisement (*doroq*), en cas de vol, qu'il soit restitué ou non.

Bodoytâ meela	➢1 vache au titre du tort causé à autrui (*baatil*), en cas de vol, que le récipient soit restitué ou non, ➢2 vaches au titre de compensation (*gidiy*), lorsque le vol porte sur un récipient destiné à fournir du lait aux enfants et qu'il n'est pas restitué.
Burqili	➢12 chèvres au titre de l'indemnité d'apaisement (*maruuso*), en cas de vol, que le récipient soit restitué ou non.
Buxxutô baxa	➢1 vache au titre de l'indemnité d'apaisement (*doroq*), en cas de vol, que le récipient soit restitué ou non, ➢1 chèvre au titre de l'indemnité due aux médiateurs (*fiddima*), en cas de vol, qu'il soit restitué ou non.
Debnek-Weeqima	➢ 6 chèvres au titre du tort causé à autrui (*baatil*), en cas de vol, que le récipient soit restitué ou non, ➢12 vaches au titre de l'indemnité d'apaisement (*doroq*), en cas de vol, qu'il soit restitué ou non.

Article 258 : Du vol d'une boîte ou d'un coffret destiné à conserver des objets précieux (*midra*) restitué ou non

1. Le vol d'une boîte ou d'un coffret (*midra*) est réparé comme suit, que l'objet soit restitué ou introuvable. Le contenu est évalué et compensé séparément :

Zone d'application des régimes	**Régimes de compensation, de réparation et de sanctions du *Madqa* selon la zone concernée**
Afkiqek-Maqad	➢1 vache au titre du tort causé à autrui (*baatil*), en cas de vol, que la boîte ou le coffret soit restitué ou non, ➢1 vache au titre de l'indemnité d'apaisement (*doroq*), en cas de vol, que la boîte ou le coffret soit restitué ou non, ➢1 vache au titre de compensation (*gidiy*) pour le vol d'une boîte ou d'un coffret (*midra*), en cas de non-restitution, ➢1 vache au titre de l'indemnité pour effraction (*rado*),

	➢Le contenu du coffret fait l'objet d'une évaluation distincte par les juges coutumiers (*Makaaban*), en cas de non-restitution.
Bodoytâ meela	➢1 vache au titre du tort causé à autrui (*baatil*), en cas de vol, que la boîte ou le coffret soit restitué ou non, ➢1 vache au titre de compensation (*gidiy*) pour le vol d'une boîte ou d'un coffret (*midra*), en cas de non-restitution, ➢Le contenu du coffret fait l'objet d'une évaluation distincte par les juges coutumiers (*Makaaban*), en cas de non-restitution.
Burqili	➢12 chèvres au titre de l'indemnité d'apaisement (*maruuso*), en cas de vol, que la boîte ou le coffret soit restitué ou non, ➢12 chèvres au titre de compensation (*gidiy*) pour le vol d'une boîte ou d'un coffret (*midra*), en cas de non-restitution, ➢Le contenu du coffret fait l'objet d'une évaluation distincte par les juges coutumiers (*Makaaban*), en cas de non-restitution.
Buxxutô baxa	➢1 vache au titre de l'indemnité d'apaisement (*doroq*), en cas de vol, que la boîte ou le coffret soit restitué ou non, ➢1 chèvre au titre de l'indemnité due aux médiateurs (*fiddima*), en cas de vol, que la boîte ou le coffret soit restitué ou non, ➢3 vaches au titre de compensation (*gidiy*) pour une boîte ou un coffret d'objets précieux (*midra*), en cas de non-restitution, ➢Le contenu du coffret fait l'objet d'une évaluation distincte par les juges coutumiers (*Makaaban*), en cas de non-restitution.
Debnek-Weeqima	➢6 chèvres au titre du tort causé à autrui (*baatil*), en cas de vol, que la boîte ou le coffret soit restitué ou non, ➢5 chameaux au titre de l'indemnité d'apaisement (*doroq*), en cas de vol, que la boîte ou le coffret soit restitué ou non,

	➢Le contenu du coffret fait l'objet d'une évaluation distincte par les juges coutumiers (*Makaaban*), en cas de non-restitution.

Article 259 : Du vol des aides à la mobilité des personnes vulnérables restituées ou non

1. Les objets d'aides à la mobilité des personnes vulnérables comprennent :
a) la canne d'aveugle (*kuskusti*) ;
b) le bâton de vieillard (*marrakasa*) ;
c) la béquille *(mukqus*).
2. l'auteur du vol est tenu de réparer le préjudice, que les objets soient restitués ou, à défaut de restitution, demeurent introuvables.
3. La réparation est fixée comme suit :

Zone d'application des régimes	**Régimes de compensation, de réparation et de sanctions du *Madqa* selon la zone concernée**
Afkiqek-Maqad	➢ 1 vache au titre du tort causé à autrui (*baatil*), en cas de vol, que l'objet soit restitué ou non, ➢ 1 vache au titre de l'indemnité d'apaisement (*doroq*), en cas de vol, que l'objet soit restitué ou non, ➢ 1 vache pour la privation du bâton de vieillard (*marrakasa*), de la béquille (*mukqus*) ou de la canne de malvoyant (*kuskusti*), servant d'appui pour la marche, en cas de vol, que l'objet soit restitué ou non.
Bodoytâ meela	➢ 1 vache au titre du tort causé à autrui (*baatil*), en cas de vol, que l'objet soit restitué ou non, ➢ 12 vaches pour la privation du bâton de vieillard (*marrakasa*), de la béquille (*mukqus*) ou de la canne de malvoyant (*kuskusti*), servant d'appui pour la marche, en cas de vol, que l'objet soit restitué ou non.
Burqili	➢ 12 chèvres au titre de l'indemnité d'apaisement (*maruuso*), en cas de vol, que l'objet soit restitué ou non,

	➢ 10 chèvres pour la privation du bâton de vieillard (*marrakasa*) ou de la béquille (*mukqus*), en cas de vol, que l'objet soit restitué ou non, ➢ 30 chèvres au titre de l'indemnité pour la privation de la canne de malvoyant (*kuskusti*), en cas de vol, que l'objet soit restitué ou non.
Buxxutô baxa	➢ 1 vache au titre de l'indemnité d'apaisement (*doroq*), en cas de vol, que l'objet soit restitué ou non, ➢ 1 chèvre au titre de l'indemnité due aux médiateurs (*fiddima*), en cas de vol, que l'objet soit restitué ou non, ➢ 12 vaches pour la privation du bâton de vieillard (*marrakasa*), de la béquille (*mukqus*) ou de la canne de malvoyant (*kuskusti*), en cas de vol, que l'objet soit restitué ou non.
Debnek-Weeqima	➢ 6 chèvres au titre du tort causé à autrui (*baatil*), en cas de vol, que l'objet soit restitué ou non, ➢ 5 chameaux au titre de l'indemnité d'apaisement (*doroq*), en cas de vol, que l'objet soit restitué ou non.

Article 260 : Du vol du bât de chameau (*qanaabo*) restitué ou non

1. Le vol d'un bât de chameau est réparé comme suit ; en cas de non-restitution, une compensation (*gidiy*) égale à la valeur de l'objet est due en sus :

Zone d'application des régimes	Régimes de compensation, de réparation et de sanctions du *Madqa* selon la zone concernée
Afkiqek-Maqad	➢ 1 vache au titre du tort causé à autrui (*baatil*), en cas de vol d'un bât, qu'il soit restitué ou non, ➢ 1 vache au titre de l'indemnité d'apaisement (*doroq*), en cas de vol d'un bât, qu'il soit restitué ou non, ➢ 1 vache pour la privation du bât (*qanaabo*) d'un chameau, portant atteinte à l'utilisation de l'animal pour le transport (*buxâ liga*), ➢ À défaut de restitution, paiement de sa valeur au titre de compensation (*gidiy*).

Bodoytâ meela	➢ 2 vaches pour la privation du bât (*qanaabo*) d'un chameau, portant atteinte à l'utilisation de l'animal pour le transport, ➢ 12 vaches au titre de l'indemnité d'apaisement (*doroq*), ➢ À défaut de restitution, paiement de sa valeur au titre de compensation (*gidiy*).
Burqili	➢ 120 chèvres pour la soustraction d'un bât (*qanaabo*) d'un chameau à son propriétaire, qu'il soit restitué ou non, ➢ À défaut de restitution, paiement de sa valeur au titre de compensation (*gidiy*).
Buxxutô baxa	➢ 1 vache au titre de l'indemnité d'apaisement (*doroq*), en cas de vol d'un bât, que celui-ci soit restitué ou non, ➢ 1 chèvre au titre de l'indemnité due aux médiateurs (*fiddima*), en cas de vol d'un bât, qu'il soit restitué ou non, ➢ 12 vaches pour privation de monture (*arqô kalti*) en cas de non-restitution du bât.
Debnek-Weeqima	➢ 1 vache au titre du tort causé à autrui (*baatil*), ➢ 1 vache au titre de l'indemnité d'apaisement (*doroq*), ➢ 1 vache pour la privation du bât (*qanaabo*) d'un chameau, portant atteinte à l'utilisation de l'animal pour le transport (*buxâ liga*), ➢ À défaut de restitution, paiement de sa valeur au titre de compensation (*gidiy*).

Article 261 : Du vol de la selle (*koori*) de cheval ou de mulet restituée ou non

1. Le vol d'une selle de cheval ou de mulet est réparé comme suit, étant précisé qu'en cas de non-restitution, une compensation (*gidiy*) égale à la valeur de l'objet est due en sus :

Zone d'application des régimes	Régimes de compensation, de réparation et de sanctions du *Madqa* selon la zone concernée
Afkiqek-Maqad	➢ 1 vache au titre du tort causé à autrui (*baatil*), en cas de vol d'une selle, qu'elle soit restituée ou non, ➢ 1 vache au titre de l'indemnité d'apaisement (*doroq*), en cas de vol d'une selle, qu'elle soit restituée ou non, ➢ 1 vache pour la privation de la selle (*koori*) d'un cheval ou d'une mule, portant atteinte à l'utilisation de l'animal pour la monture (*arqô kalti*).
Bodoytâ meela	➢ 12 vaches pour la privation de la selle (*koori*) d'un cheval ou d'une mule, portant atteinte à l'utilisation de l'animal pour la monture, ➢ 12 vaches au titre de l'indemnité d'apaisement (*doroq*), ➢ À défaut de restitution, paiement de sa valeur au titre de compensation (*gidiy*).
Burqili	➢ 120 chèvres pour la soustraction d'une selle (*koori*) d'un cheval ou d'une mule à son propriétaire, ➢ À défaut de restitution, paiement de sa valeur au titre de compensation (*gidiy*).
Buxxutô baxa	➢ 1 vache au titre de l'indemnité d'apaisement (*doroq*), en cas de vol d'une selle, que celle-ci soit restituée ou non, ➢ 1 chèvre au titre de l'indemnité due aux médiateurs (*fiddima*), en cas de vol d'une selle, qu'elle soit restituée ou non, ➢ 12 vaches pour la privation de la selle (*koori*) d'un cheval ou d'une mule, portant atteinte à l'utilisation de l'animal pour la monture (*arqô kalti*), ➢ À défaut de restitution, paiement de sa valeur au titre de compensation (*gidiy*).
Debnek-Weeqima	➢ 1 vache au titre du tort causé à autrui (*baatil*), ➢ 1 vache au titre de l'indemnité d'apaisement (*doroq*),

	➢ 1 vache pour la privation de la selle (*koori*) d'un cheval ou d'une mule, portant atteinte à l'utilisation de l'animal pour la monture (*arqô kalti*), ➢ À défaut de restitution, paiement de sa valeur au titre de compensation (*gidiy*).

Article 262 : Du vol d'autres objets usuels et personnels restitués ou non

1. Tout autre objet usuel ou personnel, utilisé au quotidien et non cité ci-dessus, entraîne pour l'auteur du délit l'obligation de réparer le préjudice, que l'objet soit restitué ou, à défaut de restitution, demeure introuvable.
2. La réparation est effectuée conformément aux dispositions de l'article 257.

Article 263 : De l'extorsion (*cankafo*)

3. L'extorsion désigne toute action par laquelle une personne contraint une autre à remettre ses biens et possessions, par menace (*cuusus*), pression (*muruddi*) ou tromperie (*cokla*).
4. Toute extorsion constitue un délit grave au regard du *Madqa*.
5. L'auteur encourt :

a) les mesures prévues aux articles 248 à 262 relatives au vol, selon la nature des biens et possessions concernés, que leur restitution soit effectuée ou non ;

b) une mesure supplémentaire fixée dans le tableau ci-après :

Zone d'application des régimes	**Régimes de compensation, de réparation et de sanctions du *Madqa* selon la zone concernée**
Afkiqek-Maqad	➢ 12 vaches au titre de l'extorsion (*cankafo*) des biens ou possessions d'autrui.
Bodoytâ meela	➢ 12 vaches au titre de l'extorsion (*cankafo*) des biens ou possessions d'autrui.
Burqili	➢ 120 chèvres au titre de l'extorsion (*cankafo*) des biens ou possessions d'autrui.
Buxxutô baxa	➢ 12 vaches au titre de l'extorsion (*cankafo*) des biens ou possessions d'autrui.
Debnek-Weeqima	➢ 1 vache au titre de l'extorsion (*cankafo*) des biens ou possessions d'autrui.

Chapitre V : Des manquements aux devoirs sociaux

Article 264 : Du refus de solidarité par le transport

1. Le refus sans motif légitime de satisfaire à l'obligation d'apport de charge (*takayru*) prévue à l'article 134 du Code civil coutumier est réparé comme suit:

Zone d'application des régimes	**Régimes de compensation, de réparation et de sanctions du *Madqa* selon la zone concernée**
Afkiqek-Maqad	➢ 1 vache au titre de l'indemnité d'apaisement (*doroq*), ➢ 1 vache au titre du préjudice causé par le refus de contribuer à l'approvisionnement en vivres, comportement qualifié de privation de subsistance (*buxâ liga*).
Bodoytâ meela	➢ 1 vache au titre du tort causé à autrui (*umaane*).
Burqili	➢ 12 chèvres au titre de l'indemnité d'apaisement (*maruuso*).
Buxxutô baxa	➢ 1 vache au titre de l'indemnité d'apaisement (*doroq*), ➢ 1 chèvre au titre de l'indemnité due aux médiateurs (*fiddima*), ➢ 3 vaches au titre du préjudice causé par le refus de contribuer à l'approvisionnement en vivres (*buxâ liga*).
Debnek-Weeqima	➢ 1 vache au titre du tort causé à autrui (*baatil*), ➢ 1 vache au titre de l'indemnité d'apaisement (*doroq*).

Article 265 : Du refus de prêt d'un animal de somme (*qela*)

1. Le refus sans motif légitime de satisfaire à l'obligation de prêt d'un animal de somme prévue à l'article 135 du Code civil coutumier constitue un manquement au devoir de solidarité.
2. L'auteur de ce refus est tenu à réparation ainsi qu'il suit :

Zone d'application des régimes	Régimes de compensation, de réparation et de sanctions du *Madqa* selon la zone concernée
Afkiqek-Maqad	➢ 1 vache au titre de l'indemnité d'apaisement (*doroq*).
Bodoytâ meela	➢ 1 vache au titre de l'indemnité d'apaisement (*umaane*).
Burqili	➢ 12 chèvres au titre de l'indemnité d'apaisement (*maruuso*).
Buxxutô baxa	➢ 1 vache au titre de l'indemnité d'apaisement (*doroq*), ➢ 12 vaches au titre du préjudice causé par le refus de prêter une bête de somme à une personne dépourvue de moyen de transport (*arqô kalti*).
Debnek-Weeqima	➢ 1 vache au titre du tort causé à autrui (*baatil*), ➢ 1 vache au titre de l'indemnité d'apaisement (*doroq*), ➢ 1vache au titre du préjudice causé par le refus de prêter une bête de somme à une personne dépourvue de moyen de transport (*arqô kalti*).

Article 266 : Des mesures complémentaires en cas de refus de prêt d'un animal de somme (*qela*)

1. En sus des indemnités prévues à l'article 265, le *Fiqma* ordonne la remise temporaire de l'animal de somme du contrevenant à la personne lésée, pour une durée fixée par les juges coutumiers.
2. L'animal reste la propriété du contrevenant. En cas de décès de l'animal imputable à une faute lourde de la personne lésée, celle-ci est tenue à réparation selon les régimes applicables sur le lieu de l'infraction.
3. Ces mesures sont exécutées par le *Fiqma*. À défaut, par toute autorité coutumière compétente.

Article 267 : Du refus de prêt de bêtes laitières (*cantiita*)

1. Le refus sans motif légitime de satisfaire à l'obligation de prêt de bêtes laitières prévue à l'article 139 du Code civil coutumier constitue un manquement à la solidarité.
2. L'auteur du refus est tenu à réparation ainsi qu'il suit :

Zone d'application des régimes	Régimes de compensation, de réparation et de sanctions du *Madqa* selon la zone concernée
Afkiqek-Maqad	➤ 1 vache au titre de l'indemnité d'apaisement (*doroq*), ➤ 1 vache au titre du refus de prêter une bête laitière (*cantiita*) pour un usage temporaire afin d'obtenir du lait.
Bodoytâ meela	➤ 1 vache au titre de l'indemnité d'apaisement (*umaane*).
Burqili	➤ 12 chèvres au titre de l'indemnité d'apaisement (*maruuso*).
Buxxutô baxa	➤ 1 vache au titre de l'indemnité d'apaisement (*doroq*), ➤ 3 vaches au titre du préjudice résultant d'une privation de subsistance (*buxâ liga*).
Debnek-Weeqima	➤ 1 vache au titre de l'indemnité d'apaisement (*doroq*).

Article 268 : De l'exécution forcée du prêt d'une bête laitière (*cantiita*)

1. En sus des amendes et indemnités applicables en cas de refus, le contrevenant est tenu de procéder au prêt effectif d'une bête laitière au profit de la personne dans le besoin, dans un délai fixé par les juges coutumiers.

Article 269 : Des manquements aux prestations d'entraide communautaire

1. Constitue un manquement aux prestations d'entraide communautaire tout refus, sans motif légitime, de satisfaire à l'un des devoirs de solidarité prévus aux articles 137 à 139, 141 et 142 du Code civil coutumier.
2. L'auteur du manquement est tenu à réparation ainsi qu'il suit :

Zone d'application des régimes	Régimes de compensation, de réparation et de sanctions du Madqa selon la zone concernée
Afkiqek-Maqad	➤ 1 vache au titre de l'indemnité d'apaisement (*doroq*), lorsque le fautif n'est pas membre de l'association d'entraide et de discipline (*Fiqma*),

	➢12 chèvres abattues au titre de l'indemnité expiatoire (*qeeranna*), lorsque le fautif est membre de l'association d'entraide et de discipline (*Fiqma*).
Bodoytâ meela	➢1 vache au titre de l'indemnité d'apaisement (*doroq*), lorsque le fautif n'est pas membre de l'association d'entraide et de discipline (*Fiqma*), ➢1 vache abattue au titre de l'indemnité expiatoire (*qeeranna*), lorsque le fautif est membre de l'association d'entraide et de discipline (*Fiqma*).
Burqili	➢12 chèvres au titre de l'indemnité d'apaisement (*maruuso*), en cas de manquement au devoir de solidarité communautaire, à l'exclusion de celui résultant du refus d'entraide lors du deuil, ➢40 chèvres au titre de l'indemnité d'apaisement (*maruuso*), en cas de manquement au devoir de solidarité communautaire lors du deuil (*fiddimâ caraa*).
Buxxutô baxa	➢1 vache au titre de l'indemnité d'apaisement (*doroq*), ➢1 vache est due pour refus de *Qafarre* (*Qafarrê cina*), ce manquement constituant une atteinte aux obligations communautaires de solidarité, d'entraide et d'assistance mutuelle. Cette indemnité s'ajoute à l'indemnité d'apaisement.
Debnek-Weeqima	➢1 vache au titre de l'indemnité d'apaisement (*doroq*).

Article 270 : De la non-assistance à un humain ou à un animal en danger (*wade wayti*)

1. Constitue une non-assistance le fait, pour quiconque étant en mesure de porter secours à un humain ou à un animal en danger, d'omettre volontairement de le faire lorsque la victime survit.
2. L'auteur est tenu à réparation ainsi qu'il suit :

Zone d'application des régimes	**Régimes de compensation, de réparation et de sanctions du *Madqa* selon la zone concernée**
Afkiqek-Maqad	Lorsque le fautif n'est pas membre de l'association d'entraide et de discipline (*Fiqma*) : ➢1 vache au titre de l'indemnité d'apaisement (*doroq*). Lorsque le fautif est membre de l'association d'entraide et de discipline (*Fiqma*) : ➢12 chèvres abattues au titre de l'indemnité expiatoire (*qeeranna*).
Bodoytâ meela	Lorsque le fautif n'est pas membre de l'association d'entraide et de discipline (*Fiqma*) : ➢1 vache au titre de l'indemnité d'apaisement (*doroq*). Lorsque le fautif est membre de l'association d'entraide et de discipline (*Fiqma*) : ➢1 vache abattue au titre de l'indemnité expiatoire (*qeeranna*).
Burqili	➢12 chèvres au titre de l'indemnité d'apaisement (*maruuso*), ➢120 chèvres au titre de la non assistance à un humain ou à un animal en danger, qualifiée d'acte impie (*kaafiiranna*).
Buxxutô baxa	Lorsque le fautif n'est pas membre de l'association d'entraide et de discipline (*Fiqma*) : ➢12 vaches au titre de l'indemnité pour avoir laissé mourir un humain ou un animal (*bargaytu*). Lorsque le fautif est membre de l'association d'entraide et de discipline (*Fiqma*) : ➢24 chèvres abattues, réparties en 12 le soir et 12 le matin (*carri solaay, saaki sola*), au titre de l'indemnité expiatoire (*qeeranna*).

Debnek-Weeqima	Lorsque le fautif n'est pas membre de l'association d'entraide et de discipline (*Fiqma*) : ➢4 vaches au titre de l'indemnité pour avoir laissé mourir l'animal (*bargaytu*). Lorsque le fautif est membre de l'association d'entraide et de discipline (*Fiqma*) : ➢24 chèvres abattues, réparties en 12 le soir et 12 le matin (*carri solaay, saaki sola*), au titre de l'indemnité expiatoire (*qeeranna*).

Article 271 : De la non-assistance mortelle

1. Constitue une non-assistance mortelle le fait, pour quiconque étant en mesure de porter secours à un humain en danger, d'omettre volontairement de le faire lorsque celui-ci décède.
2. L'auteur est tenu à réparation ainsi qu'il suit :

Zone d'application des régimes	**Régimes de compensation, de réparation et de sanctions du *Madqa* selon la zone concernée**
Afkiqek-Maqad	Lorsque le fautif n'est pas membre de l'association d'entraide et de discipline (*Fiqma*) : ➢ 1 vache au titre de l'indemnité d'apaisement (*doroq*), ➢ 25 vaches au titre du prix du sang (*diyat*). Lorsque le fautif est membre de l'association d'entraide et de discipline (*Fiqma*) : ➢ 12 chèvres abattues au titre de l'indemnité expiatoire (*qeeranna*).
Bodoytâ meela	➢ 1 vache abattue au titre de l'indemnité expiatoire (*qeeranna*), ➢ 1 vache au titre de l'indemnité (*baanoyti saga*), au profit de la famille du défunt.
Burqili	➢ 12 chèvres au titre de l'indemnité d'apaisement (*maruuso*), ➢ 200 chèvres au titre de l'indemnité pour avoir laissé mourir un humain ou un animal (*baruga*).

Buxxutô baxa	Lorsque le fautif n'est pas membre de l'association d'entraide et de discipline (*Fiqma*) : ➢ 1 vache au titre de l'indemnité d'apaisement (*doroq*), ➢ 25 chamelles au titre du prix du sang (*diyat*). Lorsque le fautif est membre de l'association d'entraide et de discipline (*Fiqma*) : ➢ 24 chèvres abattues, réparties en 12 le soir et 12 le matin (*carri solaay, saaki sola*), au titre de l'indemnité expiatoire (*qeeranna*).
Debnek-Weeqima	➢ 4 vaches au titre de l'indemnité pour avoir laissé mourir un humain ou un animal (*bargaytu*), ➢ 75 chameaux au titre du prix du sang (*diyat*), ➢ 5 chameaux au titre de l'indemnité (*ximma*) destinée à la tribu de la victime.

Article 272 : De la non-assistance mortelle à un chameau

1. Constitue une non-assistance mortelle à une chameau le fait, pour quiconque étant en mesure de porter secours à un chameau en danger, d'omettre volontairement de le faire lorsque celle-ci décède.
2. L'auteur est tenu à réparation ainsi qu'il suit :

Zone d'application des régimes	**Régimes de compensation, de réparation et de sanctions du *Madqa* selon la zone concernée**
Afkiqek-Maqad	Lorsque le fautif n'est pas membre de l'association d'entraide et de discipline (*fiqma*) : ➢ 1 vache au titre de l'indemnité d'apaisement (*doroq*), ➢ 15 chèvres au titre de compensation (*gidiy*) pour avoir laissé mourir un chameau Lorsque le fautif est membre de l'association d'entraide et de discipline (*Fiqma*) : ➢ 12 chèvres abattues au titre de l'indemnité expiatoire (*qeeranna*).
Bodoytâ meela	➢ 1 vache abattue au titre de l'indemnité expiatoire (*qeeranna*),

	➢ 1 vache au titre de l'indemnité pour avoir laissé mourir un chameau.
Burqili	➢ 12 chèvres au titre de l'indemnité d'apaisement (*maruuso*).
Buxxutô baxa	Lorsque le fautif n'est pas membre de l'association d'entraide et de discipline (*Fiqma*) : ➢ 1 vache au titre de l'indemnité d'apaisement (*doroq*), ➢ 4 vaches au titre de compensation (*gidiy*) pour le décès d'une chamelle non assistée. Lorsque le fautif est membre de l'association d'entraide et de discipline (*Fiqma*) : ➢ 12 chèvres abattues au titre de l'indemnité expiatoire (*qeeranna*).
Debnek-Weeqima	➢ 4 vaches au titre de l'indemnité pour avoir laissé mourir l'animal (*bargaytu*).

Article 273 : De la non-assistance mortelle à une vache, une chèvre ou un mouton

1. Constitue une non-assistance mortelle à une vache, une chèvre ou un mouton le fait, pour quiconque étant en mesure de porter secours à l'un de ces animaux en danger, d'omettre volontairement de le faire lorsque celui-ci décède.
2. L'auteur est tenu à réparation ainsi qu'il suit :

Zone d'application des régimes	**Régimes de compensation, de réparation et de sanctions du *Madqa* selon la zone concernée**
Afkiqek-Maqad	Lorsque le fautif n'est pas membre de l'association d'entraide et de discipline (*Fiqma*) : ➢ 1 vache au titre de l'indemnité d'apaisement (*doroq*), ➢ 15 chèvres au titre de compensation (*gidiy*) pour avoir laissé mourir l'animal. Lorsque le fautif est membre de l'association d'entraide et de discipline (*Fiqma*) :

	➢ 12 chèvres abattues au titre de l'indemnité expiatoire (*qeeranna*).
Bodoytâ meela	➢ 1 vache abattue au titre de l'indemnité expiatoire (*qeeranna*), ➢ 1 vache au titre de compensation (*gidiy*) pour le décès d'un animal non assisté.
Burqili	➢ 12 chèvres au titre de l'indemnité d'apaisement (*maruuso*).
Buxxutô baxa	➢ 12 chèvres au titre de l'indemnité (*bargaytu*) pour non-assistance à un animal en danger ayant entraîné son décès.
Debnek-Weeqima	➢ 2 vaches au titre de l'indemnité pour non-assistance à un animal en danger (*wade wayti*) ayant entraîné son décès.

Article 274 : De la non-assistance mortelle à un animal sauvage

1. Constitue une infraction au *Madqa* le fait, pour quiconque étant en mesure de porter secours à un animal sauvage en danger, à l'exception des fauves, d'omettre volontairement de le faire lorsque celui-ci décède.
2. L'auteur est tenu de réparer le préjudice causé à l'équilibre écologique ainsi qu'il suit :

Zone d'application des régimes	**Régimes de compensation, de réparation et de sanctions du *Madqa* selon la zone concernée**
Afkiqek-Maqad	➢ 1 vache au titre de l'indemnité d'apaisement (*doroq*).
Bodoytâ meela	➢ 1 vache au titre de l'indemnité d'apaisement (*doroq*).
Burqili	➢ 12 chèvres au titre de l'indemnité d'apaisement (*maruuso*).
Buxxutô baxa	➢ 12 vaches au titre de l'indemnité d'apaisement (*doroq*).
Debnek-Weeqima	➢ 1 vache au titre de l'indemnité d'apaisement (*doroq*).

Article 275 : De la non-intervention (*kalkaale wayti*) lors d'un conflit entre personnes

1. Constitue une infraction au *Madqa* le fait, pour quiconque, en présence de personnes engagées dans un conflit, d'omettre délibérément de s'interposer afin d'éviter ou de limiter les violences.
2. L'auteur est tenu à réparation ainsi qu'il suit :

Zone d'application des régimes	Régimes de compensation, de réparation et de sanctions du *Madqa* selon la zone concernée
Afkiqek-Maqad	➢ 1 vache au titre de l'indemnité d'apaisement (*doroq*).
Bodoytâ meela	➢ 1 vache au titre de l'indemnité pour non-intervention lors d'un conflit (*kalkaale wayti*).
Burqili	➢ 12 chèvres au titre de l'indemnité d'apaisement (*maruuso*).
Buxxutô baxa	➢ 1 vache au titre de l'indemnité pour non-intervention lors d'un conflit (*kalkaale wayti*).
Debnek-Weeqima	➢ 5 chameaux au titre de l'indemnité d'apaisement (*doroq*).

Article 276 : De la blessure d'une personne s'interposant pour séparer des personnes en conflit (*kalkaala*)

1. Toute personne blessée en s'interposant pour séparer des individus en conflit (*kalkaala*) a droit à ce que l'auteur de la blessure assume la totalité des frais des soins médicaux nécessaires à sa guérison.
2. Aucune autre indemnité ne peut être réclamée au titre de cet incident.

Article 277 : Du manquement à l'apaisement des esprits (*qarsâ seetan kalti* ou *barat hayti*)

1. Quiconque, étant présent, n'applique pas les mesures d'apaisement des esprits destinées à prévenir l'aggravation d'un conflit, avant de remettre les personnes aux juges coutumiers (*Makaaban*), sauf refus explicite des intéressés, commet une infraction au *Madqa*.
2. L'auteur est tenu à réparation ainsi qu'il suit :

Zone d'application des régimes	Régimes de compensation, de réparation et de sanctions du *Madqa* selon la zone concernée
Afkiqek-Maqad	➢ 1 vache au titre de l'indemnité d'apaisement (*doroq*),

	➢ 1 vache au titre de l'indemnité pour ne pas avoir procédé à l'apaisement des esprits des personnes en conflit (*qarsâ seetan kale wayti, barat hee wayti*).
Bodoytâ meela	➢ 1 vache au titre de l'indemnité pour être resté spectateur de l'altercation (*wagitto*), ➢ 1 vache abattue au titre de l'indemnité expiatoire (*qeeranna*) pour ne pas avoir procédé à l'apaisement des esprits des personnes en conflit (*qarsâ seetan kale wayti* ou *barat hee wayti*).
Burqili	➢ 12 chèvres au titre de l'indemnité d'apaisement (*maruuso*).
Buxxutô baxa	➢ 12 vaches au titre de l'indemnité pour ne pas avoir procédé à l'apaisement des esprits des personnes en conflit (*qarsâ seetan kalkaale wayti, barat hee wayti*).
Debnek-Weeqima	➢ 5 chameaux au titre de l'indemnité pour ne pas avoir procédé à l'apaisement des esprits des personnes en conflit (*qarsâ seetan kale wayti* ou *barat hee wayti*).

Article 278 : Du déroulement de l'apaisement des esprits lors de l'audience (*mamqa*)

1. Si l'apaisement des esprits n'a pas été effectué au moment du conflit, il est réalisé à l'ouverture de l'audience.
2. Chaque partie serre la main de l'autre en présence de l'assemblée, en signe d'apaisement.

Article 279 : Du report de l'apaisement des esprits en cas de maladie grave

1. Si l'une des parties est gravement malade à la suite d'un conflit, l'apaisement des esprits (*qarsâ seetan kalti*) est différé jusqu'à sa guérison.
2. L'apaisement des esprits ne peut être réalisé qu'en présence des deux parties concernées.

Article 280 : De la prise de parti injustifiée (*hawi*)

1. Quiconque prend parti publiquement et sans motif légitime dans un conflit par parole, geste ou soutien actif commet une infraction au *Madqa*.

2. La prise de parti, qu'elle émane d'une ou de plusieurs personnes, est qualifiée de *hawi*.
3. L'auteur est tenu à réparation ainsi qu'il suit :

Zone d'application des régimes	**Régimes de compensation, de réparation et de sanctions du *Madqa* selon la zone concernée**
Afkiqek-Maqad	➢ 1 vache au titre de l'indemnité d'apaisement (*doroq*).
Bodoytâ meela	➢ 1 vache au titre de l'indemnité pour avoir pris parti dans une agression (*hawi*).
Burqili	➢ 12 chèvres au titre de l'indemnité d'apaisement (*maruuso*).
Buxxutô baxa	➢ 12 vaches au titre de l'indemnité d'apaisement (*doroq*).
Debnek-Weeqima	➢ 1 vache au titre de l'indemnité pour avoir pris parti dans un conflit (*hawi*) de manière injustifiée.

Article 281 : De la prise de parti collective dans un conflit

1. La prise de parti impliquant plus de deux personnes dans un conflit constitue une circonstance aggravante.
2. Selon l'intention et le degré d'organisation, elle est qualifiée par les *Makaaban* soit d'attaque organisée (*warar*), soit d'acte impie (*kaafiiranna*).
3. L'auteur est tenu à réparation ainsi qu'il suit :

Zone d'application des régimes	**Régimes de compensation, de réparation et de sanctions du *Madqa* selon la zone concernée**
Afkiqek-Maqad	➢ 1 vache au titre du tort causé à autrui (*baatil*), ➢ 1 vache au titre de l'indemnité d'apaisement (*doroq*), ➢ 12 vaches au titre de l'indemnité pour avoir pris parti dans une agression (*hawi*) lorsqu'elle implique plus de deux personnes.
Bodoytâ meela	➢ 1 vache par personne au titre de l'indemnité pour avoir pris parti dans un conflit (*hawi*) lorsqu'il implique plus de trois personnes.
Burqili	➢ 120 chèvres au titre de l'indemnité pour avoir pris parti dans une agression (*hawi*) lorsqu'elle

	implique plus de deux personnes et est qualifiée d'attaque organisée (*warar*).
Buxxutô baxa	➢24 vaches au titre de l'indemnité pour avoir pris parti dans une agression (*hawi*) lorsqu'elle implique plus de deux personnes et est qualifiée d'acte impie (*kaafiiranna*).
Debnek-Weeqima	➢2 vaches au titre de l'indemnité pour avoir pris parti dans une agression (*hawi*) lorsqu'elle implique plus de deux personnes et est qualifiée d'attaque organisée (*warar*).

Article 282 : Du refus d'hospitalité (*mataaka*)

1. Constitue un refus d'hospitalité (*mataaka*) le fait de refuser, sans motif légitime, d'accueillir ou de nourrir une personne qui en fait la demande, alors qu'on en a les moyens et que les circonstances le permettent.
2. Le *Madqa* distingue deux catégories d'hôtes (*qibnaytu*) :
a) le *baaxo-yaaxigi* (hôte originaire de la région) ;
b) le *yalla-yaaxigi* (hôte venant de loin, ne connaissant personne).
3. Le refus d'hospitalité est punissable :
a) à l'égard du *baaxo-yaaxigi*, lorsqu'il intervient durant une période de grand danger (*uma waqlu*), notamment la nuit ;
b) à l'égard du *yalla-yaaxigi*, en toute circonstance.
4. L'auteur est tenu à réparation ainsi qu'il suit :

Zone d'application des régimes	**Régimes de compensation, de réparation et de sanctions du *Madqa* selon la zone concernée**
Afkiqek-Maqad	➢1 vache au titre de l'indemnité pour le refus d'hospitalité (*mataaka*).
Bodoytâ meela	➢1 vache au titre de l'indemnité pour le refus d'hospitalité (*mataaka*).
Burqili	➢12 chèvres au titre de l'indemnité d'apaisement (*maruuso*), ➢12 chèvres au titre de l'indemnité pour le refus d'hospitalité (*mataaka*), ➢1 chèvre égorgée sur place au titre de la sanction pour le refus d'hospitalité (*mataaka*) envers une personne à jeun (*ligâ kalti*).

Buxxutô baxa	➢1 vache à titre de l'indemnité au manque d'hospitalité (*mataaka*).
Debnek-Weeqima	➢1 vache au titre de l'indemnité pour le refus d'hospitalité (*mataaka*).

Article 283 : Du détournement de biens confiés (*amaanat mako*)

1. Toute personne qui détourne un bien, une somme d'argent, un objet ou du bétail confié en dépôt ou en gestion est tenue de restituer le bien ou d'en compenser la valeur.
2. Elle est en outre tenue à réparation ainsi qu'il suit :

Zone d'application des régimes	**Régimes de compensation, de réparation et de sanctions du *Madqa* selon la zone concernée**
Afkiqek-Maqad	➢1 vache au titre de l'indemnité d'apaisement (*doroq*).
Bodoytâ meela	➢1 vache au titre de l'indemnité d'apaisement (*doroq*).
Burqili	➢12 chèvres au titre de l'indemnité d'apaisement (*maruuso*).
Buxxutô baxa	➢À l'exception de la restitution du bien détourné ou, à défaut, de la compensation de sa valeur, aucune autre indemnité n'est due.
Debnek-Weeqima	➢2 vaches au titre du détournement de biens confiés (*amaanat mako*).

Article 284 : De la garde d'animaux confiés

1. La garde pastorale (*aswa* ou *asuwa*) est l'obligation par laquelle un pasteur reçoit un animal confié pour le mêler à son troupeau, assurer sa conservation, sa surveillance et sa restitution.
2. Le pasteur est tenu de veiller à la sécurité de l'animal, d'informer le propriétaire de tout incident et de restituer l'animal ainsi que ses descendants nés pendant la garde.
3. Le détournement de l'animal confié ou de sa descendance est sanctionné conformément à l'article 283.
4. La mortalité naturelle ou accidentelle est supportée par le propriétaire, sauf si elle résulte d'une faute du pasteur.

TITRE VII : DE LA PROTECTION DE L'ENVIRONNEMENT ET DES RESSOURCES NATURELLES

Chapitre I : De la protection des ressources en eau et des arbres

Article 285 : De la pollution des ressources en eau

1. Constitue une infraction le fait de souiller, altérer ou rendre impropre à l'usage une source d'eau, qu'elle soit temporaire ou permanente.
2. L'auteur encourt les mesures fixées dans le tableau ci-après :

Zone d'application des régimes	**Régimes de compensation, de réparation et de sanctions du *Madqa* selon la zone concernée**
Afkiqek-Maqad	Lorsque la personne ayant souillé une source d'eau, temporaire ou permanente, n'est pas membre du *Fiqma* : ➢ 1 vache au titre du préjudice causé à l'environnement (*baatil*), ➢ 12 vaches au titre de l'indemnité pour souillure d'une source d'eau (*faagê baysa*). Lorsque la personne ayant souillé une source d'eau, temporaire ou permanente, est membre du *Fiqma* : ➢ 12 chèvres abattues au titre de l'indemnité expiatoire (*qeeranna*).
Bodoytâ meela	Lorsque la personne ayant souillé une source d'eau, temporaire ou permanente, n'est pas membre du *Fiqma* : ➢ 1 vache au titre du tort causé à autrui (*baatil*), ➢ 12 vaches au titre de l'indemnité pour souillure d'une source d'eau (*faagê baysa*). Lorsque la personne ayant souillé une source d'eau, temporaire ou permanente, est membre du *Fiqma* :

	➢ 12 chèvres abattues au titre de l'indemnité expiatoire (*qeeranna*).
Burqili	➢ 120 chèvres au titre de l'indemnité pour souillure d'une source d'eau, qualifiée d'acte impie (*kaafiiranna*).
Buxxutô baxa	Lorsque la personne ayant souillé une source d'eau, temporaire ou permanente, n'est pas membre du *Fiqma* : ➢ 1 vache au titre du préjudice causé à l'environnement *(baatil*), ➢ 12 vaches au titre de l'indemnité pour souillure d'une source d'eau, qualifiée d'acte impie (*kaafiiranna*). Lorsque la personne ayant souillé une source d'eau, temporaire ou permanente, est membre du *Fiqma* : ➢ 12 chèvres abattues au titre de l'indemnité expiatoire (*qeeranna*).
Debnek-Weeqima	Lorsque la personne ayant souillé une source d'eau, temporaire ou permanente, n'est pas membre du *Fiqma* : ➢ 1 vache au titre du préjudice causé à l'environnement (*baatil*), ➢ 1 vache au titre de l'indemnité pour souillure d'une source d'eau, qualifiée d'acte réprouvé moralement et socialement (*ceele-wayto*). Lorsque la personne ayant souillé une source d'eau, temporaire ou permanente, est membre du *Fiqma* : ➢ 1 vache abattue au titre de l'indemnité expiatoire (*qeeranna*).

Article 286 : Du délit de pollution d'une source par un étranger

1. Lorsqu'une personne venant de l'extérieur de la région (*gexô num*) souille, altère ou rend impropre à l'usage une source d'eau, temporaire ou permanente, elle encourt les mesures fixées dans le tableau ci-après:

Zone d'application des régimes	Régimes de compensation, de réparation et de sanctions du *Madqa* selon la zone concernée
Afkiqek-Maqad	➢La personne ayant commis l'infraction est sanctionnée par un avertissement (*maabitina*).
Bodoytâ meela	➢1 vache au titre de l'indemnité d'apaisement (*doroq*), ➢12 vaches au titre de l'indemnité pour souillure d'une source d'eau (*faagê baysa*).
Burqili	➢120 chèvres au titre de l'indemnité pour souillure d'une source d'eau, qualifiée d'acte impie (*kaafiiranna*).
Buxxutô baxa	➢3 vaches au titre de l'indemnité pour souillure d'une source d'eau (*faagê baysa*).
Debnek-Weeqima	➢La personne ayant commis l'infraction est sanctionnée par un avertissement (*maabitina*).

Article 287 : De l'obstruction de l'accès à l'eau (*keeba*)

1. Constitue une infraction le fait d'empêcher l'accès à un point d'eau.
2. Quiconque empêche, par quelque moyen que ce soit, l'accès à un point d'eau commet le délit d'obstruction des points d'eau
3. L'auteur encourt les mesures détaillées dans le tableau ci-après :

Zone d'application des régimes	Régimes de compensation, de réparation et de sanctions du *Madqa* selon la zone concernée
Afkiqek-Maqad	Lorsque la personne ayant commis l'entrave à l'accès à une source d'eau n'est pas membre du *Fiqma* : ➢1 vache au titre du tort causé à autrui (*baatil*) ; ➢1 vache au titre de l'indemnité pour entrave à l'accès à une source d'eau (*keeba*). Lorsque la personne ayant commis l'entrave à l'accès à une source d'eau est membre du *Fiqma* : ➢12 chèvres abattues au titre de l'indemnité expiatoire (*qeeranna*).

Bodoytâ meela	Lorsque la personne ayant commis l'entrave à l'accès à une source d'eau n'est pas membre du *Fiqma* : ➢1 vache au titre du préjudice causé à autrui (*baatil*), ➢12 vaches au titre de l'indemnité pour entrave à l'accès à une source d'eau (*keeba*). Lorsque la personne ayant commis l'entrave à l'accès à une source d'eau est membre du *Fiqma* : ➢12 chèvres abattues au titre de l'indemnité expiatoire (*qeeranna*).
Burqili	➢12 chèvres au titre de l'indemnité d'apaisement (*maruuso*).
Buxxutô baxa	➢1 vache au titre de l'indemnité d'apaisement (*doroq*), ➢1 chèvre au titre de l'indemnité due aux médiateurs (*fiddima*), ➢12 vaches au titre de l'indemnité pour entrave à l'accès à une source d'eau (*keeba*).
Debnek-Weeqima	➢6 chèvres pour le préjudice causé à autrui (*baatil*), ➢5 chameaux au titre de l'indemnité d'apaisement (*doroq*).

Article 288 : De l'atteinte aux arbres

1. Constitue une infraction le fait de porter atteinte à un arbre.
2. Quiconque brûle un arbre, le taille de manière excessive ou destructive, coupe des branches essentielles, ou dépouille son écorce de façon à compromettre sa solidité commet un délit d'atteinte aux arbres.
3. L'auteur est soumis aux mesures sainsi qu'il suit :

Zone d'application des régimes	**Régimes de compensation, de réparation et de sanctions du *Madqa* selon la zone concernée**
Afkiqek-Maqad	➢1 vache au titre de l'indemnité d'apaisement (*doroq*).
Bodoytâ meela	➢1 vache au titre de l'indemnité d'apaisement (*umaane*).

Burqili	➢12 chèvres au titre de l'indemnité d'apaisement (*maruuso*).
Buxxutô baxa	➢1 vache au titre de l'indemnité d'apaisement (*doroq*).
Debnek-Weeqima	➢ 6 chèvres au titre du préjudice causé à l'environnement (*baatil*), ➢1 vache au titre de l'indemnité d'apaisement (*doroq*).

Article 289 : De l'atteinte à un arbre fruitier (*caxâ-mixu le caxa*)

1. Quiconque porte atteinte à un arbre fruitier, par destruction, mutilation, coupe de branches essentielles ou dépouillement de son écorce, est soumis aux mesures ainsi qu'il suit :

Zone d'application des régimes	**Régimes de compensation, de réparation et de sanctions du *Madqa* selon la zone concernée**
Afkiqek-Maqad	➢ 12 vaches pour atteinte au palmier dattier (*nakilto*) ou au palmier doum (*garrayto*), ➢ 1 vache pour atteinte à d'autres arbres fruitiers (*caxâ-mixu le coox*).
Bodoytâ meela	➢ 1 vacheau titre de l'indemnité d'apaisement (*doroq*).
Burqili	➢ 40 chèvres pour l'atteinte au palmier dattier ou au palmier doum, ➢ 20 chèvres pour l'atteinte à d'autres arbres fruitiers.
Buxxutô baxa	➢ 12 vaches pour atteinte au palmier dattier ou au palmier doum, ➢ 1 vache pour atteinte à d'autres arbres fruitiers.
Debnek-Weeqima	➢ 6 chèvres pour le préjudice causé à l'environnement (*baatil*), ➢ 5 chameaux pour atteinte au palmier dattier, ➢1 vache pour l'atteinte à d'autres arbres fruitiers.

Article 290 : De l'atteinte à un arbre procurant de l'ombre devant la demeure d'autrui

1. Constitue une infraction l'atteinte à un arbre situé devant la maison d'autrui (*buxah afih caxa*) dont l'ombre sert de lieu de repos aux heures de grande chaleur (*silaalo*).
2. L'auteur est soumis aux mesures détaillées ci-dessous :

Zone d'application des régimes	**Régimes de compensation, de réparation et de sanctions du *Madqa* selon la zone concernée**
Afkiqek-Maqad	➢ 1 vache pour le préjudice causé à l'environnement (*baatil*), ➢ 1 vache au titre de l'indemnité d'apaisement (*doroq*).
Bodoytâ meela	➢ 1 vache au titre de l'indemnité d'apaisement (*doroq*), ➢ 1 vache pour atteinte à un arbre procurant de l'ombre devant la demeure d'autrui.
Burqili	➢ 12 chèvres au titre de l'indemnité d'apaisement (*maruuso*).
Buxxutô baxa	➢ 1 chameau au titre de l'indemnité pour atteinte à un arbre procurant de l'ombre devant le domicile d'autrui, qualifiée de destruction de la demeure (*qari diglo*), ➢ 1 brebis et 1 chèvre au titre de l'indemnité d'apaisement (*doroq*).
Debnek-Weeqima	➢ 6 chèvres pour le tort causé à autrui (*baatil*), ➢ 5 chameaux au titre de l'indemnité pour atteinte à un arbre procurant de l'ombre devant le domicile d'autrui.

Article 291 : De la souillure des arbres fruitiers ou d'ombrage

1. Est constitutive de souillure d'un arbre fruitier ou d'ombrage le fait d'y uriner, d'y déféquer ou d'y jeter tout autre déchet.
2. L'auteur est soumis aux mesures suivantes :

Zone d'application des régimes	Régimes de compensation, de réparation et de sanctions du *Madqa* selon la zone concernée
Afkiqek-Maqad	➢1 vache au titre du préjudice causé à l'environnement (*baatil*), ➢1 vache au titre de l'indemnité d'apaisement (*doroq*).
Bodoytâ meela	➢1 vache au titre de l'indemnité d'apaisement (*doroq*), ➢1 vache abattue ou introuvable au titre de l'indemnité pour atteinte à un arbre procurant de l'ombre devant la demeure d'autrui.
Burqili	➢12 chèvres au titre de l'indemnité d'apaisement (*maruuso*),
Buxxutô baxa	➢1 vache au titre du préjudice causé à l'environnement (*baatil*), ➢1 brebis et 1 chèvre au titre de l'indemnité d'apaisement (*doroq*).
Debnek-Weeqima	➢6 chèvres pour le tort causé à autrui (*baatil*), ➢1 vache au titre de l'indemnité d'apaisement (*doroq*).

Article 292 : Du brûlage des herbes (q*aysô cararow*)

1. Toute personne qui procède au brûlage d'herbes commet un délit.
2. L'auteur est soumis aux mesures prévues dans le tableau ci-après :

Zone d'application des régimes	Régimes de compensation, de réparation et de sanctions du *Madqa* selon la zone concernée
Afkiqek-Maqad	➢ 1 vache au titre du préjudice causé à l'environnement (*baatil*), ➢ 1 vache au titre de l'indemnité d'apaisement (*doroq*).
Bodoytâ meela	➢ 1 vache au titre de l'indemnité d'apaisement (*doroq*), ➢ 4 vaches au titre de l'indemnité pour brûlage d'herbes.
Burqili	➢ 12 chèvres au titre de l'indemnité d'apaisement (*maruuso*).

Buxxutô baxa	➢ 3 chameaux au titre de l'indemnité pour brûlage d'herbes, ➢ 1 brebis et 1 chèvreau titre de l'indemnité d'apaisement (*doroq*).
Debnek-Weeqima	➢ 6 chèvres au titre du préjudice causé à l'environnement (*baatil*), ➢ 1 vache au titre de l'indemnité d'apaisement (*doroq*).

Article 293: Du brûlage d'un champ cultivé (*bustaan cararow*)

1. Toute personne qui procède au brûlage d'un champ cultivé commet un délit.
2. L'auteur est soumis aux mesures ci-après :

Zone d'application des régimes	**Régimes de compensation, de réparation et de sanctions du *Madqa* selon la zone concernée**
Afkiqek-Maqad	➢ 2 vaches au titre de l'indemnité pour le brûlage de champs, ➢ 1 vache au titre du tort causé à autrui (*baatil*), ➢ 1 vache au titre de l'indemnité d'apaisement (*doroq*).
Bodoytâ meela	➢ 12 vaches au titre de l'indemnité pour le brûlage du champ.
Burqili	➢ 120 chèvres au titre de l'indemnité pour le brûlage de champs, qualifiée d'acte impie (*kaafiiranna*).
Buxxutô baxa	➢ 12 vaches au titre de l'indemnité pour brûlage de champs, qualifiée d'acte impie (*kaafiiranna*), ➢ 1 vache au titre de l'indemnité pour atteinte aux moyens de subsistance de la famille (*buxâ bayti*), ➢ 1 brebis et 1 chèvre au titre de l'indemnité d'apaisement (*doroq*).
Debnek-Weeqima	➢ 1 vache au titre de l'indemnité d'apaisement (*doroq*), ➢ 3 vaches au titre de l'indemnité pour atteinte aux moyens de subsistance de la famille (*buxâ bayti*).

Article 294 : Du préjudice matériel et du manque à gagner

1. En sus des indemnités prévues à l'article 293, l'auteur des faits est tenu de réparer le manque à gagner résultant du brûlage du champ. Ce manque à gagner est évalué par les juges coutumiers (*Makaaban*).
2. À ce titre, et conformément à cette évaluation, il est condamné au paiement d'une indemnité compensatoire au titre du préjudice matériel (*gidiy*).

Article 295 : Des atteintes aux animaux sauvages (*dubaala*)

1. Quiconque abat, capture ou porte atteinte à un animal sauvage, à l'exception des fauves, commet un délit.
2. L'auteur est passible des mesures ci-après :

Zone d'application des régimes	Régimes de compensation, de réparation et de sanctions du *Madqa* selon la zone concernée
Afkiqek-Maqad	➢1 vache au titre de l'indemnité d'apaisement (*doroq*).
Bodoytâ meela	➢1 vacheau titre de l'indemnité d'apaisement (*doroq*).
Burqili	➢12 chèvresau titre de l'indemnité d'apaisement (*maruuso*).
Buxxutô baxa	Atteinte à un animal sauvage autre qu'un fauve (à l'exception de l'oryx, du koudou et de l'autruche) : ➢1 brebis et 1 chèvre au titre de l'indemnité pour atteinte à un animal sauvage. Atteinte à un oryx : ➢1 jeune taureau de deux ans (*affaraytili*) au titre de l'indemnité pour atteinte à l'oryx, ➢1 vache au titre de l'indemnité d'apaisement (*doroq*), ➢1 chèvre au titre de l'indemnité due aux médiateurs (*fiddima*). Atteinte à un koudou (*sara*) : - Koudou mâle :

	➢1 taureau au titre de l'indemnité pour atteinte à un koudou mâle (*lab saraytu, galqo*), ➢1 vache au titre de l'indemnité d'apaisement (*doroq*), ➢1 chèvre au titre de l'indemnité due aux médiateurs (*fiddima*). - Koudou femelle : ➢1 génisse adulte de 4 à 5 ans au titre de l'indemnité pour atteinte à un koudou femelle (*seemole*), ➢1 vache au titre de l'indemnité d'apaisement (*doroq*), ➢1 chèvre au titre de l'indemnité due aux médiateurs (*fiddima*). Atteinte à une autruche (*goroyya*) : ➢1 chamelon de deux ans (*awdaafal-xiinaytu, namma-karonta*) au titre de l'indemnité pour atteinte à une autruche, ➢1 vache au titre de l'indemnité d'apaisement (*doroq*), ➢1 chèvre au titre de l'indemnité due aux médiateurs (*fiddima*). Lorsque l'auteur d'une atteinte est membre du *Fiqma* : ➢12 chèvres abattues au titre de l'indemnité expiatoire (*qeeranna*).
Debnek-Weeqima	Lorsque la personne ayant porté atteinte à un animal sauvage autre qu'un fauve n'est pas membre du *Fiqma* : ➢6 chèvres sont dues au titre de l'indemnité pour atteinte à un animal sauvage autre qu'un fauve. Lorsque la personne ayant porté atteinte à un animal sauvage autre qu'un fauve est membre du *Fiqma* :

	➢1 vache sont abattues par l'organisation de solidarité et de discipline (*Fiqma*) au titre de l'indemnité expiatoire (*qeeranna*).

Chapitre II : De la gestion des terres et des ressources pastorales

Article 296 : De la violation d'interdit temporaire (*magan* ou *bar*)

1. Quiconque enfreint un interdit temporaire (*magan diglo*) institué par une autorité traditionnelle dans le cadre du règlement d'un litige commet une infraction à l'autorité coutumière.
2. L'auteur est soumis aux mesures ci-après :

Zone d'application des régimes	**Régimes de compensation, de réparation et de sanctions du *Madqa* selon la zone concernée**
Afkiqek-Maqad	➢ 1 vache au titre du tort causé à autrui (*baatil*), ➢ 1 vache au titre de l'indemnité d'apaisement (*doroq*).
Bodoytâ meela	➢ 12 vaches au titre de l'indemnité d'apaisement (*doroq*).
Burqili	➢120 chèvres au titre de l'indemnité d'apaisement (*doroq*).
Buxxutô baxa	➢ 12 vaches au titre de la violation d'un interdit temporaire (*magan diglo*), ➢ 1 vache au titre de l'indemnité d'apaisement (*doroq*), ➢ 1 chèvre au titre de l'indemnité due aux médiateurs (*fiddima*).
Debnek-Weeqima	➢ 1 chameau au titre de l'indemnité d'apaisement (*doroq*).

Article 297 : De la violation des mises en défens

1. Toute personne qui fait paître du bétail sur une aire de pâturage temporairement mise en défens (*gaan* ou *dirri*) avant sa levée officielle commet un délit. Cette disposition ne s'applique pas aux parents à

plaisanterie [56] (*afbeeca*) ni aux personnes liées par une alliance solennelle (*qalla*).

2. L'auteur est soumis aux mesures ci-après :

Zone d'application des régimes	**Régimes de compensation, de réparation et de sanctions du *Madqa* selon la zone concernée**
Afkiqek-Maqad	Lorsque l'auteur de la violation de la mise en défens n'est pas membre du *Fiqma* : ➢ 1 vache au titre du tort causé à autrui (*baatil*), ➢ 1 vache au titre de l'indemnité d'apaisement (*doroq*). Lorsque l'auteur de la violation de la mise en défens est membre du *Fiqma* : ➢ 12 chèvres abattues par l'organisation de solidarité et de discipline (*Fiqma*) au titre de l'indemnité expiatoire (*qeeranna*).
Bodoytâ meela	➢ 1 vache au titre du tort causé à autrui (*umaane*).
Burqili	➢ 12 chèvres au titre de l'indemnité d'apaisement (*maruuso*).
Buxxutô baxa	➢ 1 vache au titre de l'indemnité d'apaisement (*doroq*), ➢ 1 chèvre au titre de l'indemnité due aux médiateurs (*fiddima*).
Debnek-Weeiqma	➢ La personne ayant commis l'infraction est sanctionnée par un avertissement (*maabitina*).

Article 298 : Du non-respect des itinéraires de transhumance et d'abreuvement

1. Toute personne qui ne respecte pas les itinéraires de transhumance (*duli gita*) ou les parcours menant aux points d'abreuvement (*arki gita*) commet un délit.
2. L'auteur est soumis aux mesures prévues dans le tableau ci-après :

---

[56] « *Afbeeca* » désigne des tribus liées par une alliance symbolique caractérisée par la familiarité et l'absence de préjudice mutuel.

Zone d'application des régimes	Régimes de compensation, de réparation et de sanctions du *Madqa* selon la zone concernée
Afkiqek-Maqad	➢ La personne ayant commis l'infraction est sanctionnée par un avertissement *(maabitina)*.
Bodoytâ meela	➢ 1 vache au titre de l'indemnité d'apaisement (*doroq*).
Burqili	➢ 12 chèvresau titre de l'indemnité d'apaisement (*maruuso*).
Buxxutô baxa	➢ La personne ayant commis l'infraction est sanctionnée par un avertissement (*maabitina*).
Debnek-Weeqima	➢ 6 chèvres au titre du tort causé à autrui (*baatil*). ➢ 1 chameau au titre de l'indemnité d'apaisement (*doroq*).

Article 299 : Du délit d'entrave (*desso*) aux parcours ouverts (*qaadu* ou *wakfa*)

1. Quiconque s'approprie indûment ou empêche l'accès à des pâturages ouverts commet le délit d'entrave aux parcours.
2. L'auteur est soumis aux mesures prévues dans le tableau ci-après :

Zone d'application des régimes	Régimes de compensation, de réparation et de sanctions du *Madqa* selon la zone concernée
Afkiqek-Maqad	➢ 1 vache au titre du tort causé à autrui (*baatil*), ➢ 1 vache au titre de l'indemnité d'apaisement (*doroq*).
Bodoytâ meela	➢ 1 vache au titre de l'indemnité d'apaisement (*umaane*).
Burqili	➢ 12 chèvres au titre de l'indemnité d'apaisement (*maruuso*).
Buxxutô baxa	➢ 1 vache au titre du tort causé à autrui (*baatil*), ➢ 1 vache au titre de l'indemnité d'apaisement (*doroq*), ➢ 1 chèvre au titre de l'indemnité due aux médiateurs (*fiddima*).
Debnek-Weeqima	➢ 6 chèvres au titre du tort causé à autrui (*baatil*), ➢ 1 vache au titre de l'indemnité d'apaisement (*doroq*),

	➢1 vache au titre de l'indemnité d'entrave (*hooro*).

Article 300 : Du refus de pâturage temporaire

1. Le fait de refuser, sans motif légitime, d'accorder l'autorisation provisoire de pâturage (*orba*) à toute personne qui en fait la demande constitue le délit de refus de pâturage temporaire.
2. L'auteur est soumis aux mesures suivantes :

Zone d'application des régimes	**Régimes de compensation, de réparation et de sanctions du *Madqa* selon la zone concernée**
Afkiqek-Maqad	➢ La personne qui en fait la demande est autorisée à faire paître son bétail sur le pâturage du fautif.
Bodoytâ meela	➢ 1 vache au titre de l'indemnité pour refus d'accès temporaire au pâturage (*wadba kalit*).
Burqili	➢ 12 chèvresau titre de l'indemnité d'apaisement (*maruuso*).
Buxxutô baxa	➢ 1 vache au titre du tort causé à autrui (*baatil*), ➢ 1 vache au titre de l'indemnité d'apaisement (*doroq*), ➢ 1 chèvre au titre de l'indemnité due aux médiateurs (*fiddima*).
Debnek-Weeqima	Lorsque l'auteur de la violation du refus d'accès temporaire au pâturage n'est pas membre du *Fiqma* : ➢ 6 chèvres au titre du tort causé à autrui (*baatil*), ➢ 1 vache au titre de l'indemnité d'apaisement (*doroq*). Lorsque l'auteur de la violation du refus d'accès temporaire au pâturage est membre du *Fiqma* : ➢ 12 chèvres sacrifiées par l'organisation de solidarité et de discipline (*Fiqma*) au titre de l'indemnité expiatoire (*qeeranna*).

Article 301 : De la mesure compensatoire d'autorisation de pâturage

1. En sus de l'indemnité prévue à l'article 300, le *Fiqma* ordonne l'autorisation d'accès au pâturage au profit de la personne lésée, à titre de mesure compensatoire.
2. Cette mesure a pour finalité de compenser le préjudice subi et de rétablir l'équilibre au sein de la communauté pastorale.

Article 302 : De la violation de l'entente coutumière de pâturage temporaire

1. L'entente coutumière de pâturage temporaire (*abur-gombodda, aboyyâ-dabba*) permet à une famille d'autoriser une autre à faire paître son bétail sur son aire de pâturage en période de sécheresse. La violation sans motif légitime de cette entente constitue un délit.
2. L'auteur est soumis aux mesures suivantes :

Zone d'application des régimes	**Régimes de compensation, de réparation et de sanctions du *Madqa* selon la zone concernée**
Afkiqek-Maqad	➢ 1 vache au titre de l'indemnité d'apaisement (*doroq*).
Bodoytâ meela	➢ 1 vache au titre de l'indemnité d'apaisement (*umaane*).
Burqili	➢ 12 chèvres au titre de l'indemnité d'apaisement (*maruuso*).
Buxxutô baxa	➢ 1 vache pour le tort causé à autrui (*baatil*), ➢ 1 vacheau titre de l'indemnité d'apaisement (*doroq*), ➢ 1 chèvre au titre de l'indemnité due aux médiateurs (*fiddima*).
Debnek-Weeqima	➢ 6 chèvres au titre du tort causé à autrui (*baatil*), ➢ 1 vache à titre de l'indemnité destinée à apaiser le ressentiment (*doroq*).

TITRE VIII : DES INFRACTIONS RELATIVES AU MILIEU MARIN ET À LA SOLIDARITÉ MARITIME

Chapitre I : Des atteintes aux ressources marines

Article 303 : De l'atteinte générale au milieu marin

1. La protection du milieu marin s'étend aux écosystèmes, aux espèces marines et aux ressources biologiques traditionnellement exploitées par les communautés afares.
2. Constitue une infraction le fait de porter atteinte à l'intégrité du milieu marin, par le déversement de déchets, d'hydrocarbures ou de substances toxiques, ou par toute exploitation compromettant durablement l'équilibre et la subsistance des communautés côtières.
3. L'auteur de l'infraction est soumis aux mesures suivantes :

Zone d'application des régimes	**Régimes de compensation, de réparation et de sanctions du *Madqa* selon la zone concernée**
Afkiqek-Maqad	➢ 1 vache au titre du préjudice causé à l'environnement marin (*doroq*).
Bodoytâ meela	➢ Le régime de Bodoytâ meela ne traite pas des atteintes au milieu marin, car son champ d'application concerne uniquement les espaces terrestres.
Burqili	➢ 12 chèvres au titre du préjudice causé à l'environnement marin (*maruuso*).
Buxxutô baxa	➢ Le régime de Buxxutô baxa ne traite pas des atteintes au milieu marin, car son champ d'application concerne uniquement les espaces terrestres.
Debnek-Weeqima	➢ 1 vache au titre du préjudice causé à l'environnement marin (*doroq*).

Article 304 : De l'exploitation illicite des opercules de mollusques

1. Constitue une infraction le fait de prélever des opercules de mollusques (*gili*) sans remettre immédiatement le mollusque (*liico*) à l'eau dans son habitat naturel, ou de capturer des variétés non commercialisables, telles que le *wakrî gili* (opercule gris).

2. L'auteur est soumis aux mesures ci-après :

Zone d'application des régimes	**Régimes de compensation, de réparation et de sanctions du *Madqa* selon la zone concernée**
Afkiqek-Maqad	➢ 1 vache au titre du préjudice causé à l'environnement marin (*doroq*).
Bodoytâ meela	➢ Le régime de Bodoytâ meela ne traite pas des atteintes au milieu marin, car son champ d'application concerne uniquement les espaces terrestres.
Burqili	➢ 12 chèvres au titre de l'atteinte à la régénération d'un produit marin.
Buxxutô baxa	➢ Le régime de Buxxutô baxa ne traite pas des atteintes au milieu marin, car son champ d'application concerne uniquement les espaces terrestres.
Debnek-Weeqima	➢ 2 vaches au titre de l'atteinte à la régénération d'un produit marin.

Article 305 : De la capture illicite des limaces de mer

1. Constitue une infraction le fait de pêcher ou de prélever des limaces de mer (*angaacorri*), espèces reconnues comme essentielles à l'équilibre des écosystèmes marins.
2. L'auteur est soumis aux mesures ci-après :

Zone d'application des régimes	**Régimes de compensation, de réparation et de sanctions du *Madqa* selon la zone concernée**
Afkiqek-Maqad	➢ 1 vache au titre du préjudice causé à l'environnement (*baatil*), ➢ 1 vache au titre de l'atteinte à l'équilibre des écosystèmes marins.
Bodoytâ meela	➢ Le régime de Bodoytâ meela ne traite pas des atteintes au milieu marin, car son champ d'application concerne uniquement les espaces terrestres.
Burqili	➢ 12 chèvres au titre de l'atteinte à l'équilibre des écosystèmes marins.

Buxxutô baxa	➢ Le régime de Buxxutô baxa ne traite pas des atteintes au milieu marin, car son champ d'application concerne uniquement les espaces terrestres.
Debnek-Weeqima	➢ 2 vaches au titre de l'atteinte à l'équilibre des écosystèmes marins.

Article 306 : De l'atteinte aux espèces marines protégées

1. Constitue une infraction le fait de :

a) capturer un dugong (*uxum*) par quelque moyen que ce soit ;

b) capturer une tortue marine (*lidda*) en dehors des cas de nécessité exceptionnelle dûment justifiée ;

c) porter atteinte aux tortues ou à leurs sites de nidification pendant la période de ponte ;

d) ne pas assister les juvéniles de tortues à rejoindre la mer lors de l'émergence ;

e) ne pas remettre à l'eau tout poisson ou espèce marine non comestible capturé accidentellement.

2. L'auteur est soumis aux mesures ci-après :

Zone d'application des régimes	**Régimes de compensation, de réparation et de sanctions du *Madqa* selon la zone concernée**
Afkiqek-Maqad	➢ 1 vache au titre du préjudice causé à l'environnement (*baatil*), ➢ 1 vache au titre de l'atteinte à l'environnement marin.
Bodoytâ meela	➢ Le régime de Bodoytâ meela ne traite pas des atteintes au milieu marin, car son champ d'application concerne uniquement les espaces terrestres.
Burqili	➢ 12 chèvres au titre de l'atteinte aux espèces marines protégées.
Buxxutô baxa	➢ Le régime de Buxxutô baxa ne traite pas des atteintes au milieu marin, car son champ d'application concerne uniquement les espaces terrestres.
Debnek-Weeqima	➢ 2 vaches au titre de l'atteinte aux espèces marines protégées.

Article 307 : Des infractions aux principes de pêche durable

1. Constitue une infraction le fait de :

a) pratiquer une pêche excessive dépassant les besoins de la consommation locale ou les quantités commercialisables ;

b) jeter à la mer des poissons pourris ou tout autre déchet ;

c) utiliser des filets de pêche d'une manière qui endommage les coraux (*karaaracya*) ou détruit les herbiers d'algues (*shaqabi*).

2. L'auteur est soumis aux mesures ci-après :

Zone d'application des régimes	**Régimes de compensation, de réparation et de sanctions du *Madqa* selon la zone concernée**
Afkiqek-Maqad	➢1 vache au titre du préjudice causé à l'environnement (*baatil*), ➢12 vaches au titre de l'indemnité pour souillure de l'environnement marin (*baddi baysa*).
Bodoytâ meela	➢Le régime de Bodoytâ meela ne traite pas des atteintes au milieu marin, car son champ d'application concerne uniquement les espaces terrestres.
Burqili	➢12 chèvres au titre de l'indemnité pour souillure de l'environnement marin ((*baddi baysa*).
Buxxutô baxa	➢Le régime de Buxxutô baxa ne traite pas des atteintes au milieu marin, car son champ d'application concerne uniquement les espaces terrestres.
Debnek-Weeqima	➢1 vache au titre du préjudice causé à l'environnement (*baatil*), ➢1 vache au titre de l'indemnité pour souillure de l'environnement marin, qualifiée d'acte réprouvé moralement et socialement (*ceele-wayto*).

Chapitre II : Des infractions aux droits d'usage des riverains

Article 308 : De la pêche illicite en zone riveraine de subsistance

1. Les zones de pêche riveraine de subsistance sont définies à l'article 161 du Code civil coutumier.

2. Est interdite toute activité de pêche exercée dans ces zones par un non-riverain.
3. L'auteur est soumis aux mesures ci-après :

Zone d'application des régimes	**Régimes de compensation, de réparation et de sanctions du *Madqa* selon la zone concernée**
Afkiqek-Maqad	➢ 1 vache au titre du tort causé à autrui (*baatil*), ➢ 1 vache au titre de l'indemnité d'apaisement (*doroq*).
Bodoytâ meela	➢ Le régime de Bodoytâ meela ne traite pas des atteintes au milieu marin, car son champ d'application concerne uniquement les espaces terrestres.
Burqili	12 chèvres au titre de l'indemnité d'apaisement (*maruuso*).
Buxxutô baxa	➢ Le régime de Buxxutô baxa ne traite pas des atteintes au milieu marin, car son champ d'application concerne uniquement les espaces terrestres.
Debnek-Weeqima	➢ 6 chèvres au titre du tort causé à autrui (*baatil*), ➢ 1 vache au titre de l'indemnité d'apaisement (*doroq*).

Article 309 : De l'atteinte au droit de collecte des produits de la mer

1. Constitue une infraction le fait d'entraver ou d'empêcher les riverains d'exercer leur droit de ramasser, pour leurs besoins propres :
a) les escargots marins (*cerka*) sur les récifs ou zones rocheuses ;
b) les holothuries (*baddi-buxxe*) dans les zones peu profondes.
2. Lorsque cette activité est réservée par la coutume à certaines personnes, la violation de cette règle coutumière constitue également une infraction.
3. L'auteur est soumis aux mesures ci-après :

Zone d'application des régimes	**Régimes de compensation, de réparation et de sanctions du *Madqa* selon la zone concernée**
Afkiqek-Maqad	➢ 1 vache au titre du tort causé à autrui (*baatil*), ➢ 1 vache au titre de l'indemnité d'apaisement (*doroq*).

Bodoytâ meela	➢ Le régime de Bodoytâ meela ne traite pas des atteintes au milieu marin, car son champ d'application concerne uniquement les espaces terrestres.
Burqili	➢ 12 chèvres au titre d'amende pour atteinte à la régénération d'un produit marin (*maruuso*).
Buxxutô baxa	➢ Le régime de Buxxutô baxa ne traite pas des atteintes au milieu marin, car son champ d'application concerne uniquement les espaces terrestres.
Debnek-Weeqima	➢ 6 chèvres au titre du tort causé à autrui (*baatil*), ➢ 1 vache au titre de l'indemnité d'apaisement (*doroq*).

Chapitre III : Des infractions à la solidarité et à la sécurité maritimes

Article 310 : Du manquement au devoir d'assistance et de navigation solidaire

1. Constitue une infraction le fait de manquer volontairement au devoir d'assistance maritime, alors qu'il était matériellement possible d'agir sans s'exposer à un danger grave.
2. L'obligation d'assistance incombe à toute personne en mesure d'intervenir, sans qu'elle puisse s'exonérer au motif qu'une autre embarcation est également présente.
3. Les principes généraux de la non-assistance s'appliquent également en milieu marin, dans les cas suivants :
a) pour une embarcation naviguant en haute mer, ne pas maintenir une distance suffisante mutuelle permettant de porter secours en cas de détresse ;
b) pour tout marin ou pêcheur local connaissant les dangers d'une zone, ne pas signaler un itinéraire sûr à une embarcation égarée s'approchant d'une zone dangereuse.
4. L'auteur de l'infraction est soumis aux mesures prévues dans le tableau ci-après :

Zone d'application des régimes	Régimes de compensation, de réparation et de sanctions du *Madqa* selon la zone concernée
Afkiqek-Maqad	➢ 1 vache au titre du tort causé à autrui (*baatil*), ➢ 1 vache au titre de l'indemnité d'apaisement (*doroq*).
Bodoytâ meela	➢ Le régime de Bodoytâ meela ne traite pas des atteintes au milieu marin, car son champ d'application concerne uniquement les espaces terrestres.
Burqili	➢ 12 chèvres au titre de l'indemnité d'apaisement (*maruuso*), ➢ 120 chèvres au titre de la non-assistance à une personne ou à un animal en danger, qualifiée d'acte impie (*kaafiiranna*).
Buxxutô baxa	➢ Le régime de Buxxutô baxa ne traite pas des atteintes au milieu marin, car son champ d'application concerne uniquement les espaces terrestres.
Debnek-Weeqima	Lorsque le fautif n'est pas membre de l'association d'entraide et de discipline (*Fiqma*) : ➢ 4 vaches au titre du manquement au devoir d'assistance (*wade-wayti*). Lorsque le fautif est membre de l'association d'entraide et de discipline (*Fiqma*) : ➢ 24 chèvres abattues, réparties en 12 le soir et 12 le matin (*carri solaay*, *saaki sola*), au titre de l'indemnité expiatoire (*qeeranna*).

Article 311 : Du défaut de signalement d'une embarcation en danger et de participation aux recherches

1. Constitue une infraction le fait, pour toute personne ayant connaissance de la disparition ou de la mise en danger d'une embarcation, de ne pas le signaler sans délai.
2. Constitue également une infraction le fait, pour tout marin, de refuser de participer aux opérations de recherche et de secours.
3. L'auteur est soumis aux mesures prévues dans le tableau ci-après :

Zone d'application des régimes	Régimes de compensation, de réparation et de sanctions du *Madqa* selon la zone concernée
Afkiqek-Maqad	➢12 vaches sont dues pour la transgression des normes sociales et morales, qualifiée d'acte impie (*kaafiiranna*).
Bodoytâ meela	➢Le régime de Bodoytâ meela ne traite pas des atteintes au milieu marin, car son champ d'application concerne uniquement les espaces terrestres.
Burqili	➢12 chèvres au titre de l'indemnité d'apaisement (*maruuso*), ➢120 chèvres au titre de la non-assistance à une personne ou à un animal en danger, qualifiée d'acte impie *(kaafiiranna*).
Buxxutô baxa	➢Le régime de Buxxutô baxa ne traite pas des atteintes au milieu marin, car son champ d'application concerne uniquement les espaces terrestres.
Debnek-Weeqima	➢1 vache au titre de l'indemnité d'apaisement (*doroq*), ➢1 vache au titre du refus de participer à la recherche des personnes et des biens disparus en mer (*deerô cina*).

TITRE IX : DES CIRCONSTANCES AGGRAVANTES

Chapitre I : Des majorations selon la qualité de la personne

Article 312 : De la majoration des indemnités coutumières selon la qualité de la personne

1. Toute infraction, verbale ou matérielle, commise à l'encontre d'une personne visée aux articles 313, 314 et 315 donne lieu à majoration des indemnités symboliques coutumières suivantes :

a) l'indemnité d'apaisement (*doroq* ou *maruuso*) ;
b) l'indemnité pour acte ou propos réprouvé sur les plans moral et social (*ceele-wayto*).

Article 313 : Des infractions commises à l'encontre des personnes vulnérables

1. La qualité de personne vulnérable s'apprécie conformément à la définition donnée à l'article 158, alinéa 2.
2. L'auteur d'une infraction contre une personne vulnérable encourt les mesures des régimes du *Madqa*, majorées ainsi qu'il suit :

Zone d'application des régimes	**Régimes de compensation, de réparation et de sanctions du *Madqa* selon la zone concernée**
Afkiqek-Maqad	➢1 vache au titre du tort causé à autrui (*baatil*), ➢1 vache au titre de l'indemnité d'apaisement (*doroq*), ➢1 vache au titre de l'indemnité pour un acte ou un propos réprouvé moralement et socialement (*ceele-wayto*).
Bodoytâ meela	➢1 vache au titre du tort causé à autrui (*baatil*).
Burqili	➢12 chèvres au titre de l'indemnité d'apaisement (*maruuso*).
Buxxutô baxa	➢3 vaches au titre de l'indemnité en cas d'atteinte verbale (*amcarta*), ➢1 vache au titre de l'indemnité en cas d'acte réprouvé moralement et socialement (*ceele-wayto*).

Debnek-Weeqima	➢1 vache au titre de l'indemnité d'apaisement (*doroq*), ➢1 vache au titre de l'indemnité pour un acte ou un propos réprouvé moralement et socialement (*ceele-wayto*).

Article 314 : Des infractions commises à l'encontre des personnes dépositaires de l'autorité coutumière

1. Constitue une infraction aggravée tout propos ou tout acte, verbal ou matériel, commis à l'encontre des personnes suivantes :
a) le juge coutumier (*Makaabantu*) ;
b) le chef de l'organisation de solidarité et de discipline (*fiqmat-abba*).
2. L'auteur encourt les mesures des régimes du *Madqa*, majorées comme suit :

Zone d'application des régimes	**Régimes de compensation, de réparation et de sanctions du *Madqa* selon la zone concernée**
Afkiqek-Maqad	➢ 12 vaches au titre de l'indemnité d'apaisement (*doroq*).
Bodoytâ meela	➢ 1 vache au titre du tort causé à autrui (*baatil*).
Burqili	➢ 12 chèvres au titre de l'indemnité d'apaisement (*maruuso*), ➢ 20 chèvres au titre de l'indemnité pour un acte ou un propos réprouvé moralement et socialement (*ceele-wayto*).
Buxxutô baxa	➢ 3 vaches au titre de l'indemnité en cas d'atteinte verbale (*amcarta*), ➢ 1 vache au titre de l'indemnité en cas d'acte réprouvé moralement et socialement (*ceele-wayto*).
Debnek-Weeqima	➢ 2 vaches au titre de l'indemnité d'apaisement (*doroq*), ➢ 1 vache au titre de l'indemnité pour un acte ou un propos réprouvé moralement et socialement (*ceele-wayto*).

Article 315 : Des infractions commises à l'encontre des personnes de l'autorité coutumière suprême

1. Constitue une infraction suprêmement aggravée toute atteinte, verbale ou matérielle, dirigée contre le *Dardar*, l'*Amoyta* ou le *Banoyta*.
2. L'auteur encourt les mesures des régimes du *Madqa*, majorées au degré maximal comme suit :

Zone d'application des régimes	**Régimes de compensation, de réparation et de sanctions du *Madqa* selon la zone concernée**
Afkiqek-Maqad	➢ 1 vache au titre du tort causé à autrui (*baatil*), ➢ 36 vaches au titre de l'indemnité d'apaisement (*doroq*), ➢ 1 vache au titre de l'indemnité pour un propos réprouvé moralement et socialement (*ceele-wayto*).
Bodoytâ meela	➢ 1 vache au titre du tort causé à autrui (*baatil*).
Burqili	➢ 1 chameau au titre d'amende destinée à apaiser le ressentiment et le trouble moral (*maruuso*), ➢ 1 chèvre au titre de l'indemnité due aux médiateurs (*saniitô reyta* [57]).
Buxxutô baxa	➢ 3 vaches au titre de l'indemnité pour propos offensants et atteintes verbales (*amcarta*), ➢ 1 vache au titre de l'indemnité pour un propos réprouvé moralement et socialement (*ceele-wayto*).
Debnek-Weeqima	➢ 15 chameaux au titre de l'indemnité d'apaisement (*doroq*), ➢ 1 vache au titre de l'indemnité pour un propos réprouvé moralement et socialement (*ceele-wayto*).

Article 316 : De la réciprocité des majorations en cas d'infraction commise par une autorité coutumière

1. Les autorités visées aux articles 314 et 315 sont soumises, en qualité d'auteurs, aux mêmes majorations qu'elles bénéficient en qualité de

[57] « *Saniitô reyta* » désigne une chèvre accompagnant le chameau payé à l'autorité coutumière suprême (*Dardar* ou *Amoyta*), afin d'apaiser le ressentiment et le trouble moral, servant de complément symbolique au paiement dans le cadre de la fausseté des propos.

victimes.
2. Aucune immunité ne peut être invoquée par une autorité coutumière pour se soustraire à sa responsabilité pénale, conformément au principe selon lequel nul n'est au-dessus du *Madqa.*

Article 317 : De l'absence de réciprocité pour les personnes vulnérables

1. Par dérogation à l'article 316, les personnes visées à l'article 313 ne bénéficient pas de la réciprocité : en qualité d'auteurs, les indemnités ne sont pas majorées.

TITRE X : DISPOSITIONS GÉNÉRALES

Chapitre unique : Des règles applicables à l'ensemble des infractions

Article 318 : De la complémentarité entre le Code civil coutumier et le Code pénal coutumier

1. Les principes, obligations et interdictions édictés par le Code civil coutumier (*rabak-nuway Madqa*) constituent le fondement normatif de l'ordre social afar.
2. Les infractions prévues par le Code pénal coutumier (*digaalâ Madqa*) constituent la mise en œuvre répressive desdits principes. Elles sanctionnent, conformément aux régimes applicables du *Madqa* selon la zone concernée :
a) les violations des droits et obligations définis par le Code civil coutumier ;
b) les atteintes aux personnes, aux biens, à l'environnement terrestre et au milieu marin ;
c) les manquements aux devoirs de solidarité, d'entraide et de pacification.

3. Les sanctions prévues par le Code pénal coutumier s'appliquent sans préjudice des réparations civiles prévues par le Code civil coutumier lorsqu'un même fait justifie leur cumul.

Article 319 : Règle de territorialité : détermination du régime applicable

1. Conformément au principe de territorialité, les faits commis dans une seule zone relèvent du régime de celle-ci.
2. Les faits commis par une même personne ou par plusieurs mêmes personnes dans des zones soumises à des régimes différents relèvent du régime applicable à la zone où le premier fait a été commis.
3. Si cette zone ne peut être déterminée, le régime du lieu du jugement s'applique.
4. En matière civile, il est fait application du même principe, sauf accord contraire des parties.

Article 320 : De la récidive (*qagu* ou *laklakit*)

1. La récidive est la commission d'une nouvelle infraction par une personne déjà reconnue responsable d'une infraction antérieure.
2. Le crime de sang (*biilu*) est exclu des dispositions du présent article.
3. Le récidiviste encourt, selon la zone concernée, les majorations suivantes :

Zone d'application des régimes	**Régimes de compensation, de réparation et de sanctions du *Madqa* selon la zone concernée**
Afkiqek-Maqad	Lorsque l'auteur récidiviste n'est pas membre du *Fiqma* : ➢ 1 vache au titre de la récidive (*qagu, laklakit*). Lorsque le récidiviste est membre du *Fiqma* : ➢ 2 vaches abattues au titre de l'indemnité expiatoire (*qeeranna*) en cas de récidive, même si l'infraction initiale ne prévoyait pas cette sanction.
Bodoytâ meela	➢ 3 vaches au titre de la récidive (*qagu, laklakit*).
Burqili	➢ Le régime Burqili ne prévoit pas d'indemnité spécifique au titre de la récidive. Toute infraction est prise en compte à part.

Buxxutô baxa	➢ 3 vaches, au lieu d'une, dues au titre de l'indemnité d'apaisement (*doroq*) en cas de récidive.
Debnek-Weeqima	➢ 1 vache au titre du tort causé à autrui (*baatil*), ➢ 3 vaches, au lieu de 1, dues au titre de l'indemnité d'apaisement (*doroq*) en cas de récidive.

Article 321 : De l'indemnité de reniement (*koreyna*)

1. Conformément à l'article 27, l'indemnité de reniement due par la tribu qui renie un membre récidiviste est fixée comme suit :

Zone d'application des régimes	**Régimes de compensation, de réparation et de sanctions du *Madqa* selon la zone concernée**
Afkiqek-Maqad	➢ 1 vache à l'autorité coutumière suprême au titre de la proclamation de la désolidarisation d'un membre de la tribu.
Bodoytâ meela	➢ 6 chèvres à l'assemblée des *Makaaban* au titre de la désolidarisation d'un membre de la tribu ; ➢ 1 vache à l'autorité coutumière suprême au titre de la proclamation de la désolidarisation d'un membre de la tribu.
Burqili	➢ 1 chamelle à l'autorité coutumière suprême au titre de la proclamation de la désolidarisation d'un membre de la tribu.
Buxxutô baxa	➢ 1 vache à l'autorité coutumière suprême au titre de la proclamation de la désolidarisation d'un membre de la tribu.
Debnek-Weeqima	➢ 1 chameau à l'autorité coutumière suprême au titre de la proclamation de la désolidarisation d'un membre de la tribu.

Article 322 : Du concours d'infractions

1. Lorsqu'une même personne est reconnue responsable de plusieurs infractions, chacune d'elles donne lieu à une réparation distincte conformément aux régimes applicables du *Madqa* selon la zone concernée.
2. Les réparations et sanctions se cumulent intégralement, sans réduction ni confusion.

Article 323 : De la prescription du droit de poursuite

1. Le droit de saisir les *Makaaban* s'éteint si l'infraction n'a fait l'objet d'aucune déclaration devant un témoin ou un juge coutumier dans un délai excédant cinq ans.
2. Ce principe est illustré par l'adage :
« Elle xiinen yab xiinah. » (L'affaire sur laquelle on a tardé à agir s'éteint.)
3. Toutefois, sont imprescriptibles :
a) les crimes de sang ;
b) les infractions pour lesquelles le plaignant établit avoir été dans l'impossibilité absolue d'agir plus tôt.
4. La déclaration publique de grief devant témoins ou la saisine d'un *Makaabantu* interrompt ce délai.
5. L'extinction du droit de poursuite ne fait pas obstacle à l'exécution d'une décision de justice coutumière déjà rendue, conformément à l'article 324.

Article 324 : De l'exigibilité, de la substitution et de l'extinction des indemnités

1. L'obligation de réparation fixée par une décision de justice coutumière demeure exigible sans limite de durée, indépendamment du délai de prescription du droit de poursuite prévu à l'article 323.
2. Ce principe est consacré par l'adage :
« Koh madqeenim kok gexxa'kke mali. » (Ton droit reconnu par le jugement n'a d'autre destinataire que toi.)
3. Tant que le condamné est vivant, son défaut d'exécution engage solidairement sa famille et sa tribu au paiement des indemnités dues.
4. Au décès du condamné, seule la compensation matérielle (*gidiy*) reste due. Elle est payée par la famille et la tribu du défunt. Toutes les autres indemnités, telles que *doroq*, *maruuso* ou *baatil*, sont éteintes.

TITRE XI : DES EFFETS DE LA JUSTICE COUTUMIÈRE

Chapitre I : Des principes et mécanismes d'apaisement

Article 325 : Des finalités des réparations et des sanctions

1. Les réparations et sanctions prononcées en vertu du *Madqa* poursuivent les finalités suivantes :
a) restaurer les droits, l'honneur et la dignité de la victime, de sa famille et de son lignage ;
b) rétablir l'équilibre, l'harmonie et la paix au sein de la communauté affectée ;
c) prévenir la réitération des infractions par un effet dissuasif et moral.

Article 326 : Des actes intentionnels et des actes par inadvertance

1. Dans l'évaluation des actes intentionnels ou par inadvertance, les juges coutumiers (*Makaaban*) tiennent compte des éléments suivants :
a) les circonstances atténuantes ou aggravantes, si l'acte a été commis intentionnellement (*gorci*) ou par inadvertance (*garci, atcat*) ;
b) en cas d'inadvertance, l'assemblée peut, après avoir fixé la compensation et la réparation conformément aux dispositions du *Madqa*, décider d'en réduire le quantum.

Article 327 : De la faute de la victime

1. Quiconque est à l'origine d'un préjudice ne peut réclamer réparation pour un dommage subi en agissant pour le règlement de son grief, sauf en cas de déclaration préalable de grief (*kadu*).
2. Il conserve toutefois le droit aux soins en cas de dommage corporel.

Article 328 : De la déclaration préalable de grief (*kadu*)

1. Le *kadu* est l'acte par lequel une personne expose publiquement son grief devant témoins ou devant un juge coutumier, avant d'entreprendre toute action pour le faire valoir.
2. Celui qui a ainsi exposé son grief conserve son droit à réparation, par dérogation à l'article 327.
3. Cette déclaration préalable :
a) atteste l'existence d'un différend ouvert ;
b) écarte la présomption de faute ou d'intention malveillante ;

c) exonère son auteur de l'indemnité symbolique pour tort causé à autrui (*baatil*).
4. L'auteur du *kadu* a droit à réparation pour les dommages qu'il subit du fait de l'action entreprise pour réclamer le règlement de son grief.
5. Ce principe est illustré par l'adage :
« Exxecem liyo yaabat litom meqeeh, attaceem liyo maaluk litom meqe. » (Il est bon de pouvoir faire valoir ce que l'on a annoncé, et il est bon de disposer de quoi payer en cas d'amende.)

Article 329 : De la responsabilité du témoin ou du juge informé par le plaignant

1. Toute personne qui a reçu une déclaration préalable de grief, qu'il s'agisse d'un témoin ou d'un juge coutumier, et qui, malgré sa qualité de dépositaire de cette déclaration, ne prend pas les mesures nécessaires pour régler le différend porté à sa connaissance commet une carence fautive.
2. Cette responsabilité est subsidiaire à celle de l'auteur du dommage.
3. Elle est condamnée uniquement pour cette inaction, conformément aux dispositions de l'article 180.

Article 330 : Du principe de proportionnalité et d'équité

1. Toute mesure réparatrice ou sanctionnatoire doit être proportionnée à la gravité du préjudice et à la faute commise.
2. Elle doit également :
a) garantir la justice et l'équité entre les parties ;
b) préserver la cohésion sociale ;
c) respecter les dispositions du *Madqa*.

Article 331 : De la définition et de l'objet du compromis coutumier (*xinto*)

1. Le *xinto* est un mécanisme coutumier de compromis destiné à résoudre les infractions par la conciliation, la discussion et la réparation négociée.
2. Il a pour objet :
a) de favoriser la conciliation et la réparation négociée ;
b) de restaurer les liens communautaires ;
c) d'éviter les cycles de représailles ou de vengeance.

Article 332 : De la renonciation aux sanctions au profit du *xinto*

1. La partie lésée peut, après le prononcé d'une sanction par les juges coutumiers (*Makaaban*), y renoncer en tout ou en partie au profit d'un accord de *xinto*.
2. Cet acte de clémence est encouragé comme une expression de sagesse, de pardon et de volonté de réconciliation.

Article 333 : Du principe de réciprocité et d'engagement moral

1. La partie ayant accepté et bénéficié d'un accord de *xinto* s'engage moralement à faire preuve de la même indulgence et à reconnaître la valeur de ce compromis si elle-même ou l'un de ses proches venait à subir un préjudice similaire à l'avenir de la part de la personne ayant initialement proposé le *xinto*.
2. Cet engagement consacre la paix restaurée et renforce la solidarité au sein de la communauté.

Chapitre II : De l'exécution, de la réconciliation et de l'autorité des décisions coutumières

Article 334 : Des modalités d'exécution des sanctions et réparations

1. L'exécution matérielle de la sentence est assurée par le représentant de l'auteur du délit devant l'assemblée des juges coutumiers (*Makaaban*).
2. Le *Fiqma* est chargé de l'exécution des mesures expiatoires prévues par le *Madqa* :
a) l'abattage du bétail ;
b) l'application des châtiments corporels prévus par la coutume pour les infractions graves, telles que l'adultère.

Article 335 : De la procédure de mise en demeure (*awad*) en cas de refus d'exécution

1. Le refus d'exécuter volontairement une décision rendue par les *Makaaban* ou par le *Miglis* après la clôture officielle de l'affaire (faatica) constitue une faute coutumière grave.
2. En cas de refus persistant, l'autorité ayant rendu la décision adresse une mise en demeure au condamné et à son représentant, leur impartissant un délai raisonnable pour se conformer à la décision.

3. La mise en demeure est notifiée en présence du *Fiqma*, qui en atteste la réception.
4. Passé ce délai, le *Fiqma* procède à l'exécution forcée de la décision.

Article 336 : Des sanctions aggravées en cas de refus persistant d'exécution

1. Si, après exécution forcée, le condamné persiste dans son refus d'exécuter la totalité des réparations mises à sa charge, l'autorité judiciaire peut :
a) aggraver la mesure initiale, conformément à l'adage :
« *Cakki cintem melleb mali mekelta.* » (Qui refuse la sentence paie au prix fort) ;
b) cette aggravation ne peut excéder le double de ce qui était originairement dû ;
c) prononcer une sanction expiatoire (*qeeranna*) à l'encontre de l'auteur de l'infraction et de son représentant.
2. Après exécution de la sanction expiatoire, seules les réparations matérielles ou physiques restent dues. Les indemnités d'apaisement (*doroq* ou *maruuso*) et l'indemnité pour tort causé à autrui (*baatil*) sont éteintes.

Article 337 : De la clôture et de l'autorité du jugement

1. Une décision contraire à l'équité ne met pas fin au conflit et compromet durablement la paix sociale.
2. Les *Makaaban* veillent à la clôture définitive de chaque affaire. À cette fin, ils doivent :
a) épuiser les débats ;
b) permettre la libre expression de toutes les parties ;
c) rechercher un apaisement durable entre les protagonistes.
3. La sagesse populaire rappelle que les conflits subsistent tant que persistent les rancunes ou que le jugement demeure inachevé, selon l'adage :
« *Bagut raqte'kkeh aamee kee Makaaban kot cabte'kkeh aame.* » (Les conflits subsistent en raison de rancunes ou d'un jugement inachevé.)
4. Après l'exécution complète des réparations et sanctions, les Makaaban constatent publiquement la réconciliation, acceptée par les parties et leurs familles.

5. Toute reprise volontaire du conflit après la réconciliation constitue une faute grave contre la paix sociale.
6. La décision rendue, complète et équitable, s'impose à toutes les parties.

Bibliographie

Ali Coubba. (2004). *Les Afar : de la préhistoire à la fin du XVe siècle.* Paris : L'Harmattan.

Ali Mola Hoummo (Cummô Qaliih Qali). (2007). *Qaadaa kee sugeeti* [Les us et coutumes]. Addis-Abeba : Rank Printing Press.

Bureau de la culture et du tourisme et Bureau de la justice, Région Afar. (2013). *Qafar Madqa* [Droit coutumier afar]. Addis-Abeba.

Cassim Ahmed Dini. (1984). *Contribution à l'histoire du peuple afar* (Mémoire de diplôme). Bordeaux : Institut d'Études Politiques de Bordeaux.

CELTHO (Collectif). (2008). *La Charte de Kurukan Fuga : aux sources d'une pensée politique en Afrique.* Paris : L'Harmattan ; Conakry : SAEC.

Déclaration des droits de l'homme et du citoyen, adoptée par l'Assemblée nationale constituante, 26 août 1789.

Déclaration universelle des droits de l'homme, Résolution 217 (III) A, 10 décembre 1948.

Sources orales

Les sources orales que nous avons mobilisées dans ce travail proviennent de juges coutumiers (*Makaaban*), dépositaires du *Madqa*, dont l'autorité et la compétence en matière de droit coutumier sont reconnues par la communauté.

Ces personnes ont été interrogées au cours d'enquêtes de terrain menées sur plusieurs décennies. Ces communications personnelles ont permis de recueillir des informations essentielles sur les normes, les pratiques judiciaires coutumières et leur évolution au fil du temps.

Certains de ces éminents détenteurs du savoir coutumier ne sont aujourd'hui plus de ce monde. Leur mémoire mérite d'être honorée pour la contribution précieuse qu'ils ont apportée à la préservation et à la transmission du droit coutumier afar. Tous, disparus ou vivants, sont mentionnés ci-dessous par ordre alphabétique :

1. Abdo Haysama Mohamed (Sultan de Biru) ;
2. Ahmed Hanfaré Asawkaytou ;
3. Ali Hamad Meko ;
4. Ali Hassan Ganta ;
5. Ali Ibrahim Bodayya ;

6. Ali Sulté Helem (Sultan de Dawe) ;
7. Barkat Mohamed Houmaysé ;
8. Bodayya Iwad Mohamed ;
9. Daqar-abba Butte ;
10. Datona Mohamed Datona ;
11. Hola Ali Hola ;
12. Houmed Barkat Siradj ;
13. Ibrahim Bilqeytu Mirelé ;
14. Kalifa Ahmad Bourah ;
15. Mohamed Abdoulkader Houmed ;
16. Mohamed Aden-Lagaq Mohamed ;
17. Mohamed Ali Asawkaytou ;
18. Mohamed Obakar Haysama ;
19. Mola Bourhan Mohamed ;
20. Moussa Ali Mayda ;
21. Osman Ahmad Osman ;
22. Said Omar Assawkaytou ;
23. Sila Mohamed Ali ;
24. Yassin Haysama Mohamed ;
25. Yayo Mohamed Ali.

Table des matières

Structures éditoriales du groupe L'Harmattan

L'Harmattan Italie
Via degli Artisti, 15
10124 Torino
harmattan.italia@gmail.com

L'Harmattan Hongrie
Kossuth l. u. 14-16.
1053 Budapest
harmattan@harmattan.hu

L'Harmattan Sénégal
10 VDN SICAP AMITIE 3
BP 45034 Dakar-Fann
direction@senharmattan.com

L'Harmattan Cameroun
Tsinga/Derrière polyclinique FECAFOOT
BP 11486 Yaoundé
Jacques.koukam@harmattan.fr

L'Harmattan Burkina Faso
Villa 281, secteur 23 623, rue 14.32
Ouagadougou
zagbie@outlook.fr

L'Harmattan Guinée
Almamya, rue KA 028 OKB Agency
BP 3470 Conakry
harmattanguinee@yahoo.fr

L'Harmattan RDC
185, avenue Nyangwe
Commune de Lingwala - Kinshasa
matangilamusadila@yahoo.fr

L'Harmattan Congo
219, avenue Nelson Mandela
BP 2874 Brazzaville
deunovmikhael@gmail.com

L'Harmattan Mali
Immeuble Mgr Jean Marie Cissé
Aci Hamadallaye
BP 145 Bamako
syllaka@yahoo.fr

L'Harmattan Togo
Djidjole - Maison Amela
face EPP BATOME
02 BP 20680 Lomé
didieramela11@gmail.com

L'Harmattan Côte d'Ivoire
Résidence Karl - Cité des Arts
Abidjan-Cocody
03 BP 1588 Abidjan
harmattan.ivoire@gmail.com

L'Harmattan Bénin
Rue 604, (Immeuble à l'entrée
de la rue UCAO- Cite de Saint-Jean)
Cotonou
stepcorpus@gmail.com

Nos librairies en France

Librairie internationale
16, rue des Écoles
75005 Paris
librairie.internationale@harmattan.fr
01 40 46 79 11
www.librairieharmattan.com

Librairie des savoirs
21, rue des Écoles
75005 Paris
librairie.sh@harmattan.fr
01 46 34 13 71
www.librairieharmattansh.com

www.ingramcontent.com/pod-product-compliance
Lightning Source LLC
LaVergne TN
LVHW050759061126
851857LV00012B/614